杨文明 著

美国州政府对州立大学治理模式的实证研究

商务印书馆
2015年·北京

图书在版编目（CIP）数据

美国州政府对州立大学治理模式的实证研究/杨文明著. —北京：商务印书馆，2015
ISBN 978-7-100-11008-2

Ⅰ.①美… Ⅱ.①杨… Ⅲ.①高等学校—管理模式—研究—美国 Ⅳ.①G649.712

中国版本图书馆 CIP 数据核字（2015）第 011490 号

所有权利保留。
未经许可，不得以任何方式使用。

美国州政府对州立大学治理模式的实证研究
杨文明　著

商　务　印　书　馆　出　版
（北京王府井大街36号　邮政编码100710）
商　务　印　书　馆　发　行
北京市艺辉印刷有限公司印刷
ISBN 978-7-100-11008-2

2015年6月第1版　　开本 787×960　1/16
2015年6月北京第1次印刷　印张 19 3/4
定价：42.00元

目 录

导 论 ·· 1
第一章 美国州级高等教育治理的概念、相关研究与本书框架设计 ··· 6
 第一节 概念界定 ·· 6
 第二节 美国州级高等教育治理的相关研究 ································· 11
 第三节 研究框架与方法 ·· 31
第二章 美国州级高等教育的治理历史与模式 ································· 55
 第一节 州政府对州立大学治理的历史 ·· 55
 第二节 州政府在州立大学治理中的作用与定位 ························ 68
 第三节 州级高等教育治理组织的定位与职能 ···························· 71
 第四节 州政府对州立大学治理模式的分类 ································ 74
第三章 个案研究1：威斯康星州州政府对州立大学治理的规范性制
   度分析 ·· 84
 第一节 威斯康星州州立大学的发展 ·· 85
 第二节 威斯康星州州政府对大学治理的基础和机制 ················ 91
 第三节 威斯康星州大学系统与州高等教育组织架构 ················ 96
 第四节 《威斯康星大学使命》与大学董事会的角色职责 ········ 102

第五节　威斯康星州高等教育政策与大学的管理发展 ………… 108

第四章　个案研究2：俄亥俄州州政府对州立大学治理的规范性制度分析 ……………………………………………………… 114

　　第一节　俄亥俄州州立大学发展概况 ………………………… 115
　　第二节　俄亥俄州州政府对大学治理的基础和机制 ………… 123
　　第三节　俄亥俄州高等教育的治理结构 ……………………… 129
　　第四节　俄亥俄州高等教育董事会主席和州立大学的使命与角色 …………………………………………………………… 135
　　第五节　俄亥俄州高等教育政策与大学的管理发展 ………… 139

第五章　个案研究3：密歇根州州政府对州立大学治理的规范性制度分析 ……………………………………………………… 145

　　第一节　密歇根州州立大学发展概况 ………………………… 146
　　第二节　密歇根州州政府对大学治理的基础和机制 ………… 156
　　第三节　密歇根州高等教育的治理结构 ……………………… 161
　　第四节　密歇根州州立大学校长理事会及密歇根大学的使命与角色 …………………………………………………………… 169
　　第五节　密歇根州高等教育政策与大学的管理发展 ………… 173

第六章　三个个案规范性制度的比较分析 ……………………… 179

　　第一节　三种规范性制度的并置比较 ………………………… 179
　　第二节　符号系统的比较分析 ………………………………… 184
　　第三节　关系系统的比较分析 ………………………………… 186
　　第四节　惯例的比较分析 ……………………………………… 190
　　第五节　人工器物的比较分析 ………………………………… 193

第七章　研究结论与思考 ………………………………………… 198

　　第一节　个案研究揭示的州级高等教育治理模式 …………… 198
　　第二节　州政府对州立大学治理的规范性制度的内涵与特征 … 206

目　录

第三节　治理模式与规范性制度的关系 …………………… 210
附　录 …………………………………………………………… 215
　　附录 1. 威斯康星大学系统董事会官员（WG）访谈录音资料 … 215
　　附录 2. 威斯康星大学麦迪逊分校政府关系官员（WR）访谈录
　　　　　音资料 ………………………………………………… 228
　　附录 3. 威斯康星大学麦迪逊分校大学委员会官员（WC）访谈
　　　　　录音资料 ……………………………………………… 240
　　附录 4. 俄亥俄州高等教育董事会行政官员（OG1，OG2）访谈
　　　　　录音资料 ……………………………………………… 243
　　附录 5. 俄亥俄州立大学政府关系官员（OR1，OR2）访谈录音
　　　　　资料 …………………………………………………… 256
　　附录 6. 密歇根州立大学校长理事会官员（MA）访谈录音资料
　　　　　 ………………………………………………………… 269
　　附录 7. 密歇根大学董事会官员（MB）访谈录音资料 ……… 277
　　附录 8. 密歇根大学政府关系官员（MR）访谈录音资料 …… 287
参考文献 ………………………………………………………… 298
后　记 …………………………………………………………… 309

导　论

　　1791年的美国宪法修正案第十条规定，"凡宪法不曾赋予联邦或未限制划归各州的权力，都属于各州或各州人民"。教育正是既未赋予联邦又未限制划归各州的事业，因此治理教育便成为各州的职权。① 因此，在分析美国州立大学与政府关系时，主要应考虑和分析与州政府的关系。事实上，美国州政府在州立大学发展过程中所扮演的主要角色是资源提供者、条件创造者、管理协调者以及顾客支持者。长期以来，州政府是州立大学最大的投资者。州政府在州立大学发展中不仅要提供经费，还要负责协调州立大学与州内其他中等后教育机构之间的关系以及本州中等后教育机构与外州中等后教育机构之间的关系。

　　研究美国州政府与州立大学的治理关系有两个重要的基本假设：（1）州政府具有重要且合法的角色；（2）各州之间在大小、文化、政策及结构上存在差异。② 因此在研究美国州政府与州立大学的治理关系时，一方面要重视州政府的合法性角色，在理解大学"学术自由"具有"普遍绝对性"的

---

① 蒲蕊.政府与学校关系的重建［M］.武汉：武汉大学出版社，2009：99.
② 阿尔巴赫，伯巴尔，冈普奥特.21世纪美国高等教育［M］.北京：北京师范大学出版社，2005：182.

同时，也要明白"自主必然是地方性和相对性的"，① 因为其中有政府的干预和影响。此外，虽然各州在机构任务与州的结构上来看十分相似，但是各州的历史、文化、政治、经济动力却各自不同，大学与学院作为社会机构的一部分，反映了甚至加强了这些重要但微妙的差异。往往州政府对学费的态度不是通过有意识的政策选择，而是通过多年文化与政治互动所形成。对于各州间差异一个特别有知识性的，不过也具争议性的思考方式，是政治科学文献中对州政治亚文化的讨论。② 丹尼尔·伊拉扎（Daniel Elazar）就提出一个政治亚文化的理论，并且根据州的文化和种族将州加以分类，分别是道德主义型（moralistic）、个人型（individualistic）或传统型（traditionalistic）；或者依风气分成"公共导向"或"私人导向"。③ 由此，在分析美国州政府与州立大学的治理关系时，既要重视州政府的合法性角色，还要重视各州的政策环境。在开展分析时，不仅要分析法律、法规、规范等硬性的制度条件，还要根据各州的亚文化类型分析其政策环境，从而找到关系分析的软环境和软条件因素。

在美国高等教育体系的发展史中，20世纪90年代末期乃至21世纪初期，美国州立大学与州政府的关系将会受到五大趋势的巨大影响。这五大趋势包括：其一，社会需求不断增加。这些需求不仅包括学生数量，还包括多元人口对高等教育更高的期望，包括教育和服务。其二，严重的经济限制。即使经济逐渐地复苏，高等教育经费补贴仍然不可能有显著的改变。其三，学术机构内部对变迁的抗拒。在需求增加但是资源减少之时，大学逐渐理解到如果再因循守旧，它们在教育、研究和服务的功能上将会大打折扣，但是由意识到真正改变将是一个长期渐进的过程。大众对于学术界无法回应社会

---

① 阿尔巴赫，伯巴尔，冈普奥特. 21世纪美国高等教育［M］. 北京：北京师范大学出版社，2005：182.

② 阿尔巴赫，伯巴尔，冈普奥特. 21世纪美国高等教育［M］. 北京：北京师范大学出版社，2005：183.

③ Daniel Elazar. American Federalism: A View from the States［M］. New York: Crowell, 1966: chap. 4.

需求而心生不满的结果,将导致政府直接干预的危险。其四,负面的公共意见。负面意见的形成不是因为人们觉得高等教育对个人或社会缺乏价值。相反,真正的问题似乎是因为大众太重视高等教育,认为高等教育似乎被一些与社会优先发展无关的内部议题所引导。其五,州政府政治领导的不稳定。任期制的制度形式与参政的需求,使得州政府的领导产生很大变化,在州议会则特别明显。过去资深州议员所营造的州高等教育的稳定性已经不可复见。[①] 这五大趋势将会为美国州政府对州立大学的治理关系带来新的变化。开展相关研究时,五大趋势成为不可忽视的社会条件和分析因素。

美国的高等教育仍然是世界上最多元的、分权式的系统。不过与国际上其他国家相比较,州政府逐渐扮演了核心角色。事实上,世界趋势似乎是朝向美国所发展出来的公立/私立系统混合制度,其他国家致力于增加高等教育系统中的私立机构,美国数十年来则是朝公立机构增加的方向迈进。[②] 而且,美国州政府实际上在通过问责制和拨款机制干预和影响州立大学的发展,这种对州立大学"学术自由"和"自主性"的影响呈增强之势。

美国作为世界上高等教育最发达的国家之一,其高等教育实行联邦政府宏观引导,州政府协调指导、统筹治理,高等院校自主办学,学术界和社会团体广泛参与的治理体制。美国大学治理的历史早于美国的历史,在州级三种治理模式(统一治理、协调、规划)下形成了不同的大学内部治理机制,具有多样性和先进性,为世界各国发展高等教育治理提供了鲜活的样本和案例,值得研究和借鉴。特别是美国的州级统一治理模式与我国政府对大学的治理具有较多相似性,因此该模式下的州立大学自治与政府干预的权力边际研究具有更直接的借鉴意义。

长期以来,美国高等教育实行联邦政府宏观引导,州政府协调指导、统

---

① 阿尔巴赫,伯巴尔,冈普奥特.21世纪美国高等教育[M].北京:北京师范大学出版社,2005:181.

② Clark Kerr. The American Mixture of Higher Education in Perspective: Four Dimensions [J]. Higher Education. 1990 (19): 1-19.

筹管理，高等院校面向社会自主办学，学术界和社会团体广泛参与的治理体制。对于高等教育的外部治理，州级高等教育系统治理组织发挥着不可或缺的作用。各州高等教育治理的架构和组织具有多样性，也就代表州政府对大学的治理模式具有多样性。它们一方面代表政府统筹和协调州内高等院校的办学和资金划拨，通过问责和社会评估引导州内高等教育为各州的经济与社会发展服务，另一方面它们代表学校负责与州政府和州议会的沟通，避免政府对高校的行政干预，保证高校办学的自主性和独立性。正因为如此，美国成为世界上高等教育最发达的国家之一。美国高等教育的这种办学体制和机制以及州政府对州立大学的治理模式为世界各国发展高等教育治理提供了鲜活的样本和案例。其中典型的州政府对州立大学的治理模式值得学习和借鉴。

对于大学与政府的关系，现有研究者大多是从管理的视角，以权力为主轴，以"控制"和"自治"为分析维度开展分析。本书将以新制度主义为分析视角，以美国州政府对大学治理的规范性制度为基础，根据新制度主义的理论成果，构建出政府对大学治理模式分析的4个载体（符号系统、关系系统、惯例和人工器物）、4个维度（遵守基础、秩序基础、扩散机制、逻辑类型）的规范性制度分析框架，为大学与政府关系的研究提供新的视角，丰富现有的研究框架和方法。

传统上，分析大学与政府的关系往往从宏观上对权力分配做出研究，放权的多少决定了两者关系的模式。这种研究只能看到两者关系的"外观或轮廓"或表象，看不到两者关系的实质和内涵。本研究拟将大学与政府关系的研究从权力转向制度，而制度可以从微观层面观察大学与政府的互动和相互的影响与作用，使我们看清两者关系的"真相和实质"。

在全球政治、经济一体化的竞争时代，竞争已是世界性的潮流。现在，大学已取得了"社会轴心机构"的美誉，它在国家发展中所处地位也日益重要，已成为一个国家在国际政治、经济舞台上取得一席之地的"重要法宝"。因此，许多国家都力图通过本国大学实力的提高来促进本国国际地位的提升。在实践上，各国政府都在进行重构政府与大学的关系和放权的改革

导 论

尝试，但在处理两者关系的处理策略和制度措施方面缺少理论和实践依据，因此借鉴其他国家所取得的实践经验，并将其运用到重构政府与大学制度关系的实践中去显得愈发重要。比较教育研究就是要探索和发现世界上其他政府与大学关系的模式、实质与内在制度逻辑，为国家高等教育发展提供借鉴，为教育改革服务。

中国高等教育发展很大程度上是移植型产物，走的是后发外生型的发展路线。由于大学发展历史相对较短，特别是长期受到旧体制的影响和束缚，政府与大学的关系还未理顺，治理制度需要完善，而美国州政府对州立大学治理的规范性制度研究则有利于加快这个进程。这对于廓清政府对大学治理制度的内涵与特征，树立正确的大学外部治理观，形成良好的外部治理制度环境，加速现代大学制度建设的步伐起到积极的促进作用。

第一章 美国州级高等教育治理的概念、相关研究与本书框架设计

第一节 概念界定

一、制度与规范性制度

制度是新制度主义理论的逻辑起点。新制度主义（neo-institutionalism, new institutionalism）又称作新制度论、制度主义（institutionalism）或新制度学派（neo-institutional school）。詹姆斯·马奇（James G. March）和约翰·奥尔森（Johan P. Olsen）是新制度主义的创始人，美国的斯科特对新制度主义理论进行了创新和发展。

斯科特（2010）在《制度与组织》一书中，融合了经济学、政治学和社会学的新制度主义对制度的理解和定义，将理性选择制度主义、规范制度主义和社会学制度主义的制度理念具体化，对于制度作了一个综合性的定义："制度包括为社会生活提供稳定性和意义的规制性、规范性和文化—认知性要素，以及相关的活动与资源。"[①] 其中，规范性制度包括价值观和规范。所谓价值观，是指行动者所偏好的观念或者所需要的、有价值的观念，以及用来比较和评价现存结构或行为的各种标准。规范则规定事情应该如何

---

① W. 理查德·斯科特. 制度与组织——思想观念与物质利益 [M]. 北京：中国人民大学出版社，2010：56.

完成，并规定追求所要结果的合法方法与手段。规范系统确定目标，但也指追求这些目标的适当方式。①规范性制度会对社会行为施加一种限制，也会赋予社会某种力量，对社会行动具有使能作用。因此，它们对于行动者既赋予权利也施加义务，既提供许可，也实施命令和操纵。规范也可能引起强烈的情感，这些情感主要包括羞耻感，而对于那些遵守规范的模范行动者来说，引起的情感则是骄傲和荣誉感。②本研究中的制度和规范性制度就是采用斯科特的上述定义。

二、州立大学

本研究中的州立大学指的是美国各州的州立大学。美国州立大学是指由州政府治理的公立大学和学院，为社会提供专业性教育服务，主要具有以下特点：第一，以公共机构的形式建立，并由州政府管理系统控制；第二，采取强调平等就学机会的开放性入学政策；第三，主要由州政府税收资助，采取低学费政策；第四，由州级高教管理机构管理或协调。③根据美国教育部国家教育统计中心2011年4月统计，全美国有授予学位的四年制州立大学和学院672所④，其中除有限的几十所大学属于卡耐基教育基金会大学分类中的具有博士授予权的大学或研究型大学之外，绝大多数均属于综合型大学、学院、文理学院。

为研究方便，除特别说明外，本研究中的州立大学指的是美国公立高等教育系统中的州立四年制大学和学院。

---

① W. 理查德·斯科特. 制度与组织——思想观念与物质利益 [M]. 北京：中国人民大学出版社，2010：63.
② W. 理查德·斯科特. 制度与组织——思想观念与物质利益 [M]. 北京：中国人民大学出版社，2010：63-64.
③ James JF Forest & Kevin Kinser. Higher Education in the United States [M]. Santa Barbara, California: ABC-CLIO, 2002: 564.
④ Table 275. Degree-granting institutions, by control and type of institution: Selected years, 1949-1950 through 2009-2010 [ED/OL], Digest of Education Statistics, 2011 [2012-02-16]. http://nces.ed.gov/programs/digest/d10/tables/dt10_275.asp.

三、州政府

"政府"作为一个既普通又深奥、既熟悉又陌生的概念，不同的历史时代和不同的人对其理解是有差异的。政府概念都是特定历史时期的产物，政府概念在不同历史时期使用时，其含义有很大的不同，主要有五个层次：一是指制定规则，为居民提供服务的机构，这是最广义的政府；二是指治理国家或社区的政治机关，这是次广义的政府；三是泛指一切国家机关；四是指一个国家的中央和地方的行政机关，这是狭义的政府；五是指中央行政机关的核心部分，这是最狭义的政府。[①]

在这几个政府内涵层次中，本研究所指的"政府"是第四层次含义的政府，指的是美国的地方政府，即州政府。主要原因在于：由于美国在三权分立之下实行地方分权制，并根据美国宪法第十修正案（Tenth Amendment），即"保留条款"（residual powers）的规定——"本宪法所未授予合众国或未禁止各州行使之权力，皆由各州或人民所保留之"，将实施和管理教育的责任更多地保留给各州政府和人民。美国联邦政府的教育权力非常有限，它仅仅拥有国家宪法中明确规定的权力，因此，美国的教育管理权力主要在各州，而不在联邦政府。所以，本研究将主要关注州政府。美国各州宪法都规定，州政府机构由立法、行政和司法三个部门组成。在本研究中，与高等教育治理相关的州政府主要包括州长、州议会等州的行政与立法部门。

四、治理

治理：英语中的治理（governance）源自希腊语 verb $\kappa \upsilon \beta \varepsilon \rho \nu \alpha \acute{\omega}$，意思是"掌舵"。柏拉图第一次将其用作比喻的含义。该词后变成拉丁语，然后译成许多其他语言。牛津高阶英语词典（第七版）给出的词条"治理"是指治理国家或控制公司或组织的活动；治理国家或控制公司与组织的方式。世界银行（1991）给出的治理的定义是：行使政治权力并运用机构资源管

[①] 乔耀章.政府理论［M］.苏州：苏州大学出版社，2003：4.

理社会问题与事务。全球治理委员会（Commission on Global Governance）在1995年发表的一份题为《我们的全球伙伴关系》的研究报告中对治理进行了界定：治理是各种公共的或私人的个人和机构管理其共同事务的诸多方式的总和。它是使相互冲突的或不同的利益得以调和并且采取联合行动的持续的过程。它既包括有权迫使人们服从的正式制度和规则，也包括各种人们同意或以为符合其利益的非正式的制度安排。在众多的治理定义中，全球治理委员会的定义最具代表性和典型性。李福华认为："治理实际就是一种制度安排，制度安排是管制特定行为或特定交易关系的一套框架或机制，它包括迫使人们服从的正式制度和规则，也包括各种人们同意或以为符合其利益的非正式制度安排。一般而言，制度安排通过三个方面表现出来：一是建立某种组织机构；二是形成某种制约或运行机制；三是上升为某种法律制度。"① 治理的核心特征是"权力在不同层次之间的配置、行使和协调的正式和非正式的制度安排"。② 本研究认为：治理是在机构的不同层级之间配置、行使和协调权力与资源的正式与非正式的制度安排。

美国对大学从微观到宏观的管理和治理，可分为六级，最低的一级为系，第二级为学院，第三级为大学，第四级是相对独立的大学分校所组成的大学群（以加州大学为典型，但这并非普遍存在的一级），第五级为州，第六级为国家。只有第五、六两级是政府，它们的作用是治理性质的。③ 根据张楚廷的六级分类，各州对高等教育系统的统筹、协调与规划属于治理范畴。

五、治理模式

治理模式是由治理和模式两个词组成。"治理"一词已经在前面进行了界说。"模式"是近年来频繁使用的一个词。模式是由"模型"一词转化而

---

① 李福华. 大学治理的理论基础与组织架构［M］. 北京：教育科学出版社，2008：11.
② 俞可平. 治理与善治［C］. 北京：社会科学文献出版社，2000：31.
③ 张楚廷. 不同的大学治理方式［J］. 大学教育科学，2010（01）：109.

来的。"模型"源于拉丁文"modulus",其本意是"尺度"、"样本"和"标准"。"模式"的英语是"model",中文可译成"模型"、"范例"、"典型",等等。现代汉语词典关于"模式"一词的界定为:"某种事物的标准形式或使人可以照着做的标准样式。"① 由此可见,模式不是一般的具体存在形式,而是更具典型意义的、有代表性的存在物。它是从多样的现实存在中概括而来的,是"定格"的结果。美国两位著名的比较政治学者比尔和哈德格雷夫指出:"模式是再现现实的一种理论性的、简化的形式。"②这一概括有三个要点:第一,模式是现实的再现和抽象概括,来源于现实;第二,模式是理论性的形式,也就是说,模式是一种理论,而非工艺性方法、方案或计划;第三,模式是简化的形式,如:$E=MC^2$ 是表现能量与质量互换原理的典型简化形式。比尔和哈德格雷夫对模式的定义科学地揭示了模式的本质。根据以上对"模式"的"源"与"义"的分析发现,模式是一种概括化的架构,它比概念化的理论要具体,并具有可操作性;它源于客观事物的原型,但又不是客观原型的简单复现,它是经过人们思维的加工制作出来的一种认知形式,是一种可参照模仿的行为范例。

根据美国杰伊·克斯科尔（Jay Kiskel）的定义,"治理模式（governance model）是三个构成要素相互协调作用形成的结果,其中决策架构（decisioning structures）开展宏观和微观层面的管理控制;运行程序（operating procedures）将无序的工作转化为集体的合力;协作者（collaboration enablers）促进信息在日益膨胀的、全球化的和虚拟化的工作环境中流通"。③ 上述定义表明治理模式有三大构成要件:决策架构、运行程序和协作者,三个构成要件相互协调互动形成治理模式。由此,治理模式中应该包含权力和授权的体制与决策机制,系统运行应该依据一定的程序、规范和制度,相互之间互动和协调需要信息的

---

① 中国社会科学院语言研究所词典编辑室. 现代汉语词典 [M]. 北京:商务印书馆,2005:961.
② 沃纳丁·赛弗林. 传播学的起源、研究与应用 [M]. 福州:福建人民出版社,1985:14.
③ Jay Kiskel. Governance Model: Defined [R]. Teaneck: Cognizant, 2011:5.

交流与协作，这样才能达到治理的效率和效能。在本研究中，治理模式是决策架构、运行程序和信息协作三个构成要素相互协调互动形成的治理结果。其中，决策架构指的是各治理相关方授权与控制的架构，运行程序指的是治理主体对客体开展治理的操作程序和操作规范，信息协作指的是治理利益相关方之间信息沟通和协作的路径和方式。

第二节　美国州级高等教育治理的相关研究

一、治理与大学治理研究

（一）治理与大学治理的内涵

李福华通过研究"大学治理的理论基础与组织架构"，指出："治理实际就是一种制度安排，制度安排是管制特定行为或特定交易关系的一套框架或机制，它包括迫使人们服从的正式制度和规则，也包括各种人们同意或以为符合其利益的非正式制度安排。一般而言，制度安排通过三个方面表现出来：一是建立某种组织机构；二是形成某种制约或运行机制；三是上升为某种法律制度。"[1]

湛中乐经过研究"大学治理与大学章程"指出："治理实际上是一种新的管理模式，它涵盖所有正式制度和规则，同时也包含各种非正式的制度安排。与以往的管理模式相比，治理更注重协调，而不是控制，主张政府组织与非政府组织共同参与公共事务的管理。从控制走向协调，以治理代替管理，已经是世界高等教育改革的趋势。""简单地说，所谓大学治理就是大学内外利益相关者参与大学重大决策的结构和过程。大学的治理结构是现代大学制度的本质与核心，大学治理是联系大学内部以及外部各利害关系人的正式的和非正式关系的制度安排，以便使各利害关系人在权利、责任和利益上相互制衡，实现大学内外部效率和公平的合理统一。治理涉及学校纵向和

---

[1] 李福华.大学治理的理论基础与组织架构 [M].北京：教育科学出版社，2008：11.

横向关系，各种权利、义务与责任的界定，各种利益关系的格局。"[1]

张维迎认为，大学治理要讨论的一个问题就是："用什么样的制度安排能够保证大学目标和理念得以实现。"[2] 其实，换句话说就是，大学治理就是制度安排。

（二）大学治理的结构

赵成、陈通在对大学治理结构进行解析后，指出：现代大学治理是一系列的制度安排。大学治理包括内部治理与外部治理两个方面。外部治理的主要影响因素是法律、政府和市场，内部治理的主要影响因素是学术权力、行政权力、董事会、筹资结构与大学文化。除了正式制度安排外，文化理念在大学治理中占有至关重要的地位。[3]

万方在《大学治理结构变迁中的权力配置、运行与监督》中指出："大学治理结构包括外部治理结构和内部治理结构。外部治理结构主要指大学与政府之间的权力分配与制度安排。内部治理结构主要指大学内部利益相关者之间的权力分配与制度设计。"[4]

（三）大学治理的研究理论与方法

李福华在其理论专著《大学治理的理论基础与组织架构》中，论述了用于大学治理研究的五种理论范式：法人理论、利益相关者理论、委托代理理论、管家理论和教育消费理论。"法人治理当以法人存在为前提，主要目的是引入规范的法人治理机制。依照公司法和章程，形成一套经营和管理公司的管理机制。"[5] "利益相关者理论认为，企业是由多个利益相关者所构成的'契约联合体'。企业的所有者不仅局限于股东，所有的利益相关者都是企业的所有人。企业的风险不是由股东全部承担，其他的利

---

[1] 湛中乐. 现代大学治理与大学章程 [J]. 中国高等教育，2011（09）：18.
[2] 张维迎. 大学的逻辑 [M]. 北京：北京大学出版社，2006.
[3] 赵成，陈通. 现代大学治理结构解析 [J]. 天津大学学报（社会科学版），2005（06）：471.
[4] 万方. 大学治理结构变迁中的权力配置、运行与监督 [J]. 高校教育管理，2100（6）：16.
[5] 李福华. 大学治理的理论基础与组织架构 [M]. 北京：教育科学出版社，2008：52.

第一章 美国州级高等教育治理的概念、相关研究与本书框架设计

益相关者也在承担着企业的风险。利益相关者之间的权利是独立的、平等的，他们共同拥有企业的所有权。"① 据此理论，大学治理应实行利益相关者共同治理。委托代理理论就是一种委托代理关系，指"一个人或一些人（委托人）委托其他人（代理人）根据委托人的利益从事某些活动，并相应地授予代理人某些决策权的契约关系。"② 据此理论，大学治理要重视形成有效的制衡机制。管家理论认为，"管理人员不再是一个机会主义的偷懒者，而是企业资产的一个好的管家。他通过对个人需要和组织目标的权衡后相信：通过为组织努力工作，在使组织目标实现的同时，也会使个人达到效用的最大化。"③ 据此理论，大学治理应当创设一种授权和参与的环境，最大限度地发挥管理者的潜能。教育消费理论认为：教育消费是居民消耗教育服务及其产品的费用支出。高等教育消费是学生本人及其家庭用于接受高等教育方面的各种货币性支出。在法律上，学生及其父母与学校的这种关系应该是基于平等、自由的原则缔结的教育契约关系。在大学治理的过程中，应该采取一系列制度和措施保护大学生的合法权益。④

蒲蕊在研究大学外部治理的"政府与学校关系的重建"时，运用了"制度分析的视角"，其研究框架中自称运用了制度变迁等新制度主义的内容，但是在文本中还是使用旧制度主义的经济制度、政治制度等项目罗列内容，没有明确的新制度主义的研究框架。

龙献忠的博士论文"从统治到治理——治理理论视野中的政府与大学关系研究"，主要也是研究大学外部治理中的政府与大学的关系。该研究运用了治理理论分析政府与大学的关系，但是没有发现其明确的治理研究框架和研究路径。

---

① 李福华. 大学治理的理论基础与组织架构 [M]. 北京：教育科学出版社，2008：82.
② 李福华. 大学治理的理论基础与组织架构 [M]. 北京：教育科学出版社，2008：99.
③ 李福华. 大学治理的理论基础与组织架构 [M]. 北京：教育科学出版社，2008：125.
④ 李福华. 大学治理的理论基础与组织架构 [M]. 北京：教育科学出版社，2008：146-155.

（四）大学外部治理研究

关于大学外部治理研究主要包括：大学与政府关系模式的研究和大学外部治理理论探讨。

1. 大学与政府的关系模式

表 1-1　大学与政府关系模式表

阿什比模式①	学校的发展是受三种"力量"支配：第一种力量来自政府；第二种力量是大学拨款委员会和一些专业研究团体；第三种力量是大学本身内在逻辑所产生的力量。
克拉克一元和统一政府管理到市场联结分类模式②	国家协调管理高等教育模式分成4种类型：（1）国家单轨控制型；（2）国家多轨控制型；（3）国家和地区多轨控制型；（4）公立与私立多轨控制型。
伯顿·R.克拉克的大学—政府—市场"三角协调模式"③	高等教育发展主要受政府、市场及学术权威三种势力的综合影响。政府、市场及学术权威这三种势力合成一个协调三角形，每个角代表一种形式的极端和其他两种形式的最低限度，三角形内部的位置代表三个因素的不同程度的结合。
威廉姆斯模式④	威廉姆斯根据政府、市场、大学三者之间的权利关系，依据政府角色的不同，划分出六种模式：三足鼎立、政府作为监督者、政府作为促进者、政府作为供应者、政府支持消费者、政府作为消费者。
范富格特的"三角四块模式"⑤	史静寰根据范富格特对政府、市场、大学三者关系阐释和分析及中介组织的作用，构建出"三角四块模式"。
基于资金和治权理念的矢野真和模型⑥	日本东京大学教授矢野真和从资金筹措的角度对大学的资金来源与大学的决策权及管理模式的关系进行了分析，进而实现了对大学—政府—市场关系的经济学解析。可以将其分析结果称作"矢野真和模型"。

---

① Eric Ashby. Adapting Universities to a Technological Society [M]. London：Jossey-Bass Publishers，1974：47.
② 伯顿·R.克拉克.高等教育系统：学术组织的跨国研究 [M].王承绪，译.杭州：杭州大学出版社，1994.156.
③ 伯顿·R.克拉克.高等教育系统：学术组织的跨国研究 [M].王承绪，译.杭州：杭州大学出版社，1994：159.
④ 彭湃.大学、政府与市场：高等教育三角关系模式探析 [J].高等教育研究，2006（9）：103.
⑤ 史静寰.构建解释高等教育变迁的整体框架 [J].清华大学教育研究，2006（3）：19-25.
⑥ 矢野真和.大学的治权：理念和资金的关系 [J].徐国兴，译.教育与经济，2004（1）：1-5.

第一章 美国州级高等教育治理的概念、相关研究与本书框架设计

续表

三螺旋模型①	美国纽约州立大学埃茨科维兹和荷兰的雷德斯多夫将学术、政府与产业的关系划分为三种模式：第一类是"国家集权模式"；第二类是"自由放任的模式"；第三类最发达的模式是三螺旋模式。
复合型高等教育管理模式②	中国高等教育研究者张建新、董云川认为，政府与大学、市场之间并非简单的互动关系而是一种复合型的关系模式。这种模式的特点是：国家政府宏观调控、中介组织协调、市场机制引导与高等学校的自主办学。
"四因素环绕互动性"关系模式③	清华大学史静寰（2006）在综合德、美等国的大学、国家、市场的互动模式之后，提出了一种国家、社会、市场、知识"四因素环绕互动性"关系模式。
市场经济国家政府与大学关系的三种模型④	浙江大学方展画、陈列、郭耀邦等按照对于高等教育活动中国家干预与市场调节力量的关系不同认识，将市场经济国家的高等教育体制分为三种模式：（1）集中型；（2）分散型；（3）复合型。

2. 大学外部治理的理论探讨

伯顿·克拉克在其经典著作《高等教育系统：学术组织的跨国研究》中，从高等教育的学术组织的视角出发，以工作、信念、权力三者为高等教育的基本要素并据此分析高等教育运行的规律。伯顿·克拉克认为政府与大学的关系可分成两类：国家控制模式（state control model）和国家监督模式（state supervising model）。国家控制模式常见于欧洲大陆的大学体制中，以理性计划的控制见长，国家通常对大学行使全面而强有力的控制，国家教育部门直接管理入学标准、课程设置、学位授予、考试制度、教职员的聘用和薪酬；国家监督模式来源于英国和美国传统的大学体制，大学以自我管理为

---

① H. Etzkowitz, L. Leydesdorff. The dynamics of innovation: from National Systems and "Mode2" to a Triple Helix of university-industry-government relations [J]. Research Policy, 2000 (29): 109-123.
② 张建新，董云川. 高等教育经典管理模式述评 [J]. 教育管理研究，2005 (4).
③ 史静寰. 构建解释高等教育变迁的整体框架 [J]. 清华大学教育研究，2006 (3): 19-25.
④ 浙江大学高教研究所课题组. 市场经济国家政府与大学关系的比较研究 [J]. 河北师范大学学报（教育科学版），2000 (4): 1-11.

主，国家对高等教育影响较小，其主要角色是监督大学保持学术水平和素质，保持大学的问责性。在这一模式下，资深教授有相当大的权力，每一所大学自行招生，自行聘请教员，自行决定课程。政府的职能，决定了它必然要关注大学、调控市场。①

经过研究高等教育的外部治理之"重构政府、高校、社会三者关系"，盛冰认为高等教育的治理，首先意味着政府的角色或功能将发生重大变化，政府不再是高等教育产品的唯一提供者，政府对高校的管理由"政府控制模式"向"政府监督模式"转变，在资源配置方面，将更多地引入市场机制，政府、学校和社会之间存在着权力的依赖和互动，它们之间的关系将发生重组。高等教育治理的基本特征是非国营化、去中心、自治和市场化。②

楚红丽运用委托代理理论分析了公立高校与个人和政府间的委托代理关系，认为解决高校委托代理问题的关键是设计激励、约束和竞争制度来解决信息效率低下和激励不兼容的问题。③

许杰以治理理论为视角就政府对大学如何进行宏观调控进行了探讨。当前西方国家开始从治理理论视角来重新审视政府的功能和作用，力图设计出新的政府治理模式，以回应社会变迁所带来的挑战。政府角色的新定位必然引发政府对大学进行宏观调控的新向度。该文指出现代社会的政府应该是"掌舵"型的有限政府，而不是既"掌舵"又"划桨"的全面型政府，政府职能转变体现在高等教育管理领域就是政府要对大学"简政放权"，将本属于大学的权限划归给大学，改革政府与大学之间的传统行政隶属关系，即由直接行政管理转变为宏观调控。④

---

① 伯顿·克拉克.高等教育系统：学术组织的跨国研究 [M].王承绪，译.杭州：杭州大学出版社，1994：159-160.
② 盛冰.高等教育的治理：重构政府、高校、社会之间的关系 [J].高等教育研究，2003 (2)：48-51.
③ 楚红丽.公立高校与政府、个人委托代理关系及其问题分析 [J].高等教育研究，2004 (1)：43-46.
④ 许杰.论政府对大学进行宏观调控的新向度——以治理理论为视角 [J].复旦教育论坛，2003 (6)：10-13.

第一章 美国州级高等教育治理的概念、相关研究与本书框架设计

史文婷从第三部门发展的角度探讨高等教育的社会治理,指出治理的重要内容就是政府要向大学、社会部门合理分权,但实际上,这种分权后的权力只是在体制内循环,没有第三方实力参与制衡,大学所获得的权力极不稳定。因此,要实现真正的高等教育治理就必须有健全发达的第三部门力量存在,而第三部门力量的发展又有利于推进高等教育的社会治理,两者相互促进。[①]

治理就是制度安排,制度安排是管制特定行为或特定交易关系的一套框架或机制,包括正式制度和非正式制度。因此,治理的核心是制度,开展治理研究必须要关注制度,制度是治理研究的逻辑起点和媒介、工具,也是实现治理目标的有效手段。大学治理包括内部治理和外部治理,而政府对大学的治理以及大学与政府关系均属于大学外部治理的范畴。现有的大学治理的研究理论和方法大多从管理学、经济学、行政学、法学的视角,着重从宏观上研究大学外部治理,分析大学与政府的权力关系、政府对大学的宏观调控以及政府与大学的委托代理关系等。这些研究的不足之处在于:一是没有关注治理的核心研究内容——制度,制度才是治理最应该研究的内容;二是研究方法不够有效,缺乏实证的研究,因为现有的研究大多是文献的翻译、汇总与推理,所用的方法大多从外围或者间接性地进行探讨,缺少实证的理据与结论;三是研究结论过于宏大,只能给人大学外部治理的总体印象或者宏观轮廓,而看不到其核心与实质。

由此,开展政府对大学的治理研究,最重要的是要研究政府对大学的治理制度,采用实证的方法深入研究硬性的正式制度,也要研究软性的非正式制度,研究制度的构成要素、合法性基础、扩散机制和变迁路径等,以探究政府对大学治理的权力结构框架、规定与规范和文化传承等,使我们看清政府对大学治理的"真相"。

[①] 史文婷. 从高等教育的社会治理看第三部门的发展 [J]. 江苏高教, 2004 (3): 52-55.

二、制度与新制度主义理论研究

（一）制度与新制度主义理论

1. 新制度主义的缘起问题与结论

政治学关于制度的研究最早应该追溯到公元前 300 年前的古希腊时期，亚里士多德对城邦制度的研究首开政治学制度研究的先河。彼得斯认为：现在已经确知存在一个"旧制度主义"流派，它的工作构成了 19 世纪后期 20 世纪上半叶初期政治学的基础。尽管它们被特征化甚或被贴上非理论和描述性的标签，但是，注意到研究中潜藏的理论仍然是重要的。彼得斯认为旧制度主义主要包括五个部分：法律主义、结构主义、整体主义、历史主义和规范分析。[①] 1984 年，詹姆斯·马奇和约翰·奥尔森在美国政治科学评论上发表了《重新发现制度：政治的组织基础》一文，对政治学研究的现状提出了批评。马奇的论文宣告了新制度主义的诞生。[②]

朗慈（V. Lowndes）从六个分析维度来描述新旧制度主义的发展：从关注组织到关注规则；从只关注正式制度到同时关注非正式制度；从静态地看制度到关注制度的动态性；从不关注价值到坚持价值批判的立场；从关注整个制度系统到关注制度的内在成分；从认为制度是独立于环境的到认为制度是嵌入特定背景当中的。[③] 需要指出的是，以上对新旧制度主义的区分也是粗线条的，并不是泾渭分明的，事实上有些早期制度主义的研究在特征上已经是"新制度主义"了。

2. 新制度主义的理论内涵

（1）制度的定义

陈家刚认为：制度是新制度主义的核心概念，也是制度分析方法的理论

[①] B. 盖伊·彼得斯. 政治科学中的制度理论："新制度主义" [M]. 王向民, 段红伟, 译. 上海：上海世纪出版集团, 2011：6-10.

[②] 王珍珠. 浅析新制度主义的产生背景及流派 [J]. 商业文化（学术版）, 2008（09）：252.

[③] Lowndes, Vivien, "Institutionalism," [C] //David Marsh, Gerry Stoker, eds., *Theory and Methods in Political Science* [M]. New York：NY：Palgrave Macmillan, 2002：chap. 4.

基石和逻辑起点。制度（institution）的中心含义是从拉丁语动词 instituere（创立或建立）派生而来的，它表明一种已确定的活动形式，或者结构的结合。……20 世纪后期，新制度主义的制度内涵开始从规则转向了观念、资本与规制。[①] 制度或者是一种规则，这种规则可以是正式或非正式的。规则基本上表明了一种双向互动的制约关系，制度是人类行为的结果，但人类行为也受制度的约束。宏观层面的规则包括产权、契约、科层制和宪政规则等。微观层面的规则包括存在于社会团体和人际交往中的规范、工作程序、指令、纪律等。制度或者是一种组织，家庭是制度，企业、工会、政党等也是制度。制度是公民社会的普遍存在形式，它构成了现代国家的基础。观念或文化也是制度，长期存在的价值理念、习惯、风俗等认知网络为人类行为提供了意义框架，约束着人类行为。现代组织所使用的规则、规范、程序是特定文化的一种实践形态。这些形式与程序很多都应被看成是文化的具体实践模式，类似于某些社会中设计出的神话与仪式。在某种程度上，它们是与文化实践模式的传播相关联的一系列过程模式的结果。即使在外表看来最具有官僚体制特征的组织也必须用文化术语来进行解释。[②]

马奇、奥尔森认为，制度是社会组织的规则，它包括惯例、程序、习俗、角色、信仰、文化和日常生活中的知识。而政治制度是"依照行动角色与情境关系来界定适切行为的相关规则、惯例的集合体，即界定了行动情境以及在该情境中行动者的角色及其义务。"[③]

石凯、胡伟认为，学者们大致从三个研究视角来概念化制度：（1）从结构视角来定义制度，将制度视为一种中观层面的行为结构。（2）从政治行为视角来定义制度，将制度视为一种行为规则。（3）从过程—结果视角来定

[①] 陈家刚. 全球化时代的新制度主义 [J]. 马克思主义与现实，2003（6）：20.
[②] 陈家刚. 全球化时代的新制度主义 [J]. 马克思主义与现实，2003（6）：19.
[③] James G. March, Johan P. Olsen. Rediscovering Institutions: The Organizational Basis of Politics [M]. New York: The Free Press, 1989: 21-26.

义制度，将制度视为一种行为结果的转换机制。三者相辅相成，不可截然分开。①

斯科特认为：制度包括为社会生活提供稳定性和意义的规制性、规范性和文化—认知性要素，以及相关活动与资源。② 在这个定义中，制度具有多重的面相，是由符号性要素、社会活动和物质资源构成的持久社会结构。这些制度表现出独特的特征，即它们相对抵制变迁。③ 它们往往通过代际传播而得以维持和再生产。④ 正如安东尼·吉登斯所言："根据定义，制度是社会生活中相对持久的特征……并赋予时空中的（社会系统）'牢固性与稳定性'。"⑤ 制度之所以表现出这样的特征，是因为规制、规范和文化—认知要素促进了这些传播、维持与再生产的过程。这些要素是制度结构的重要建筑材料，提供了具有弹性的框架来指引行为和有效地抵制变迁。

（2）制度的三要素

斯科特在《制度与组织》一书中指出："不同的社会理论家先后把规制性（regulative）、规范性（normative）和文化—认知性（cultural-cognitive）系统分别确定为制度的关键要素。实际上，这三大基础要素构成了一个连续体，其一端是有意识的要素，另一端是无意识的要素；其一端是合法的实施要素，另一端则被视为当然的要素。"⑥

---

① 石凯，胡伟. 新制度主义"新"在哪里 [J]. 教学与研究，2006，（05）：65-69.
② W. 理查德·斯科特. 制度与组织——思想观念与物质利益 [M]. 北京：中国人民大学出版社，2010：56.
③ Jepperson, Ronald L.. Institutions, institutional effects and institutionization [M]. //Walter W. Powel and Paul J. DiMaggio. The New Institutionalism in Organizational Analysis. Chicago：University of Chicago Press，1991：143-163.
④ Zuker, Lynne G.. The role of institutionalization in cultural persistence [J]. American Sociological Review，1997（42）：726-743.
⑤ Giddens, Anthony. The Constitution of Society [M]. Berkeley：University of California Press，1984：24.
⑥ W. 理查德·斯科特. 制度与组织——思想观念与物质利益 [M]. 北京：中国人民大学出版社，2010：59.

第一章　美国州级高等教育治理的概念、相关研究与本书框架设计

表 1-2　制度的三个要素表

制度维度	规制性要素	规范性要素	文化—认知性要素
遵守基础	权宜性应对	社会责任	视若当然、共同理解
秩序基础	规制性规则	约束性期待	建构性图式
扩散机制	强制	规范	模仿
逻辑类型	工具性	适当性	正统性
系列指标	规则、法律、奖惩	合格证明、资格认证	共同信念、共同行动逻辑、同形
情感反应	内疚/清白	羞耻/荣誉	确定/惶惑
合法性基础	法律制裁	道德支配	可理解、可认可的文化支持

（资料来源：W. 理查德·斯科特. 制度与组织——思想观念与物质利益 [M]. 北京：中国人民大学出版社，2010：59.）

　　斯科特认为：对于规制性基础要素，在最广泛的意义上，所有学者都强调制度的规制性层面，制度会制约、规制、调节行为。规制性基础要素的突出特征之一就是特别强调明确、外在的各种规制过程——规则设定、监督和奖惩活动。制度的规制性基础要素的核心成分，包括强制性暴力、奖惩和权宜性策略反应，但是他们也常常因为规则的出现而得到缓和，这些规则包括非正式的民德、风俗或正式的规则、法律。一个稳定的规则系统，不管它是正式的，还是非正式的，如果得到了监督和奖惩权力的支持，并且这种权力又伴随着畏惧、内疚感，或者清白无愧、高尚、廉正、坚定等情感，那么就是一种流行的、起支配作用的制度。[①]

　　斯科特认为：规范性基础要素的规范系统包括了价值观和规范。所谓价值观，是指行动者所偏好的观念或者所需要的、有价值的观念，以及用来比较和评价现存结构或行为的各种标准。规范则规定事情应该如何完成，并规定追求所要结果的合法方式或手段。规范系确定目标（如赢得博弈、获取收益），但也指追求这些目标的适当方式（如规定博弈如何进行，公平交易的概念等）。某些价值观和规范可能适用于一个集体的所有成员，但某些则

---

① W. 理查德·斯科特. 制度与组织——思想观念与物质利益 [M]. 北京：中国人民大学出版社，2010：60-63.

只能适用于特定的行动者或职位类型。后一种价值观与规范产生了各种角色任务，即为具体的个体或指定的社会职位确定关于什么是适当的目标与活动的观念。这些观念不仅仅是对特定行动者应如何行为的期待或预言，也是一种规定即规范性期待。规范系统会对社会行为施加一种限制，也会赋予社会行为某种力量，对社会行动具有使能作用。因此，他们对于行动者既赋予权利也施加义务，既提供许可，也实施命令和操纵。规范也可能引起强烈的情感，这些情感主要包括羞耻感，而对于那些遵守规范的模范行动者来说，引起的情感则是骄傲和荣誉感。①

斯科特认为：制度的文化—认知性要素构成了关于社会实在的性质的共同理解，以及建构意义的认知框架。认知是外部世界刺激与个人机体反应的中介，是关于世界的、内化于个体的系列符号表象。符号—词语、信号与姿势—塑造了我们赋予客体或活动的意义。意义出现在互动之中，并被用来理解持续不断的互动，从而得以维持和转化。带连字符的"文化—认知"一词，是指"内在的"理解过程是由"外在的"文化框架所塑造的。文化提供了思考、情感和行动的模式，他把文化形象地比喻成思维程序或"大脑思维软件"。在大多数的环境中，人们会遵守文化—认知性制度，因为人们难以想到其他的行为类型；我们之所以遵守惯例，是因为我们理所当然地认为那些惯例是"我们做这些事情的"恰当方式。个体与组织在很大程度上都要受到各种信念体系与文化框架的制约，会接纳各种信念体系与文化框架。表达文化—认知性要素的情感比较广泛，包括从确信、信心等积极情感，到困惑、混乱和迷失等消极情感。文化—认知性制度概念强调了以社会为中介的共同意义架构，对于组织与行动者的建构具有十分重要的作用。②斯科特在分析制度要素的合法性时指出：规制性制度要素强调遵守规则是合

---

① W. 理查德·斯科特. 制度与组织——思想观念与物质利益 [M]. 北京：中国人民大学出版社, 2010：63-64.
② W. 理查德·斯科特. 制度与组织——思想观念与物质利益 [M]. 北京：中国人民大学出版社, 2010：65-67.

第一章 美国州级高等教育治理的概念、相关研究与本书框架设计

法性的基础，合法的组织是那些根据相关法律与准法律要求而建立的，并符合这些要求而运行的组织。规范性制度要素则强调评估合法性的较深层的道德基础。比起规制性要素来，规范性制度要素更有可能被行动者内化。文化—认知性制度要素则强调通过遵守共同的情景界定、参照框架，或被认可的角色模板而获得合法性。为了与特定的情境相联系而采纳正统的结构身份，其实就是通过认知一致性来寻求合法性。①

杰珀逊（Jepperson）等认为：不管是规制性、规范性还是文化—认知性制度要素，都需要由各种媒介或"载体"来传递。②斯科特界定了制度要素的四类载体：符号系统、关系系统、惯例与人工器物。

表 1-3 制度要素的载体

制度载体	规制性要素	规范性要素	文化—认知性要素
符号系统	规则、法律	价值观、期待	范畴、典型、图式
关系系统	治理系统、权力系统	政体、权威系统	结构同形、身份
惯例	协议、标准运行程序	工作、角色、遵守义务	脚本
人工器物	遵守命令性规定的客体	整合惯例、标准的客体	处理符号价值的客体

（资料来源：W. 理查德·斯科特. 制度与组织——思想观念与物质利益 [M]. 北京：中国人民大学出版社，2010：88.）

符号系统：对于制度主义者而言，重要的象征符号包括了用来指导行为的所有规则、价值观、规范、分类、表象、框架（frames）、图式、原型和脚本等。强调认知性制度要素的理论家们，则强调共同的范畴、特性和典型化在影响和塑造感知与解释方面的重要性；强调规范性制度要素的理论家们，则强调行为导向的共同价值观和规范性期待的重要性；而强调规制性要

---

① W. 理查德·斯科特. 制度与组织——思想观念与物质利益 [M]. 北京：中国人民大学出版社，2010：69-70.
② Jepperson, Ronald L.. Institutions, Institutional effects, and institutionalization [M]. //. The New Institutionalism in Organizational Analysis. Chicago：University of Chicago Press, 1991：150.

素的理论家们,则着重强调的是惯例、规则以及法律的重要性。[①]

关系系统：制度也可以由关系系统来传递。这种关系系统载体,要依赖于与社会位置相联系的网络即角色系统的互动。强调认知性制度要素的理论家们,则强调结构性的模型。强调规范性与规制性制度要素的理论家们,往往认为关系系统是一种"治理系统",强调这些结构的规范性（权威）层面或强制性（权力）层面。这样的治理系统被视为在创造和实施律令、规范和规则,在监督与制裁参与者的各种活动。[②]

惯例：惯例作为制度的载体,有赖于模式化的行动,而这种行动反映了行动者的意会性知识,即以不能明言的知识和信念为基础的、深层的、根深蒂固的习惯与程序。惯例是组织的"基因",其范围包括"硬的"（各种被编码并进入技术性活动的）与"软的"（诸如飞行观察或快餐程序等）组织惯例,但是所有惯例都涉及"重复性的活动模式"。这些模式包括广泛的行为范围,即包括从个体雇员的一套标准运行程序和技能,到一系列的组织活动,如工作岗位、生产装配线、航空预约系统、会计准则或战争规则等。[③]

人工器物：萨奇曼认为人工器物就是具体的、个体的物质客体,在自然环境和/或文化环境的影响下,人类活动有意识地生产和传播这些物质客体。最原始的人工器物通常是打制石器,而最先进的人工器物则可能是嵌入在硬件、软件中的复杂技术。[④]

（3）制度变迁

制度变迁理论是新制度主义理论中的重要组成部分。新制度主义认为,制度变迁不是泛指制度的任何一种变化,而是特指一种效率更高的制度替代

---

① W. 理查德·斯科特. 制度与组织——思想观念与物质利益 [M]. 北京：中国人民大学出版社, 2010: 89.
② W. 理查德·斯科特. 制度与组织——思想观念与物质利益 [M]. 北京：中国人民大学出版社, 2010: 91.
③ W. 理查德·斯科特. 制度与组织——思想观念与物质利益 [M]. 北京：中国人民大学出版社, 2010: 91-92.
④ Suchman, Mark C.. The Contract as Social Artifact [J]. Law & Society Review, 2003 (37): 98.

第一章　美国州级高等教育治理的概念、相关研究与本书框架设计

原有的制度。[1]

马奇和奥尔森认为：制度变迁的动力包括制度设计的因素、竞争性选择以及外部冲击带来的意外事故。规则、常规、规范和身份既是实现稳定性的工具，又是发生变化的领域。变迁是制度的恒常特征，而现有的制度安排影响着制度如何出现以及它们如何被复制和被改变。制度安排可能指引或者阻止变化，可能加速或者推迟变化；而理解变化动力的关键在于澄清制度在一般变化过程中所发挥的作用。[2]

制度供给、制度需求、制度均衡与非均衡形成了整个制度变迁的过程。制度的供给是创造和维持一种制度的能力，一种制度供给的实现也就是一次制度变迁的过程；制度的需求是指当行为者的利益要求在现有制度下得不到满足时产生的对新的制度的需要。

制度的变迁首先是从制度的非均衡开始的。制度变迁的模式主要有两种：一种是自下而上的诱致性制度变迁，它受利益的驱使。"诱致性变迁指的是现行制度安排的变更或替代，或者是新制度安排的创造，它由个人或一群（个）人，在响应获利机会时自发倡导、组织和实行。"一种是自上而下的强制性制度变迁，由国家强制推行。"强制性制度变迁由政府命令和法律引入和实行。"

陈家刚认为：诱致性变迁具有渐进性、自发性、自主性的特征，新制度的供给者或生产者只不过是对制度需求的一种自然反应和回应。在诱致性变迁中，原有制度往往也允许新的制度安排渐进地出现，以保持其活力。而强制性变迁则表现出突发性、强制性、被动性，主要是因为制度竞争的需要。在强制性变迁中，创新主体首先是新制度安排的引进者而非原创者。就本质而言，诱致性变迁只是在现存制度不变的情况下做出制度创新，即制度的完

---

[1] 陈家刚. 全球化时代的新制度主义 [J]. 马克思主义与现实，2003（6）：19.
[2] 詹姆斯·马奇，约翰·奥尔森. 新制度主义详述 [J]. 允和，译. 国外理论动态，2010（07）：45.

善；强制性变迁往往要改变现存的根本制度即实现制度的转轨。①

秦绪娜、郑曙村认为新制度主义视角下制度变迁有三种路径理论：路径依赖、路径替代和路径偶然。制度变迁的最终路径由以下两个因素决定：第一，由制度和组织的共生关系所引起的固定特性——它们已经随着这些制度所提供的激励结构而演进；第二，由人类对机会集合变化的认识与反应所做出的反馈过程。②

（4）制度同形性

制度同形性（isomorphism）是指在相同环境下，某一组织与其他组织在结构与实践上的相似性。制度同形性概念是理解渗透于现代组织生活中的政治和仪式的有用工具。制度同形性包括三种基本形式：第一，强制同形性。强制同形性来源于其所依靠的其他组织以及社会文化期望施加的正式或非正式压力。这种压力可以是强力、说服或邀请共谋。第二，模仿同形性。并非所有的制度同形性都源于强制性权威。不确定性是鼓励模仿的强大力量。当组织技术难以理解、目标模糊时，或者当环境产生象征性不确定性时，组织就有可能按照其他组织的形式来塑造自己。尽管都在寻找多样性，但只有很少的变量可以选择。新组织模仿旧组织的现象遍及整个经济领域，管理者也积极找寻可以模仿的模型。第三，规范同形性。规范同形性主要源自于职业化，即大学创造的认知基础上的正规教育与合法化，以及跨越组织并且新模型可以迅速传播的职业网络的发展与深化。③

（二）新制度主义的分析框架

新制度主义的"革命性意义"在于，它扬弃了早期制度研究中浓厚的学术争辩色彩和规范研究中主观判断所导致的混乱，旨在揭示组织、组织与环境的关系逻辑，使得"真实世界"的研究成为可能。

---

① 陈家刚. 全球化时代的新制度主义 [J]. 马克思主义与现实, 2003（6）：19.
② 秦绪娜, 郑曙村. 新制度主义政治学在中国：一个研究综述 [J]. 江南大学学报, 2010, 09（6）：27.
③ 陈家刚. 全球化时代的新制度主义 [J]. 马克思主义与现实, 2003（6）：19-20.

第一章　美国州级高等教育治理的概念、相关研究与本书框架设计

对于制度研究，学者们通常采用两种实证分析框架：第一种分析框架是根据制度所实施或针对的不同层面来进行，主要有世界系统（world system）、社会（society）、组织域或组织场域（organizational field）、组织群（organizational population）、组织（organization）、组织子系统（organizational subsystem）共6个不同的分析层面。① 有些学者关注的是世界系统、社会等宏观层面，有些学者则从组织或组织子系统等微观层面来进行制度分析，还有些学者采取组织场域等中观层次的分析概念与分析单位。第二种分析框架是根据制度的三大支柱来进行分类，主要有规制系统（regulative system）、规范性系统（normative system）以及文化—认知系统（culture-cognitive system）。② 规制性系统包括了法律、规则、制裁等强制约束人们行为的制度；规范性系统是指价值观与标准；文化—认知系统是共同信仰、共享行为逻辑等社会共同认知。③

（三）新制度主义理论的教育应用

随着新制度理论的出现和发展，新制度主义社会学理论的代表人物如斯科特（Scott）、迈尔（Meyer）、罗万（Rowan）等人，开始把制度分析用于对教育现象的研究，如学校组织结构、学区合并、核心课程制度和大众高等教育制度的传播等，这些研究丰富和深化了对教育现象和教育问题的认识。他们的著作与文章基本都是在近几年发表出来的：海因兹-迪特·迈尔（Heinz-Dieter Meyer）与布莱恩·罗万（Brain Rowan）合作的《教育的新制度主义》（*The New Institutionalism in Education*）（2006）一书；海因兹-迪特·迈尔的《高等教育制度变迁中的制度创立者、机遇和预见》（《北京大学教育评论》2006年第1期）；2007年，海因兹-迪特·迈尔又与布莱恩·

---

① W. 理查德·斯科特. 制度与组织—思想观念与物质利益 [M]. 北京：中国人民大学出版社，2010：95.
② W. 理查德·斯科特. 制度与组织—思想观念与物质利益 [M]. 北京：中国人民大学出版社，2010：59.
③ 郭毅，徐莹，陈欣. 新制度主义：理论评述及其对组织研究的贡献 [J]. 社会，2007，27（1）：20.

罗万合作发表的《教育中的新制度主义》(《北京大学评论》2007 年第 1 期) 等文章。这些著作与文章的发表，引起了国内教育领域，尤其是高等教育领域中的许多学者对于新制度主义理论的高度关注，他们认为新制度主义相关理论对于我国高等教育制度理论与实践具有很强的解释能力。

（四）美国州政府对州立大学的治理制度

1. 美国高等教育制度的分权制

菲利浦·G. 阿特巴赫等（2005）认为："国会赋予州政府基本的教育责任，这使得学院和大学与政府更加紧密地联系在一起。各州制定的高等教育政策有所不同，州政府对高等教育的控制有利于政策制定者在制定政策时考虑到地区的需要。正是由于高等教育的政策制定和资助方面采取了分权制，所以政策制定者能够在制定本州高等教育政策时兼顾地方需要以及学院和大学实际运作中的各种变化。"①

2. 美国高等教育法律

美国高等教育有较为成熟的联邦和州两级法律体系。我国学者已经对美国高等教育的立法进行了详细的研究。姚云在其 2003 年的博士论文《美国高等教育立法研究》中对美国高等教育立法的演进与效力，美国高等教育立法主体、权限和程序，以及美国高等教育立法特征进行了研究。姚云在 2007 年出版的专著《美国教育法治的制度与精神》中对美国教育法治制度、美国教育法治精神和美国教育法治的问题进行了较为详尽的研究和思考。

张维平、马立武 2004 年出版的专著《美国教育法研究》对美国教育法的历史发展、形式、内容、立法程序、执行以及高等教育法律问题进行了系统研究和阐述。

3. 高等教育认证制度及其与州政府的关系

认证制度作为美国高等教育的一种质量保障制度在高等教育内部以及高

---

① 菲利普.G. 阿特巴赫.为美国高等教育辩护 [M].别敦荣，陈艺波，译.青岛：中国海洋大学出版社，2007：13.

等教育与社会、政府的关系中具有多重功能。在高等教育内部，认证制度为高等教育市场提供了基本的标准，对市场的自由竞争起着一定的制约作用。同时，认证制度又是一种内在的统一协调力量，使地方分权管理的美国高等教育能够在必要的时候协调一致应对来自自身和社会环境的各种挑战。在与政府的关系中，认证制度是一种政府管理的重要媒介，也是对政府管理的一种制衡。认证制度与政府之间既有联合合作的一面，又有对抗抵制的一面。在与社会的关系中，认证制度成为高等教育向社会传递信息之窗，同时也是社会公众参与高等教育管理之门。社会则需要认证制度提供关于院校和专业的信息，也通过认证制度参与高等教育的质量管理。①

根据不同的评估对象属性和范围，美国评估中介机构分为全国性评估机构、区域性评估机构和专业评估机构三类，其中全国性评估机构主要针对与宗教信仰有关和个人职业发展有关的单科性院校开展评估；区域性评估机构主要负责相关各州的院校评估工作，是评估中介机构的主体；专业评估机构是对院校内某一个专业或学科开展评估。至 2011 年 7 月，全美共有 6 个区域性院校评估机构（细分为 8 个从事高等教育评估的委员会）、11 个全国性院校评估机构和 68 个专业评估机构。美国全国有 7800 所高等教育机构和 19700 多个专业通过评估认证。②

联邦政府的有些款项是通过州政府拨给高等教育机构的，州政府也要依靠认证来决定院校参与某些联邦项目的资格。州政府对于区域组织的认证十分重视，多数州都成文或不成文地执行这样一条规则：即获得认证的院校可以免除州政府的许可。而区域性认证组织也很看重州政府的许可，六大区域性认证组织都规定，院校寻求认证的前提条件之一是要获得州政府的合法许可。许多从业许可的法规都规定，申请从业许可的人员要毕业于经过认证的院校或专业，并且还具体规定是某一专业组织的认证。实际上，这样就把州

---

① 熊耕. 美国高等教育认证制度的功能分析 [J]. 比较教育研究，2005（2）：75.
② 宣葵葵. 美国高等教育评估中介机构发展新趋势及启示 [J]. 中国高教研究，2012（3）：29.

政府的合法权力转移到了非政府组织手上。高等院校也不得不慎重对待认证过程，因为失去认证意味着其毕业生将不能获得从业许可，从而也就无法进入职业领域。通过认证制度这一媒介，州政府也加强了对高等教育质量的控制。①

4. 政府与大学之间外部团体对州立大学的治理

政府与大学之间的外部团体包括私人基金会、大学协会、自愿性认证协会、自愿性联盟、区域性协议组织等。外部团体和高等教育的关系，反映了其直接行动的伟大传统，它们在控制导向的联邦及州政府机构和大学院校之间，越来越扮演中流砥柱的角色。政府已经放弃了"自我否定条例"（即州政府自己抑制自己权力的条例）。该条例使得州政府几十年来与许多高校保持距离，使高校保持其本质。因此，随着高等教育步入 21 世纪，培育具有支持作用的、有益的私人外部团体较以往更为重要。②

（五）新制度主义理论用于研究美国州政府对州立大学治理的适切性

根据以上文献内容，经过分析和思考，认为新制度主义理论适合研究美国州政府对州立大学的治理。

1. 治理的属性决定了对其研究宜采用新制度主义理论

治理本质上是制度安排。研究治理就是要研究制度。制度既包括正式制度，也包括非正式制度，既包括组织架构，又包括法规和政策，既包括硬性的规章制度，又包括软性的文化传统。根据斯科特的新制度主义理论，制度既包含规制性要素和规范性要素，也包含文化—认知的制度要素，这是制度研究的新成果，也是制度研究的新方法，在制度研究中具有先进性。与管理学、行政学、经济学、法学的研究方法相比，用斯科特的新制度主义理论研究制度更加直接，更具现实意义，因此，用新制度主义研究州政府对州立大学的治理十分适合。

---

① 熊耕. 美国高等教育认证制度的功能分析 [J]. 比较教育研究, 2005（2）: 77-78.
② 菲利普·阿尔特巴赫等. 21 世纪美国高等教育: 社会、政治、经济的挑战 [M]. 北京: 北京师范大学出版社, 2005: 241-264.

2. 新制度主义三要素与州政府对大学的治理的制度关系形成对应

美国州政府对州立大学的治理涉及各利益相关方，其中包括：州长、州议会、州法院、州教育厅、州高等教育治理/协调/规划委员会、认证机构、大学协会、自愿性认证协会、自愿性联盟、区域性协议组织等。

州长和州议会制定高等教育的法令、规定，确定州高等教育的发展规划。这些制度强制要求州立大学遵照执行，都属于规制性的制度内容。

政府与大学间的外部组织——认证机构、大学协会、自愿性认证协会、自愿性联盟、区域性协议组织，开展学术研究，出台认证与学术标准，规范州立大学的治理行为。州长、州教育厅和高等教育治理组织出台的高等教育政策、议程（高等教育发展蓝图）、总体规划以及认证标准、学术规范和学术权威系统属于规范性制度要素。

州法院以及联邦高等法院对州内高等教育的判例传达着所在州高等教育的文化传统与价值，另外州政府、外部团体等与州立大学校长、董事会等之间的冲突事件及其解决方案也是文化传统的一种体现，这些内容都属于文化—认知制度要素的范畴。

鉴于州政府对州立大学的治理制度与新制度主义的三要素及其载体具有明显的对应关系，因此新制度主义是开展州政府对州立大学治理模式研究的比较切合的方法。

第三节 研究框架与方法

一、新制度主义的研究视角

1984年，詹姆斯·马奇和约翰·奥尔森在美国《政治科学评论》上发表了《重新发现制度：政治的组织基础》一文，对政治学研究的现状提出了批评。这篇论文宣告了新制度主义的诞生。

与旧制度主义相比较，新制度主义具有五个新的特性：（1）从正式制度到非正式制度：新制度主义者认为制度不再等同于政治组织，制度也被学者理解为在人类活动中长期形成的习俗、习惯、信仰与惯例等非正式制度，甚至被社会学制度主义流派解读为文化。新制度主义者认为，非正式制度可以强化正式制度，有时候非正式的惯例还可能支配正式制度。（2）从宏观制度到中观乃至微观制度：新制度主义不再从整体视角来比较、描述政治制度，而更多地从中观、微观层面来分析制度对不同层面的政治行动者的影响。（3）从静态的、独立的制度实体到动态的、嵌入的制度实体：在新制度主义者眼里，制度不仅仅是一个不变的"东西"，而且更多地表现为一个动态的过程。（4）从结构主义到制度主义：新制度主义认为在解释、描述或预测政治行为及其后果时，是"制度攸关"而不再仅仅强调结构的重要性。制度之所以攸关，是因为政治行为是镶嵌在制度之中，受制度制约或受益于制度所提供的便利。这些制约或便利主要体现在制度界定了行动者的权力、利益偏好、资源与动机等行为的手段—目的与条件—规范。（5）从偏好漠视到偏好重视：新制度主义在诠释制度与行为关系时，政治行动者的偏好始终被不同流派作为一个重要的中间分析变量，观念与制度、利益三者的结构性关系一直是历史制度主义流派的关注核心，社会学制度主义流派更是把不同形式的价值观纳入其分析框架。总之，从"制度"与"制度主义"的视角来看，与旧制度主义相比，新制度主义的确可谓是一个崭新的制度理论。它不仅拓展了制度的内涵与外延，而且提高了制度研究的解释力，在很大程度上克服了"结构与行为"这一经典社会科学问题之争，并且使得制度回归了主流政治学家的视野，推动了行为主义向后行为主义的转变。[1] 新制度主义的复兴并非制度分析的一种简单回归，而是制度分析的现代转型，是制度分析的演进。随着20世纪后期全球化的深入发展，新制度主义分析范式表现出更多的形式，其丰富的内涵也充分地展现出来。[2]

制度是新制度主义的核心概念，也是制度分析方法理论的逻辑起点。在

---

[1] 石凯，胡伟. 新制度主义"新"在哪里 [J]. 教学与研究，2006（5）：68.
[2] 陈家刚. 全球化时代的新制度主义 [J]. 马克思主义与现实，2003（6）：15.

第一章　美国州级高等教育治理的概念、相关研究与本书框架设计

众多制度的定义中，美国学者斯科特给出的定义较为综合、详细、明确。斯科特认为"制度包括为社会生活提供稳定性和意义的规制性、规范性和文化—认知性要素，以及相关的活动与资源。"① 其中规制性、规范性和文化—认知要素作为制度的三个构成部分，可以独成一体独立成为规制性制度、规范性制度和文化—认知的制度，也可以合起来形成新制度主义的总体概念。这三大要素已经被新制度主义专家称作制度的三大支柱。

新制度主义的"革命性意义"在于，它扬弃了早期制度研究中浓厚的学术争辩色彩和规范研究中主观判断所导致的混乱，旨在揭示组织、组织与环境的关系逻辑，使得"真实世界"的研究成为可能。新制度主义者斯科特综合各方观点，开发了制度的七个维度（遵守基础、秩序基础、扩散机制、逻辑类型、系列指标、情感反应、合法性基础）框架，用于区分不同制度，也可以表示单个制度所具有的属性或特点。斯科特开发的另一个制度框架——制度的四个载体（符号系统、关系系统、惯例和人工器物），列出了制度的外显形式和构成。这两个框架对于分析制度的构成、内涵和属性具有直接的利用价值和现实意义。

李福华认为"治理实际就是一种制度安排，制度安排是管制特定行为或特定交易关系的一套框架或机制。"② 换句话说就是制度安排可以决定治理的框架与机制，可以决定治理模式。张维迎认为大学治理要讨论的一个问题就是："用什么样的制度安排能够保证大学目标和理念得以实现。"③ 其实，换句话说就是大学治理就是制度安排。上述两位专家从不同侧面说明治理与制度的关系：治理就是制度安排，制度安排决定治理模式。

现有的政府对大学的治理研究大多从管理学、经济学、行政学、法学的视角，着重从宏观上研究大学外部治理，分析大学与政府的权力关系、政府

---

① W. 理查德·斯科特. 制度与组织——思想观念与物质利益 [M]. 北京：中国人民大学出版社，2010：56.
② 李福华. 大学治理的理论基础与组织架构 [M]. 北京：教育科学出版社，2008：11.
③ 张维迎. 大学的逻辑 [M]. 北京：北京大学出版社，2006.

对大学的宏观调控以及政府与大学的委托代理关系等。这些研究的不足之处在于：一是没有看清治理研究的本质——制度研究；二是研究方法缺乏有效性，缺乏实证的研究，所用的方法大多从外围或者间接性地进行推理分析，缺少实际有效的理据与结论；三是研究结论过于宏大，只能给人大学外部治理的总体印象或者宏观轮廓，而看不到治理的核心与实质。

由此，新制度主义为政府对大学治理的研究提供了崭新的视角。开展政府对大学的治理研究，最重要的是要研究政府对大学的治理制度，采用实证的方法深入研究硬性的正式制度，也要研究软性的非正式制度，研究制度的构成要素、内涵与特性等，以探究政府对大学治理的内在逻辑，使我们看清政府对大学治理的"真相"。

二、理论分析框架的建构

美国 W. 理查德·斯科特（2010）在《制度与组织》中提出了制度的三大支柱——规制性要素、规范性要素和文化—认知要素，三大支柱共同构成制度。三大支柱实际上是规制性制度、规范性制度和文化—认知制度，三个制度都有自身独特的属性，可以自成一体。规制性要素主要探讨法律、法规等刚性制度，属于旧制度的范畴，其内涵与特征已经有较为丰富的研究成果。文化—认知要素主要研究文化环境中的共同理念和共同行动逻辑，需要长期开展田野研究才能发现制度的内涵与本质。规范性制度主要研究价值观和期待，属于新制度的范畴，具有研究价值和实践意义，因此本研究主要对美国州政府对州立大学治理的规范性制度开展研究。

本研究借用美国 W. 理查德·斯科特（2010）在《制度与组织》中所提出的制度的四大载体（符号系统、关系系统、惯例和人工器物）和四个维度（遵守基础、秩序基础、扩散机制、逻辑类型）构建"美国州政府对州立大学治理的规范性制度研究"的分析框架。在斯科特的制度理论中，制度的四大载体是制度的不同表现形态，也是制度不同的构成部分，运用四大载体分析规范性制度的存在形式及制度内涵。四个维度是辨析不同制度差异的主要维度，也是不同制度属性的表征。在研究框架中使用其中的四个维度可以辨析各种规范性制度的制度特征和属性，从而发现不同治理模式下制度的差异性，以发现不同治理模式与制度特征之间存在的逻辑关系。本研究框架运用规范性制度的四种制度载体，分别研究典型样本的规范性制度的存在形式和内涵，在此基础上对每个制度载体的四个维度分别进行分析，以发现规范性制度的特征和属性，为比较不同制度的存在形式、内涵和特征提供理据。

（一）四个载体的建构

本研究拟将制度的四个载体确定为研究的四个载体。对于制度四个载体的定义，请参阅本章第三节文献综述之"制度与新制度主义理论研究"。由于斯科特有关"制度要素的载体"（表1-3）的研究框架是普适性的，可以用于不同的研究专题和领域，因而缺乏对美国州政府对州立大学治理的规范性制度研究的针对性。为此，本研究对斯科特制度分析框架进行了修改，以满足本研究的特殊需要。

根据研究需要，原框架中规范性制度对应的符号系统"价值观、期待"在本研究中体现为"州高等教育的价值观、州政府对州立大学的期待"，其中"州高等教育的价值观"包括两部分：一是州政府对高等教育的价值观，二是州级高等教育治理机构对高等教育的价值观。

原框架中规范性制度对应的关系系统中的"政体、权威系统"在本研究中体现为"州高等教育治理组织的组织架构、州立大学外部治理组织架构和学术权威系统"，其中州立大学的外部治理组织架构在不同的大学有不同的表述，有的大学称作"政府关系办公室"，有的大学称作"政府事务部"，有的大学称作"政府关系副校长办公室"。州立大学外部治理架构的研究可以反映出州政府以及州级高等教育治理机构对州立大学治理的强度和效度。

原框架中规范性制度对应的惯例"工作、角色，对义务的遵守"在本研究中体现为"州高等教育治理组织的使命、角色与职责；州立大学的使命、角色、职责"。

原框架中规范性制度对应的人工器物"整合惯例、标准的客体"在本研究中体现为"州高等教育政策、议程或总体规划，认证标准，学术协会标准等"。

以上对四个载体的重新定义，确定了本研究的四个载体，可以使新制度主义的研究框架中的四大载体在本研究中的使用能够有的放矢，能够顺利找到或访谈到研究数据，便于分析制度的存在形式和内涵，提高研究的效率和有效性。斯科特的规范性制度与美国州政府对州立大学治理的规范性制度研究的四大载体的对照参见下表（表1-4）。

表1-4 州政府对州立大学治理与斯科特的规范性制度形式对照表

制度载体	斯科特的规范性制度形式	州政府对州立大学治理的规范性制度形式
符号系统	价值观、期待	州高等教育的价值观、州政府对州立大学的期待
关系系统	政体、权威系统	州高等教育治理组织内部架构、州立大学外部治理组织架构、学术权威系统
惯例	工作、角色、遵守义务	州高等教育治理组织的使命、角色与职责；州立大学的使命、角色、职责
人工器物	整合惯例、标准的客体	州高等教育政策、议程或总体规划，认证标准，学术协会标准

（二）四个维度的建构

在本章第三节文献综述之"制度与新制度主义理论研究"的"表1-2制度的三个要素表"中已经列出规范性制度的7个维度（遵守基础、秩序基础、扩散机制、逻辑类型、系列指标、情感反应、合法性基础）。这7个维度是制度的三大支柱（规制性要素、规范性要素和文化—认知要素）的各种假定之间的差异的主要维度。[①] 其差异实质上反映出不同制度的特性或特征，也就是说7个维度是制度属性的表征。需要特别说明的是本研究的分

---

① W. 理查德·斯科特. 制度与组织——思想观念与物质利益 [M]. 北京：中国人民大学出版社，2010：59.

析框架比斯科特提出的分析框架少了三个维度——系列指标、情感反应与合法性基础，这是因为制度的四个载体已经将系列指标分解在其中，无须再单列一个"系列指标"维度。情感反应与合法性基础两个维度主要是讨论制度环境下人的情感和道德的状况，这两个维度拿来分析美国州政府和州立大学的情感与道德反应很难操作，因此不予列入。以下详细分析其他四个维度的内涵。

在规范性制度中，"遵守基础"维度就是社会角色在社会上承担的"社会责任"。在社会系统中，每个角色都应该承担一些社会责任。有的社会责任是社会约定俗成的，有的社会责任是有明文规定的。不管"社会责任"的存在形式如何，每个社会成员或角色都应遵守和履行自己的社会责任。

在规范性制度中，"秩序基础"维度反映的是在社会环境中的角色的关系。在社会环境中所有的社会个体都遵守共同的价值观或社会标准。社会角色期待互相之间共同遵守。只有在相互之间满足和达成这种期待时才有良好的社会秩序。如果相互之间打破这种期待，就会出现社会秩序的混乱。因此社会角色之间的期待是有约束性的。这种"约束性期待"就是规范性制度中"秩序基础"维度的内涵。

在规范性制度中，"扩散机制"维度反映的是制度对社会角色发生作用的途径与方法。社会角色在社会环境中会受到社会规范制度的影响，引导或限定人的行为向正确的价值观、期待或标准靠近。"规范"就是规范性制度运行的机制，就是规范性制度发挥作用的途径与方法。规范性制度是通过"规范"指导和限定社会角色的行动的，因此在规范性制度中"扩散机制"是"规范"。

在规范性制度中，"逻辑类型"维度就是社会角色行为的"适当性"。在不同的社会环境中社会角色的行为是有差异的。社会个体在社会环境中生存发展，就必须判断自己行为与社会环境的匹配性和适当性，这样才不至于违反社会规范，不至于冒犯其他个体或角色。

由此，规范性制度的四个维度分别从社会角色的社会责任、角色相互之间的期待、影响角色行为的途径与方法和角色行为的恰当性反映出规范性制度的特征。

表1-5 规范性制度的四个维度对照表

遵守基础	秩序基础	扩散机制	逻辑类型
社会责任	约束性期待	规范	适当性

（三）理论分析框架的建构

根据上述分析，本研究根据规范性制度的四大载体和四个特征维度，确定了4个载体（符号系统、关系系统、惯例和人工器物）、4个维度（遵守基础、秩序基础、扩散机制、逻辑类型）的理论分析框架。据此框架，首先分析州政府对州立大学治理的规范性制度四个载体的存在形式和内涵，然后对每个载体进行制度特征的分析，以找出每个载体和规范性制度所具有的制度特征。本研究根据美国州政府对州立大学治理模式进行分类，然后从各类模式中挑选具有代表性的州进行个案研究，分析各样本州州政府对州立大学治理的规范性制度的构成、内涵、特征与实施机制，然后进行各样本间的对比分析，探索州政府对州立大学治理的规范性制度与治理模式之间的逻辑关系。

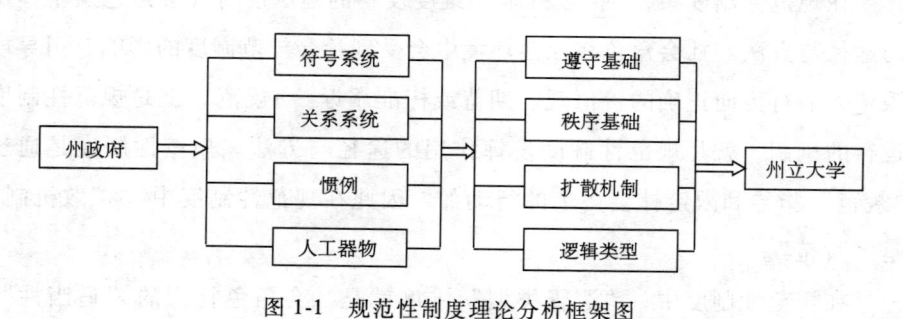

图1-1 规范性制度理论分析框架图

本研究的总体研究路线是首先确定研究的新制度主义的理论框架和美国州级高等教育治理模式的分类依据，在此基础上选择典型的研究样本，设计访谈提纲，根据访谈提纲开展访谈，然后对个案进行研究与分析，之后对个

第一章 美国州级高等教育治理的概念、相关研究与本书框架设计

案进行总结并开展样本间的比较分析，最后撰写研究总结报告。

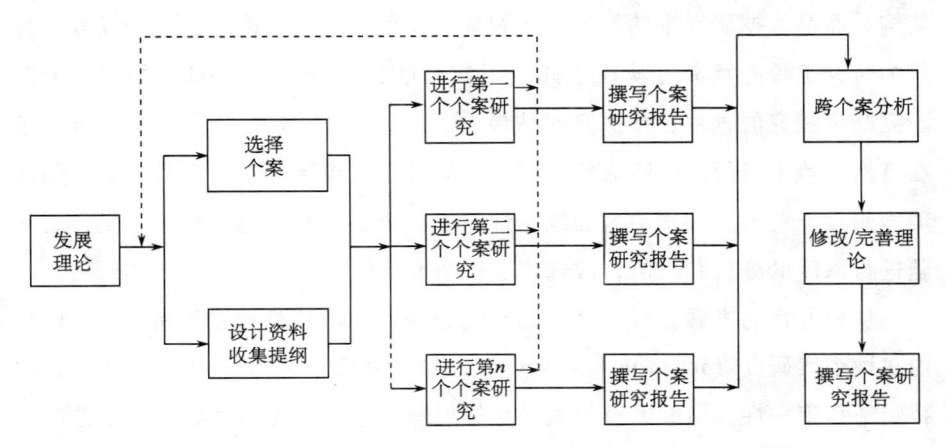

图 1-2 美国州政府对州立大学治理的规范性制度研究路线图

三、研究问题

本研究旨在回答：美国州政府对州立大学的治理关系及其规范性制度属性是什么？其中包含如下四个小问题：州政府对州立大学治理模式的类型与构成是什么？不同治理模式下规范性制度的内涵与特征是什么？规范性制度四个载体之间的关系是什么？规范性制度载体与治理模式之间的关系是什么？

四、研究方法设计

（一）研究方法

1. 个案研究法（case study）

本研究主要采用个案研究法开展研究。"个案研究"是对某一场域（setting）、对象（subject）、文档资料（documents）或特定事件（particular event）进行细致无遗的检视的一种研究策略。① 与实验的策略一样，个案比较擅长回答"怎么样"（how）和"为什么"（why）的问题，这种问题具有层层深

---

① Bogdan, R. C., & Biklen, S. K. Qualitative research for education: An introduction to theories and methods (4th edition) [M]. Boston, Mass: Allyn and Bacon, 2003: 54.

入，逐步渐进的特征。① 在研究过程上，个案研究并不固守预先设定的理论架构，而是根据研究中的发现不断调整与发展研究的理论架构。研究者本身作为研究工具的意义也就在于此。正如斯塔克（Stake，2003）所言，个案研究既是探究的过程也是探究的结果。② 不过与实验不同的是，个案研究是在自然情境下进行的，不需要对研究的环境加以控制。本研究关注的主题是美国州政府对州立大学治理的规范性制度，个案研究正适合对这一复杂的问题进行深度的分析和理解，故选用这种研究策略。

从研究目的来看，可以将个案研究分为两种不同性质的研究。③ 一种是内在性个案研究（intrinsic case study），研究之所以进行是因为研究对象的特殊性和唯一性，研究的目的就是更好地理解这个特殊的个案，而不是认识一些普遍现象。另外一种是工具性个案（instrumental case study）。在这类研究中，个案主要被用来确认、挑战或扩展理论，而不是对个案本身具有的特殊性进行深入的研究。本研究属于工具性个案研究。这是因为本研究的对象虽然在目的性原则下选取，但研究目的并不是为了了解个案本身，而是为了了解同类型州中州政府对州立大学治理的规范性制度的构成、内涵、特征与实施机制，并将其推而广之。

（1）个案的设计

尹（Yin，2003）提出，按照分析单位和个案的数量，个案研究设计可以分为四种类型：单个案整体性设计（single-case holistic design）、单个案嵌入性设计（single-case embedded design）、多个案整体性设计（mutiple-case holistic design）、多个案嵌入性设计（mutiple-case embedded design）。④

---

① 罗伯特 K. Y. 案例研究：设计与方法（第三版）[M]. 周海涛，译. 重庆：重庆大学出版社，2004：11.

② Stake, R. E.. Case studies [M] //Denzin, N. K., & Lincoln, Y. S. (Eds.). Strategies of qualitative inquiry. Thousand Oaks, California: Sage Publications, 2003：136.

③ Stake, R. E.. The art of case studies [M]. Thousand Oaks, California: Sage Publications, 1995：3-4.

④ 罗伯特 K. Y.. 案例研究：设计与方法（第三版）[M]. 周海涛，译. 重庆：重庆大学出版社，2004：43-45.

第一章 美国州级高等教育治理的概念、相关研究与本书框架设计

表 1-6 个案研究设计的基本类型

	单个案设计	多个案设计
整体性（单一分析单位）	类型 1	类型 3
嵌入性（多分析单位）	类型 2	类型 4

要确定个案研究设计的类型，首先要界定研究中的分析单位。尹（2003）提出，分析单位需要根据研究问题而定，研究问题中的关键概念往往成为研究中的分析单位。[①] 根据要回答的问题，本研究的分析单位有四个：符号系统、关系系统、惯例和人工器物。因此，本研究属于嵌入性的研究。要对同一个案的不同分析单位之间的关系进行研究，必须通过嵌入性的个案研究设计进行。

每个个案本身都有相同和不同的脉络与情境，不同个案的比较可以帮助我们呈现出概念间变异的不同情形的人、事、地点，帮助我们建构和丰富一些理论架构。工具性个案往往采用多个案的研究设计。因为对多个个案的研究，能够更加深入和丰富地理解所研究的问题。因此，本研究将采用多分析单位的多个案研究设计。通过对多个个案的循环的、诠释性的研究，最终达成一个更高层次的理解和建构（见图 1-3）。[②]

(2) 个案的选取原则

质的研究目的就是就某一个研究问题进行比较深入的探讨，因此样本一般比较小，通常采取的是"目的性抽样"原则，即按照研究目的选择那些能够为本研究问题提供最大信息量的人或事。[③] 由于本研究中的个案是美国州政府对州立大学治理的规范性制度，因此选取个案时，主要考虑的是州政府对州立大学治理模式的代表性和典型性。代表性主要指该模式能够代表一

[①] 罗伯特 K. Y.. 案例研究：设计与方法（第三版）[M]. 周海涛，译. 重庆：重庆大学出版社, 2004：26-29.

[②] Guba, E. G., & Lincoln, Y. S.. Fourth generation evaluation [M]. Newbury Park, California: Sage, 1989：142-155.

[③] 陈向明. 质的研究方法与社会科学研究 [M]. 北京：教育科学出版社, 2000：93.

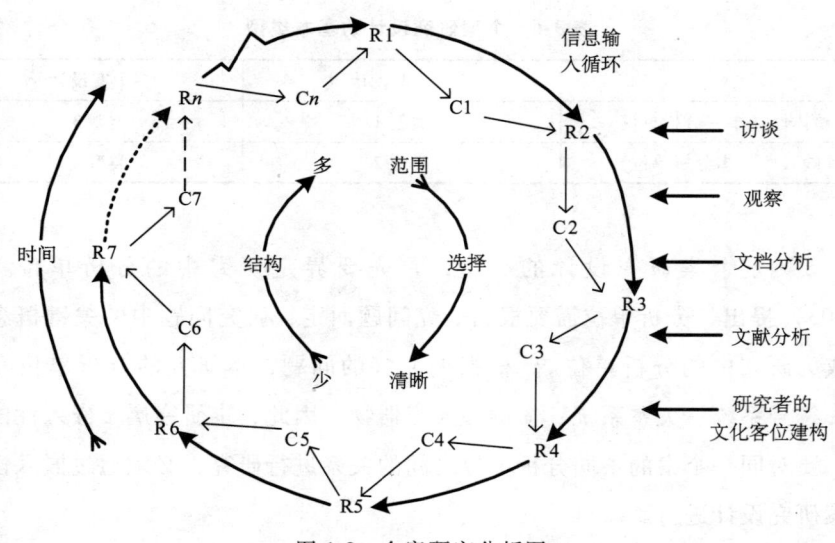

图 1-3 个案研究分析图

注：R = Respondent，指代研究对象；C = Construction，指代理论建构

种类型的州政府对州立大学的治理模式，典型性则是指在同类别的州中州政府对州立大学的治理关系特点鲜明、突出。

埃姆斯·麦克基尼斯（Aims C. McGuinness Jr.）根据功能将美国各州高等教育的管理和协调机构划分为三类：统一治理委员会（Consolidated Governing Board）、协调委员会（Coordinating Board）和规划机构（Planning Agencies）。① 由于这些委员会代表州政府对州立大学行使治理职能，因此三个委员会对州立大学的治理模式其实是州政府对州立大学治理模式的缩影，也就代表了州政府对州立大学治理的三种模式：统一治理模式、协调模式和规划模式。根据埃姆斯·麦克基尼斯（2003）建立的各州中等后教育协调与治理的 19 个模型，② 在第一类统一治理模式的 24 个州中，佐治亚州和威

---

① Aims C. McGuinness Jr.. State Postsecondary Education Structures Handbook [M]. Education Commission of the States，1988：3-4.
② Aims C. McGuinness Jr.. Models of Postsecondary Education Coordination and Governance in the States [R]. Education Commission of the States，2003.

第一章 美国州级高等教育治理的概念、相关研究与本书框架设计

斯康星州设有一个治理委员会治理所有大学和两年制学院,其高等教育规模较大。相比之下,威斯康星大学系美国最好的三大公立大学之一,是由14个分校组成的州立大学系统,率先在美国提出了大学的教育服务功能,具有较强的代表性和典型性,旗下的麦迪逊分校是该大学系统的旗舰,因此选择本模式下的威斯康星州的规范性制度作为个案开展研究。在第二类协调模式的24个州中,俄亥俄州、新墨西哥州、阿肯色州、俄克拉荷马州和西弗吉尼亚州的治理模型属于纯粹的协调模式。考虑到俄亥俄州高等教育规模较大,特别是俄亥俄州立大学为全美最大的州立大学,该州治理模式下的规范性制度具有较强的代表性和典型性。在第三类规划型治理模式的2个州中,密歇根州的院校管理权由院校(系统)董事会行使,自由度和自主性较高,该州的密歇根大学是美国公立大学的"常春藤"大学,具有较强的代表性和典型性。另外,考虑到在密歇根州开展相关研究经济、方便,因此选择密歇根州的规范性制度作为典型个案。在上述三类治理模式下主要选择各样本州的高等教育治理/协调/规划委员会和旗舰型州立大学作为研究对象。

表1-7 样本州研究对象

治理模式	样本州研究对象
统一治理模式	威斯康星州治理委员会、威斯康星大学麦迪逊分校
协调模式	俄亥俄州协调委员会、俄亥俄州立大学
规划模式	密歇根州规划委员会、密歇根大学

(3) 个案的基本情况比较

本研究选择威斯康星州、俄亥俄州、密歇根州州政府对州立大学治理的规范性制度作为研究对象。其中,选择威斯康星大学麦迪逊分校、俄亥俄州立大学和密歇根大学作为各州州立大学的典型样本进行研究。三个州的高等教育外部治理分别代表统一治理模式、协调模式和规划模式。这三种治理模式涵盖美国50个州,具有典型的代表性。三个州的州立大学规模、经济地位、拨款额度与学生学费、地理区位和三个典型州立大学的办学水平具有相

近性，由此本研究选择的三种模式及其研究样本具有较强的可比性。

第一，治理模式的代表性

本研究根据埃姆斯·麦克基尼斯的功能分类法，将美国州级高等教育治理分为三种模式：统一治理模式、协调模式和规划模式。威斯康星州所有的州立大学由威斯康星州大学系统的董事会统一治理，属于统一治理模式，一定程度上可以代表美国24个州的州级高等教育治理制度。俄亥俄州的所有州立大学由州高等教育董事会主席统一协调，各州立大学董事会负责各自的治理，属于协调模式，一定程度上可以代表美国24个州的高等教育治理制度。密歇根州的州立大学按早期州宪法由州教育委员会规划发展，后来州法院剥夺了州教育委员会的规划发展权，当今由行业协会组织对全州的高等教育发展制定发展规划，各州立大学董事会自我治理，因此一定程度上代表了美国两个州的高等教育治理制度。

表1-8 治理模式与样本州对照表

治理模式	样本	代表州数
统一治理	威斯康星州、威斯康星大学麦迪逊分校	24个
协调	俄亥俄州、俄亥俄州立大学	24个
规划	密歇根州、密歇根大学	2个

第二，州立大学规模

威斯康星州、俄亥俄州和密歇根州的州立大学数量分别为13所、14所和15所。三个州州立大学学生人数分别为181000人[1]、339757人[2]、302610人[3]。很明显，虽然三个州治理模式不同，但是三个州的州立大学数量相当，州立大学学生总数相近，排除州立大学规模带来的州立大学外部治

---

[1] About UM System [EB/OL]. [2013-08-20]. http://www.wisconsin.edu/about/.
[2] Ohio Board of Regents. Total Headcount Enrollment by Institution and by Campus [R]. Columbus: Ohio Board of Regents, 2012: 2.
[3] Presidents Council. Enrollment Report 2012 Fall [R]. Lasing: Presidents Council, 2012: 3.

理架构与模式的差异。

第三，经济地位

根据美国福布斯（Forbes）依据2012年数据发布的美国"最佳经商与就业州"（The Best States For Business And Careers）排名，威斯康星州、俄亥俄州和密歇根州分别名列42、33、47[①]。这些排名是依据商业成本（Business Cost）、劳动力供给（Labor Supply）、规制环境（Regulatory Environment）、经济景气（Economic Climate）、发展前景（Growth Prospects）、生活质量（Quality of Life）和人口数量（Population）综合得出的，可以反映各州在全美国的经济地位。这三个州的最佳经商与就业状况在美国排名都比较靠后，在经济地位上具有相近性。

第四，州政府拨款额度和学生学费情况

威斯康星州、俄亥俄州、密歇根州州政府2013年对全州州立大学的拨款分别是11亿美元、13.47亿美元[②]、14.3亿美元[③]。三个州州立大学州内本科生的年平均学费为10393美元[④]、9608美元[⑤]、10464美元[⑥]。从上述数据可以看出三个州州政府在2013年对四年制州立大学的拨款额度相当，说明三个州州政府对高等教育的财政支持力度相当。三个州的州立大学对学生收取的年度学费额度相当。

第五，州立大学样本的办学水平

威斯康星大学麦迪逊分校、俄亥俄州立大学和密歇根大学三所州立大学

[①] The Best States For Business And Careers [EB/OL]. [2013-03-18]. http://www.forbes.com/best-states-for-business/list/.

[②] Ohio State Board of Education. FY 2012-2013 Operating Budget Details [EB/OL]. [2011-10-31]. [2013-08-15]. https://www.ohiohighered.org/node/685.

[③] Senate Fiscal Agency. FY 2013-2014 Higher Education Budget [R]. Lasing: State Senate Fiscal Agency, 2013: 3.

[④] Office of The Registrar. Tuition & Fees [EB/OL]. [2013-08-20]. http://registrar.wisc.edu/tuition_&_fees.htm.

[⑤] Ohio Board of Regents. Undergraduate Tuition and Fees 2003-2012 [R]. Columbus: Ohio Board of Regents. 2012: 7.

[⑥] Presidents Council. Report On Tuition And Fees 2012-2013 [R]. Lasing: Presidents Council, 2012: 4.

分别是三个州各自的旗舰型大学，都属于研究型大学，都是美国大学协会成员，都属于美国十大联盟名校。在美国新闻与世界报道网站的2013年度美国最佳州立大学（Top Public Schools）排名中，密歇根大学名列第四，威斯康星大学麦迪逊分校名列第十，俄亥俄州立大学名列第十八[1]，在美国数百所四年制州立大学中名列前茅。

第六，样本州的地理位置

威斯康星州、俄亥俄州和密歇根州均位于美国中西部的五大湖地区，地理位置、气候条件和当地资源条件相似，这些自然条件对高等教育发展的影响相似，因此三个州在地理位置上具有一致性。

表1-9 规范性制度研究样本的情况汇总

相似性州	治理模式	州立大学数量	州立大学学生数	经济排名	政府拨款	学生学费	旗舰大学（排名）	地理位置
威斯康星州	统一治理	13所	181000人	42	11亿美元	10393美元	威斯康星大学麦迪逊分校（10）	中西部
俄亥俄州	协调	14所	339757人	33	13.47亿美元	9608美元	俄亥俄州立大学（18）	中西部
密歇根州	规划	15所	302610人	47	14.3亿美元	10464美元	密歇根大学（4）	中西部

威斯康星州、俄亥俄州、密歇根州同样位于美国中西部的五大湖地区，经济地位较为接近，州立大学的规模相当，州立大学学生数目相近，州政府对全州州立大学的拨款额度相近，学生学费相近，三个州各自的旗舰大学办学实力接近。在这些自然、经济条件和州立大学规模相当的情况下，三个州州政府却对州立大学采用了不同的治理模式。显然自然条件、经济状况和州

---

[1] US News and World Report. Top public schools [EB/OL]. [2013-08-05]. http://colleges.usnews.rankingsandreviews.com/best-colleges/rankings/national-universities/top-public.

立大学教育规模不是决定治理模式的先决条件。但是这三个州的三种模式却创造和支撑着类似规模的公立高等教育,而且成就了在全美名列前茅的州立大学,其背后的制度根源值得研究,因此选择的三个州及其旗舰型州立大学具有较强的可比性。

2. 比较分析法(comparative analysis)

所谓"比较法",是"根据一定的标准,对某类事物在不同情况下的不同表现,进行比较研究,找出其普遍规律及其特殊本质,力求得出符合实际结论的方法。这种比较必须具备三个条件,即必须存在两种以上事物;这些事物必须有共同的基础;这些事物必须有不同的特征"。[①]

本研究将对美国州政府对州立大学治理的三种模式(统一治理模式、协调模式和规划模式)下的典型样本州州政府对州立大学治理的规范性制度进行比较。三个样本州州政府对州立大学的治理均具有规范性制度,都具有规范性制度的4个载体(符号系统、关系系统、惯例和人工器物)和4个特征维度(遵守基础、秩序基础、扩散机制、逻辑类型)。三个样本的4个载体和4个维度又呈现出不同的表征和特点,通过三个样本的4个载体和4个维度比较,希望能够揭示三个样本州州政府对州立大学的治理模式与各自对应的规范性制度存在的关系。

(二)研究资料的收集

1. 访谈

访谈是质的研究中最重要的一种收集资料的方式,它是一种研究型交谈,是研究者通过口头谈话的方式从被研究者那里收集(或者说"建构")第一手资料的一种研究方法。由于社会科学研究涉及人的理念、意义建构和语言表达,因此访谈成为了社会科学研究中一个十分有用的研究方法。[②]

[①] 李秉德. 教育科学研究方法 [M]. 北京:人民教育出版社,1986:105.
[②] 陈向明. 质的研究方法与社会科学研究 [M]. 北京:教育科学出版社,2000:165.

（1）访谈类型的选取

根据研究者对访谈过程的控制程度，可以将访谈分为结构性访谈、半结构性访谈和无结构性访谈三种方式。[①] 结构性访谈使用较为正式的访谈提纲，具有一定的问答程序和使用语言，其结果比较适合做量化分析。无结构性访谈是一种非常开放的访谈，主要由被访问者向访问者倾诉自己感兴趣的话题，访问者很少控制交谈的方向，通常为心理咨询所采用。半结构性访谈虽然会按照一定的访谈提纲和谈话主题进行，但是也留下较大的弹性和空间，被访问者可以表达更多的想法和意见，访问者也可以根据访谈中的发现进行追问。本研究拟以半结构性访谈为主，一是以硬性的制度为框架，二是在框架下可以使访谈对象谈出软性的制度内涵与实施机制。

（2）访谈问题设计

本研究将进行两组访谈：第一组访谈对象为威斯康星州、俄亥俄州和密歇根州的州高等教育治理、协调或规划机构的官员，每个样本州选取1~2人，目的是从州高等教育治理的视角了解样本州与大学外部治理有关的规范性制度的构成、内涵与特征，并了解不同制度形式对州政府与州立大学的治理关系影响程度。第一组访谈提纲详见附录1。第二组访谈对象为威斯康星大学麦迪逊分校、俄亥俄州立大学、密歇根大学的公共关系官员或州立大学治理委员会成员，每个样本州选取1~2人，目的是从州立大学的层面和视角了解样本州与大学外部治理有关的规范性制度的构成、内涵与特征，以及不同制度形式对大学外部治理带来的影响及其程度。第二组访谈提纲详见附录2。最后，将进行的访谈录音整理结果反馈给受访者，请他们核实录音文字内容，并就其中模糊性的语句和可能存在歧义的地方向受访者寻求进一步的解释，目的是尽可能地使访谈结果反映他们的真实想法。

（3）访谈资料收集情况

经过在美国威斯康星州、俄亥俄州和密歇根州三个州对州级高等教育治

---

① 陈向明.质的研究方法与社会科学研究［M］.北京：教育科学出版社，2000：171.

第一章 美国州级高等教育治理的概念、相关研究与本书框架设计

理组织官员、州立大学政府关系官员、州立大学行业协会官员、州立大学董事会官员等11人的访谈,共得到访谈资料8份,其中包括:对威斯康星州4位访谈对象的访谈资料3份(附录7-9)、对俄亥俄州4位访谈对象的访谈资料2份(附录10-11)和对密歇根州3位访谈对象的访谈资料3份(附录12-14)。

需要说明的是,威斯康星州在原来访谈计划的基础上增加了对威斯康星大学麦迪逊分校大学委员会官员(University Committee)的访谈(附录9),因为该分校的大学委员会在该州立大学的内部治理中具有举足轻重的作用,他们也会直接与州政府和威斯康星大学系统沟通。密歇根州由于没有官方的州级高等教育治理机构,而该州州立大学校长理事会在一定程度上发挥着州级高等教育治理组织的作用,因此本研究对该校长理事会的官员进行了访谈(附录12)。此外,密歇根大学董事会作为全州公民的民选机构是州宪法确定的密歇根大学的最高治理机构。为了解该大学的外部治理和董事会的治理情况,本研究增加了对该董事会官员的访谈(附录13)。

2. 文档分析

除了访谈之外,文档分析也是一种收集资料的重要方法。在本研究中,文档的搜集主要从四个方面展开:符号系统、关系系统、惯例和人工器物。主要包括与样本州州政府对州立大学治理制度有关的议程、总规划、政府报告、政府政策、学术协会标准、认证标准、治理机构、权威系统及相关研究成果(包括:当地高等教育、大学外部治理、教育认证研究、教育协会研究、教育政策研究、教育传统研究等方面的研究报告、专著和论文等)。在开展访谈前,已经与访谈对象通过电子邮件或电话沟通,访谈对象准备了州政府、州高等教育治理机构和州立大学与本研究相关的大量第一手资料,为本研究提供了扎实、雄厚的数据和技术支持。

3. 观察

观察是个案研究中最基本的方法,当我们身处研究的现场中观察便开始了。在本研究中,观察是获得有关州高等教育价值观,州政府对州立大学的

期待，州高等教育治理组织的职能与运作程序，州立大学的使命、角色与义务等的一个重要途径。

依据研究者是否直接参与到研究的情境中，可以把观察分为参与式观察和非参与式观察。[①] 参与式观察要求研究者和被研究者一起生活、工作与活动，通过相互的直接接触与研究者的个人体验来了解被研究者的所思、所想、所行；非参与式观察则是研究者置身于研究情境之外，作为旁观者了解事情的发展动态。然而，这两种观察并不能截然分开，在现实情景中研究者通常都是在这两极之间进行观察。为此，依照研究者在被研究活动中的参与程度，高德将观察分为四种类型：（1）完全的观察者；（2）作为参与者的观察者；（3）作为观察者的参与者；（4）完全的参与者。[②]

在本研究中，研究者主要开展非参与式观察。在研究期间，研究者列席参加了州高等教育治理委员会的会议、州立大学董事会的有关州立大学发展决策的会议。本研究中的观察内容主要是会议的流程、参会者的治理关系、与会者会上的发言和回应内容。通过看和听来了解不同的参会者对州高等教育价值观和期待的看法，可以更清晰地把握他们持有的不同观念以及他们之间的观念交锋，目的是为了发现州高等教育价值观和州政府对州立大学的期待，州高等教育治理机构与州立大学的关系，以及州立大学的定位等制度信息。

五、研究资料的整理与分析

（一）访谈资料的编号

本研究一个重要的资料来源是访谈，根据访谈研究规范要求，首先需要对这些访谈资料进行录音誊写形成访谈文本资料。在文本命名中，本研究采取的基本方式是：以访谈样本州的第一个英文字母"W"、"O"、"M"分别表示"访谈资料"的来源州，访谈人根据其各自身份分别命名为："G"——

---

① 陈向明.质的研究方法与社会科学研究 [M].北京：教育科学出版社，2000：228-229.
② 陈向明.质的研究方法与社会科学研究 [M].北京：教育科学出版社，2000：229.

第一章 美国州级高等教育治理的概念、相关研究与本书框架设计

为州高等教育治理组织的官员;"R"—为州立大学政府关系官员,"A"—代表州立大学参加的民间协会的官员,"B"—代表大学董事会官员"C"—代表州立大学大学委员会官员,"O"—代表其他人员,同一类别人员分别用阿拉伯数字表示序号,因此,"WG"代表威斯康星州大学系统董事会官员,"WR"代表威斯康星大学麦迪逊分校政府关系官员,"WC"代表威斯康星大学麦迪逊分校大学委员会官员,"OG"代表俄亥俄州高等教育董事会官员,"OR"代表俄亥俄州立大学政府关系官员,"MA"代表密歇根州州立大学校长理事会官员,"MB"代表密歇根大学董事会官员,"MR"代表密歇根大学政府关系官员。

(二) 访谈资料的整理分析方法

"整理和分析资料"指的是根据研究的目的将所获得的原始资料系统化、条理化,然后以逐步集中和浓缩的方式将资料反映出来,其最终目的是对资料进行意义解释。[1]

对访谈资料进行系统化和条理化的过程,是将所有的访谈资料按照一定的标准进行归类和进一步分析。而对原始资料的归类方法主要有类属分析和情境分析两种。类属分析是在资料中寻找反复出现的现象以及可以解释这些现象的重要概念的一个过程。在这个过程中,具有相同属性的资料被归入同一类别,并且以一定的概念命名。[2] 而情境分析是指将资料放置于研究现象所处的自然情境中,按照故事发生的时序对有关事件和人物进行描述的分析。这种分析方法强调对事物作整体的和动态的呈现。[3] 有经验的研究者则建议将类属分析和情境分析结合起来使用,这样可以获得更佳的效果:情境分析可以为类属分析补充血肉,而类属分析可以帮助情境分析理清意义层次和结构。[4] 因此,本研究在访谈资料的整理分析中采用了两种方法结合的分

---

[1] 陈向明. 质的研究方法与社会科学研究 [M]. 北京:教育科学出版社,2000:269.
[2] 陈向明. 质的研究方法与社会科学研究 [M]. 北京:教育科学出版社,2000:290.
[3] 陈向明. 质的研究方法与社会科学研究 [M]. 北京:教育科学出版社,2000:292.
[4] 陈向明. 质的研究方法与社会科学研究 [M]. 北京:教育科学出版社,2000:297.

析策略。

(三) 访谈研究效度和伦理检验

1. 访谈研究的效度检验

社会科学家在对社会现象进行研究时，一般要用"效度"这个概念来衡量研究结果的可靠性，即研究的结果是否反映了研究对象的真实情况。在质性研究中，"效度"的定义和检验与量的研究不同，且研究者对质性研究中使用这个概念普遍存在争议。但是目前，绝大部分质性研究者仍使用这个概念来讨论质性研究结果的真实性问题。就质性研究而言，它关注的是"被研究者所看到的'真实'、他们看事物的角度和方式以及研究关系对理解这一'真实'所发挥的作用……因此，质性研究中的'效度'是用来评价研究结果与实际研究的相符程度……因此，'效度'是作为研究者力争达到的一个目标或一种境界，'效度'不可能按照某种严格的、预定的程序被生产出来，只可能依赖研究中存在的各种关系因素。"[1]

对于质性研究的效度检验，从质性研究的具体工作实践的可操作层面看，有研究者指出[2]：处理研究效度问题应该考虑两个方面的因素，首先要考察在具体研究中通常会出现什么类型的效度问题，即对研究的真实性可能形成威胁的因素（亦称效度威胁）；其次是研究者如何处理这些问题。就本访谈研究而言，可能存在的效度威胁有两个类型：描述型效度和解释型效度。

描述型效度是指对外在可观察到的现象或事物进行描述的准确程度。这个类型的效度威胁主要来自于：所搜集资料的完整性或错误，研究者的先在判断的表述而导致的对受访人观点的引导或隐瞒。对于第一个威胁因素，本研究通过对访谈录音的原始誊写，不做任何文字上的改动的手段减少资料的不完整或者错误。对于第二个威胁因素，在拟定访谈提纲时，本研究从访谈

---

[1] 陈向明. 质的研究方法与社会科学研究 [M]. 北京：教育科学出版社，2000：391.
[2] 陈向明. 质的研究方法与社会科学研究 [M]. 北京：教育科学出版社，2000：392.

第一章　美国州级高等教育治理的概念、相关研究与本书框架设计

问题顺序安排上进行考虑，为访谈话题逐渐深入营造一个相对轻松的氛围；再者，基本采取了个别访谈的形式，尽可能降低其他因素对访谈人的影响；第三，在访谈过程中，研究者注意不明确表明自己的立场，尤其是与自己的判断有分歧的观点，不轻易打断访谈人的思路，保证访谈人顺畅地表述自己的观点和想法。

解释型效度是指研究者了解、理解和表达被研究者对事物所赋予的意义的"确切"程度。为了减少研究者对被研究者使用语言意义的误解，本研究采取了如下措施：在访谈过程中，采用追问的访谈策略，确认研究者理解上的准确性；再就是通过相关检验法来确认州政府和州级高等教育治理组织的规范性制度的符合程度。在这个环节，研究者不仅从州政府和州高等教育治理组织的层面搜集州政府对州立大学治理的规范性制度，还通过对州立大学的访谈来检验州政府对州立大学治理的规范性制度的落实情况，还要通过州立大学的大学委员会官员、州立大学的行业性组织人员进行访谈验证。

2. 访谈研究的伦理检验

质性研究者相信，好的伦理与好的研究方法是同时并进、相辅相成的。遵守道德规范不仅可以使研究者本人"良心安稳"，而且可以提高研究本身的质量。[①]

陈向明归纳和整理了质性研究中四条原则：自愿和不隐蔽原则、尊重个人隐私和保密原则、公正合理原则、公平回报原则。[②] 据本研究具体情况，研究者遵守了上述四项原则。访谈前，研究者通过电子邮件与州级高等教育治理机构官员、州立大学政府关系官员以及州立大学行业协会官员取得联系，发送了访谈提纲，表明研究目的，保证访谈资料仅用于研究使用，研究完成后会销毁涉及隐私的资料，受访人均是自愿接受访谈；访谈过程中，在征得受访人允许情况下使用录音工具；访谈结束后，研究者尽快将访谈录音

---

① 陈向明.质的研究方法与社会科学研究 [M].北京：教育科学出版社，2000：426.
② 陈向明.质的研究方法与社会科学研究 [M].北京：教育科学出版社，2000：427.

不做任何改动誊写为文字形式，通过电子邮件反馈到受访人，并就录音整理中发现的访谈中存在的不确切问题征询受访人的意见；在研究报告中，均使用编码形式体现受访人的个人信息；将相关研究结论反馈到样本州作为样本州支持本研究的回报。总之，研究者恪守上述质性研究道德规范，尽量减少本研究可能给受访人带来的不利影响。

第二章 美国州级高等教育的治理历史与模式

美国宪法没有授予联邦政府教育管理权，联邦政府也无法颁发有关法令，国家关于教育的意志主要通过政治的、法律的和经济的手段来体现。[①] 根据美国宪法"凡本宪法未赋予联邦而又未禁止各州行使的权限，分别保留给各州和人民"的规定，教育管理权属于州而不属于联邦，因此高等教育治理具有地方性和多样性的特点。高等学校自身拥有很大的自主权，私立高等学校则不受政府的控制。州政府对高等教育的治理与协调在美国高等教育治理中起着基础与核心的作用。美国各州由于经济条件、立法环境、拨款机制、人口规模、高校数量及高校治理与管理传统不一，因此形成了多种多样的美国州级高等教育治理组织和治理模式。

第一节 州政府对州立大学治理的历史

美国在殖民地时期就兴办了9所学院，因此美国大学的历史要早于美国国家的历史。美国真正意义上的州立大学是在1819年达特茅斯案件裁决之后才创办起来的。第一所真正的州立大学是在杰弗逊领导下创办起来的弗吉

---

① 符华兴，王建武.世界主要国家高等教育发展研究 [M].长沙：湖南人民出版社，2010：61-63.

尼亚大学。① 自莫里尔法案颁布后，州立院校迅速发展，至19世纪末，全国州立学院已发展到69所，占1900年美国高校总数977所的7.1%。② 20世纪以来，美国政府因科技、经济发展与国际竞争的需要，日益重视高层次人才的培养，大力支持州立高等院校的发展，使得州立院校数占美国高校总数的比例从1900年的7.1%上升到1950年的34%，1994年又升至45%；州立院校的学生数则增长得更快，1950年州立院校学生数为美国高校学生总数的50%，1994年上升到79%。③ 从1999年到2009年州立大学和学院本科生人数增加32%，四年制州立大学和学院的数量达到692所，本科生人数达到6343279人。④ 州立大学已经成为美国高等教育领域的一支重要力量，在美国各州政治、经济、科技人才培养方面发挥了重要的作用。

在州立大学成立初期，美国州政府并未对其实施真正意义上的治理。州政府对州立大学的治理是从20世纪初开始的。以州政府对州立大学治理的阶段主题为主线可以将州政府对州立大学的治理划分为五个阶段：

一、1900—1960年：州级大学治理组织的创立

建立州级协调和治理机构的行动可以追溯到20世纪00年代后期。在那个年代，由于特定时期的重要需求和目标，建立了州高等教育委员会。这些需要和目标包括高等教育内的变化、政治经济状况的变化和各州特有的环境。比如：（1）同时进入联邦的州，如蒙大拿州和爱达荷州，在制定的宪法中对高等教育治理结构使用了类似的条款。（2）在20世纪00年代早期的进步主义时代，由于考虑到地方委员会收支与政治利益的主导，因此用全州一个统一的委员会取代了各院校自己的委员会。

1900年，只有少数美国人上大学或学院，大部分的大学都由它们的董

---

① Ronald G. Ehrenberg. Governing Academia [M]. New York: Cornell University Press, 2004: 50-51.
② 易红郡. 美国州立大学的产生及发展 [J]. 湘潭师范学院学报（社会科学版），1999（05）: 126.
③ 王廷芳. 美国高等教育史 [M]. 福州: 福建教育出版社, 1995: 158.
④ The Chronicle of Higher Education, Almanac Issue, 2011-2012 from IPEDS Data Center, 2011.

事会控制和管理。这些大学自己开发价值观，设置专业，定位功能，对其他大学的发展或者州的优先发展政策鲜有关注。美国在20世纪早期阶段主要是延续大学的建设。当时的州立大学或学院也是凤毛麟角。那些州政府保护和培养的州立大学或学院基本上各自为政，不相往来。

随着时间的推移，高等教育的发展使得州立大学或学院之间不相往来的局面逐渐打破。首先，随着抱着更广泛目的的人进入大学，高等教育成为更加复杂和昂贵的机构。为了服务更多的学生，满足更加多样化的目的，各州建立起了新型的公立高等教育机构，包括两年制学院、师范学院和研究型大学。在这个过程中，人们对高等教育的观念发生了改变。其次，州政府本身更加复杂，对行政和立法等机构的指导和监管的负担更重。注重效率的立法人员要求提交有关预期发展的更加系统的信息，对相互竞争获取政府拨款的局面感到担忧。在大萧条时期以及其他的资源紧张时期，许多州，特别是居民人均收入在美国平均值及之下的州，开始更多地考虑对高等教育采用统一控制的方式。[1]

1905年佛罗里达州成立了四年制院校州级治理委员会，成为美国建立州级高等教育治理机构的第一州。爱荷华州随后在1906年成立机构。佐治亚州于1931年由立法机构成立了一个治理委员会，协助行政机构简化操作程序。这个新委员会统管26个高等教育机构，其中包括高级学院、大学和两年制学院。高等教育系统董事会负责协调高等教育院校的工作，整合开设的专业，使得州内不再有专业的重复和浪费。该董事会一直按法定权力运作到1943年，然后由于州长过分干预，使得州政府批准了修正案，授予高校先发地位。[2] 到1932年，11个州建立了州级治理委员会。俄克拉荷马州于1941年率先建立了州级协调委员会。

---

[1] Glenny, T. F.. Autonomy of Public Colleges: The Challenge of Coordination [M]. New York: McGraw-Hill Press, 1959: 19.

[2] C. Fincher. The Historical Development of the University System of Georgia: 1932-1990 [M]. Athens, Georgia: Institute of Higher Education, 1991: 24-25.

虽然大多数州在这个时期没有建立起州级治理或协调机构，但是许多州将类似的院校归结在一个董事会之下。纽约城市大学的历史可以追溯到20世纪20年代早期。大萧条时期的经济影响使得北卡州的三个校园以"闪婚"的形式结合在一起，统一归北卡大学管理。[1] 许多早期的多校园系统与原来的师范学校整合在一起，或者将农业院校归在负责治理赠地学院的同一委员会之下。

到二战结束时，对高等教育机构日益增强的州级监管的趋势已经稳固。传统分类分出的治理或协调的三种主要形式已经成形，虽然看不出哪一种形式占据了主动地位。有些系统是因为要应对像过度的政治干预等特殊问题而逐渐成形。其他的一些系统是在立法人员或者州府官员和其他人员向公共拨款的院校寻求效率时得到发展。

没有一个系统准备好了应对《退伍军人法案》所带来的学生潮和人造卫星发射后所带来的国防热。大部分的系统至少都表现出一些紧张形势，从而造成后面30年的时间里出现的州级规制与大学自治的争执。

在二战之后的阶段，美国高等教育发生了深刻的变化，原因有二。首先，对高等教育的需求显著增长。这个增长由受益于《退伍军人法案》的退伍人员引起的，并由退伍军人们后来生儿育女引起的"婴儿潮"予以强化。其次，在战争期间科学研究的价值得到确立。联邦政府设法促进研究，用于和平用途和后续的军事用途。虽然高等院校一开始不愿意接受年龄较大、水平较差的学生，但是他们对联邦政府给予的研究资金乐此不疲。在各州的关照之下，州立大学和学院得到迅猛增长。州政府认为高等教育的各项发展，特别是入学人数，需要得到改进。州政府的角色从高等教育资源的提供者转变为资源提供者和对高等院校期望的调节者。有了这样的角色变化，高等教育的结构也就随之发生转变。

各州改变系统的原因各异，但主要是为了更好地应对入学人数增长，将

---

[1]　E. Lee and F. Rowen. The Multicampus University [M]. San Francisco: Josscy-Rass, 1971: 3.

院校间竞争资源的矛盾最小化，控制研究生专业的增长，并保障对新办院校的充分监管。州政府的领导者们也希望新的转变会限制高等院校的游说，减少转学的障碍。① 米莱特（Millett）认为州政府参与高等教育是出于两方面的利益考虑：管理（经济和效率）和协调（控制增长）。②

20世纪50年代前所未有的高校入学潮促进了全州协调委员会突飞猛进的增长。有31个州在这个时期建立了此类委员会。另外5个人口较少的州建立了统一治理委员会。③ 缅因州、犹他州和西弗吉尼亚州在20世纪60年代后期建立了统一治理委员会。④ 到20世纪50年代后期和60年代，美国各州州政府初步建立起州级高等教育协调与治理模式。

二、20世纪70年代：州级大学治理的强化

20世纪50、60年代建立的协调与治理模式在20世纪70年代发展成熟。到1970年，47个州或者建立了统一治理委员会，负责所有的四年制院校，或者建立了协调委员会负责全州教育规划并协调两个或更多的治理委员会。三个小州的高等院校数量有限，没有建立专门的法定机构，但继续通过现有的治理委员会、自动协调、州长的直接参与和立法机构的协调作用来处理全州的高等教育问题。⑤ 在70年代早期，当代高等教育州级治理的基本模式已经成形。⑥ 不同州的高等教育治理架构更加相似，部分是因为他们代表了

---

① Aims C. McGuiness. State Postsecondary Education Structures Handbook [M]. Denver: Education Commission of the States, 1994: 19-21.

② J. Millett. Conflict in Higher Education: State Government versus Institutional Independence [M]. San Francisco: Jossey-Bass, 1984: 58-59.

③ Education Commission of the States. State Postsecondary Education Structures Sourcebook [M]. Denver: Education Commission of the States, 1997: 20.

④ Richard C. Richardson, Jr. Kathy Reeves Bracco Patrick M. Callan Joni E. Finney. Designing State Higher Education Systems for a New Century [M]. Phoenix: American Council on Education Oryx Press. Series on Higher Education, 1999: 7.

⑤ Education Commission of the States. State Postsecondary Education Structures Sourcebook [M]. Denver: Education Commission of the States, 1997: 20.

⑥ Aims C. McGuinness, Jr. The Changing Structure of State Higher Education Leadership [A]. Public Policy and Higher Education. American Society for Higher Education, 1997: 19.

对同类问题相对一致的解决方案，另外，政策制定者和教育家们倾向于从其他州学习和借鉴。①

在70年代，有两股力量强烈地影响着高等教育的政策环境。一是高等教育发展从膨胀向预期的收缩转变，二是1972年联邦教育修正案的影响。随着60年代招生人数的大幅提升，70年代末入学人数下滑的预测以及石油禁运引发的恶化的经济状况严重影响70年代的政策走向。1975年卡内基高等教育政策研究委员会出台的研究报告——《超越生存》，强调高等教育需要做出调整以适应预期的收缩。州高等教育政策的重点从增长管理转向预期的衰退管理。20世纪70年代早期，联邦政策的变化对州高等教育政策和治理结构也产生了重要影响。1972年出台的教育修正案（The Education Amendments）和70年代后期出台的修正案两者都对州级高等教育政策和协调产生了即时的和长期的影响。

70年代最重要的联邦政策变化有：联邦学生资助计划延伸到私立学校的学生。联邦"州学生激励助学金计划"为州内基于需要的学生助学计划提供配套资金。根据修正案建立的"1202委员会"明确地将某些研究项目的申请与承诺执行综合性的州级规划联系起来。② 1978年"保证学生贷款计划（the Guaranteed Student Loan Program）"的修正案大大地增加了联邦对州担保联邦保险贷款的依赖性。这些新的联邦要求对两类州的影响最大。第一类，所有的公立高等教育都由一个或两个治理委员会管辖的州，这类州被迫建立了新的机构（比如，亚利桑那州高等教育委员会）以保障非公立院校的代表性，这是联邦法律所要求的。第二类，原来没有建立州协调机构的州（比如，特拉华州和阿拉斯加州），这类州被联邦立法郭促建立相关

---

① Richard C. Richardson, Jr., Kathy Reeves Bracco, Patrick M. Callan, Joni E. Finney. Designing State Higher Education Systems for a New Century [M]. Phoenix: American Council on Education Oryx Press. Series on Higher Education, 1999: 9.

② Aims C. McGuinness Jr.. Intergovernmental Relations in Postsecondary Education: The Case of the 1202 Commissions [D]. Syracuse University, 1979: 1-3.

机构。

在20世纪70年代，12个州对它们的高等教育治理架构进行了重大改变。① 这些州主要关注州的高等教育系统是否为预期的经济和招生状况做好了准备。经讨论得出的主要备选方案都转向了更强的州政府控制，控制的途径或是统一治理，或是更强有力的规制性协调。有7个州原来反对设立州治理委员会，也建立了协调委员会，都采取措施强化协调职能。它们或者修订对现有机构的授权，或者是用具有更强规制性协调职能的新机构取代老的机构。北卡州和威斯康星州用州治理委员会取代了它们的协调机构。总体而言，美国州级高等教育的治理在这10年中由发展到稳定并得到了加强。

三、20世纪80年代：教育改革和结果问责

在20世纪80年代的十年中，由于州长和立法人员对高等教育的质量问题采取了更为强硬的立场，因此高等教育委员会的角色发生了根本的改变。② 与70年代联邦政策占主导并指导州政策的现象相对照，80年代被称作"州管的十年"。在这十年当中，州长渐渐地取得了政策制定中的领导地位并强硬地推行议程，使高等教育与州社会经济发展议程联系起来。③ 这些新的期望是教育改革运动的直接结果。这些内容可以在州领导人及其机构的重要报告中见到。改革的呼声为州委员会增加了新的责任，因此也增加了州政府与高等院校冲突的潜在风险。

过去，州委员会一直执行传统的州级协调职能，包括规划、预算审查、专业审查和管理，但是从未期望或打算影响机构的内部动态机制。从80年代开始，州长和立法人员常常期望协调和治理委员会成为变革的推手，去运用各种政策工具作为杠杆以影响整个高等教育的发展方向，为院校提供外部

---

① Education Commission of the States. State Postsecondary Education Structures Sourcebook [M]. Denver: Education Commission of the States, 1997: 22.

② ECS and SHEEO. New Issues-New Roles: A Conversation with State Higher Education Executive Officers [R]. Denver: ECS and SHEEO, January 1989.

③ Clark Kerr. The Great Transformation in Higher Education 1960-1980 [M]. Albany: SUNY Press, 1991: 263-267.

激励，促使其提高内部的质量和效率。在这个阶段，"问责制"的新定义出现了，该定义把问责当作旨在改革大的政策议程不可或缺的部分，将问责系统作为"变革工具"而不是汇报机制来使用。①

在 20 世纪 80 年代中后期出现了如下四种新的治理、协调机制。在整个 20 世纪 80 年代，特别是从 1985 年以后，这些机制已融入大部分提议的或者实施的治理变革之中。

（1）制定州政策议程（state policy agenda）并使其充当变革的推手。与传统的总体规划相对应，人们越来越指望州委员会提出州高等教育系统的未来发展愿景并引领其实施。愿景可以将高等教育系统的优先发展政策与州内的主要政策问题结合起来。这些议程试图影响大众、公司、城市和政治领导人的期望和优先政策。

（2）激励性、竞争性或者目标性的拨款。这些机制旨在刺激高等院校关注州政策议程，促进资源在院校间的重新分配，以实现议程。这些拨款计划包括用于提升本科生教育和学生表现的激励性拨款，通过竞争获得的院校更新项目拨款，用于卓越中心建设的定向拨款——专用于研究生、研究生教育和技术或者用于改进少数族裔学习成绩的拨款。

（3）要求对学生学业进行评价。到 20 世纪 80 年代后期，三分之二的州出台政策，要求对学生学业进行评价。这些政策大部分强调每所公立院校应该明确对学生的学习期望并汇报学生实际上是否达到预期目标。这些计划大部分意在激发对教学更多地关注并让高等院校及其员工明确学习成果及其评价方法。

（4）绩效问责报告。各州的政治领导对绩效指标和报告卡产生越来越浓厚的兴趣。这些资料给未来的学生和大众提供高等院校和系统绩效的信息。虽然这些资料与学生的学习评价相关，其目的和范围却广泛得多。绩效

---

① James R. Mingle, Charles S. Lenth. A New Approach to Accountability and Productivity in Higher Education [R]. Denver: SHEEO, November 1989: 2-4.

第二章　美国州级高等教育的治理历史与模式

指标主要是向外部关注者保证高等院校在与自身特定使命相关的重要领域努力追求高绩效和高效率，这些领域还包括研究和服务。[①]

在整个20世纪80年代，改革州级高等教育治理和协调架构和职能的努力得到进一步深化。在这个十年的后半段，教育改革运动的影响最大，大部分的重要改革发生在这个阶段。在后半段，至少27个州通过蓝带委员会、咨询研究或者专项立法任务对他们的高等教育系统进行了重要研究。同时，有26个州慎重地探讨了教育架构的改革。这些改革既有州委员会授权的相对较小的改革，也有对整个系统进行重组的大型改革。有15个州进行了实际的改革。这些变化反映出三种明显不同的模式：一种趋向集中化，一种趋向分散化，还有一种趋向城市区域的协调。

四、20世纪90年代：绩效、生产率和不稳定性

1989年到1991年的经济衰退期成为州政府在高等教育中所扮演的角色的重要转折点。[②] 从东北部开始的金融危机很快席卷到几乎每个州。另外，80年代高等教育改革计划的几个重要支持者不再当政。政治的加速轮换意味着许多发起早期改革的人不再当政。

在1989年总统与州长教育高峰会的促进下，教育改革运动赢得了支持。各州在高等教育政策方面的主导地位仍然持续，但是领导者对高等教育的绩效和生产率提出了更多的问题。政策制定者对高等教育改革步伐缓慢和学校缺乏改进绩效的证据失去耐心，这导致各州纷纷要求采取更加激进的行动。在这种新情况之下，许多前几年实施的计划转变了方向或者被搁置。专项拨款计划几乎销声匿迹。只有那些融入州预算和资源分配系统的项目，比如田纳西州长期绩效拨款项目，被保存下来。

---

① Peter T. Ewel. Developing Statewide Performance Indicators for Higher Education: Policy Themes and Variation [R]. Denver: ECS, 1994.

② Aims C. McGuinness Jr.. State Higher Education Policy for the 21st Century: A Framework for Evaluating the Adequacy of Current Policies and Structures for Supporting Long-Term Systemic Change [R]. Denver: ECS, 1994.

虽然各州后来从衰退中走了出来，但是对高等教育绩效和投资回报率的担忧仍然存在。尽管经济状况已有好转，但是新政策和对高等教育潜在的效率问题更加尖锐的质疑也出现了。当各州意欲寻求激进的政策审查高等教育的"绩效"时，对教师工作量和本科教育质量保障的质疑就会成为立法人员议程的主体。① 到1993年底，有18个州在实施"绩效指标"（Performance Indicators）系统，至少四个州制定了基于绩效拨款的新政策。② 其他州也进行了尝试，但是没能制定类似政策。

在1991—1997年阿肯色州、伊利诺伊州、马萨诸塞州、明尼苏达州、蒙大拿州、新泽西州和南卡州等共九个州的高等教育治理架构发生了重大变革。每个重构计划都是基于每个州特有的问题，因此很难在各州之间找出一个共同的主题。实施最全面改革的三个州——肯塔基州、伊利诺伊州和新泽西州，在它们的改革计划中既有集中化也有分散化的元素，既有规制也有放松规制的元素。大部分的变革发生在设有协调委员会的州，如阿肯色州、肯塔基州、路易斯安那州、明尼苏达州、新泽西州和南卡州。明尼苏达州用一个实质上没有协调权力的新机构取代了现有的协调委员会。在其他州出现的情况是现有的委员会权威或者得到加强（路易斯安那州和南卡州），或者是现有的委员会被一个不同的协调机构所取代。

在90年代，各州纷纷压缩现有高等教育治理机构。作为对政治上要求压缩规模和分权的回应，最显著的变革或许就发生在州高等教育治理的架构内。20世纪90年代早期，州高等教育治理机构的人员规模开始下降。③ 这种趋势在东北部的康涅狄格州、纽约州、宾夕法尼亚州和罗德岛表现得最为明显。

---

① Alene Bycer Russel. Faculty Workload: State and System Perspectives [R]. Denver: SHEEO and ECS, 1992.

② Ewell, P.. Developing statewide performance indicators for higher education [A]. S. S. Ruppert (Ed.). Charting higher education accountability: A sourcebook on state-level performance indicators [M]. Denver, CO: Education Commission of the States, 1994: 147-165.

③ Rhonda Martin Epper, Alene Bycer Russell. Trends in State Coordination and Governance: Historical and Current Perspectives [M]. Denver: SHEEO, 1996: 11-12.

第二章　美国州级高等教育的治理历史与模式

当政治领袖们以"政府再造"的名义呼吁压缩州的官僚机构的时候，他们也呼吁州高等教育治理机构即使不扩大，也要保持它们的监管和问责职能。

当一些州在压缩治理机构规模的时候，其他州则在集权并强化它们的系统。从1990年开始，科罗拉多州几次增加科罗拉多高等教育委员会的协调权力。至少20个州参与了变革州中学后治理架构的严肃讨论，但都未形成实质的变革。各州继续讨论多校园大学和系统的角色。[①] 有几个州质疑这些系统持续下去的合法性，而其他一些州认可了这些系统的价值并寻求策略提高其效能。田纳西州等其他州在质疑州协调委员会的作用。

各州高等教育治理行政人员的加速轮换使人们更加担心州级高等教育协调制度的未来。1990到1993年期间，24个州高等教育行政官员更换。从1994年到1997年，31个州高等教育行政官员更换，另外两个到1998年年中宣布退休。在过去20年的大部分时间，这些官员的更换都是因为职业变化或者退休这些正常变化。[②] 然而，在90年代的10年中，政治的不稳定和治理变化明显加剧了轮换的进度，州级高等教育治理行政官员的更替意味着高等教育治理与协调制度不稳定性的增加，使得州级高等教育治理未来的发展更加扑朔迷离。

90年代标志着美国州高等教育治理中心的根本转移：从建设和维护州立学院和大学的办学能力转向将各州公立高等教育机构与各州的发展策略结合起来，以促进全州人口的教育水平和经济发展。[③] 越来越多的州长和州立法人员采取行动将高等教育改革与基础教育的提升结合起来，将高等教育的研发能力与州经济发展结合起来，以强化各州的国际竞争力。

五、21世纪初：州公共议程与报告卡制度

在21世纪初期，州公共议程（Public Agenda）成为主导州高等教育治

---

① State University of New York. Rethinking SUNY [R]. Albany: SUNY, 1996.
② Education Commission of the States. State Postsecondary Education Structures Sourcebook [M]. Denver: Education Commission of the States, 1997: 22.
③ Philip G. Altbach, Patricia J. Gumport, and Robert O. Berdahl. American Higher Education in the Twenty-First Century [M]. Baltimore: The Johns Hopkins University Press, 2011: 160.

理政策的主题词。高等教育治理的新领导者们不再强调州政府对高等教育本身的支持，而是越来越强调更加宽泛的公共议程。公共议程确定解决州主要社会、经济和教育问题的长期目标，并提出策略将高等教育的发展与这些目标的实现结合起来。比如，州长期目标可以是把全州人均收入提高到全国平均或以上水平。实现的策略是通过研究和技术转移或通过创建其他的教育项目，提高全州的教育水平，促进经济发展。与传统的州高等教育发展总体规划相比，公共议程不再关注高等教育本身，而是关注全州人口和教育系统总体的发展和绩效问题。这些问题明显不同于高校领导关心的问题：大学使命以及实现大学使命的基本能力（教职工、专业、设施和其他资产）。公共议程也会制定策略横跨高等教育、各不同教育层次和其他公共政策领域（比如，经济发展和卫生事业）。

在21世纪的前十年中，一系列事件先后发生：全国性州级高等教育绩效评估（Measuring Up）报告卡（Report Card）的发布，美国皮尤慈善信托基金会（Pew Charitable Trusts）资助开展的州级高等教育协作项目的设立，[1] 美国州高等教育执行官协会（SHEEO）发布全国性报告，[2] 州立法委员全国性会议组织（The National Conference of State Legislatures）成立并发布报告《改革高等教育：全国紧急行动—州之责任》（*Transforming Higher Education: National Imperative-State Responsibility*）。[3] 全国州长协会发布了《创新美国：中等后教育合作协议》（*Innovation America: A Compact for Post-secondary Education*）。上述事件以及各州教育委员会（ECS）的行动都为州公共议程（Public Agenda）的改革注入了活力。

---

[1] Gordon K. Davies. Setting A Public Agenda For Higher Education in the States: Lessons Learned from the National Collaborative for Higher Education [R]. San Jose: National Center for Public Policy and Higher Education, 2006.

[2] The National Commission on Accountability in Higher Education. Accountability for Better Results: A National Imperative for Higher Education [R]. Boulder: State Higher Education Executive Officers, 2005.

[3] The National Conference of State Legislatures. Transforming Higher Education: National Imperative—State Responsibility [R]. Denver: The National Conference of State Legislatures, 2006.

第二章 美国州级高等教育的治理历史与模式

"Measuring Up"是一项在全美开展的"高等教育质量评估",每两年进行一次,并公布一份名为"Measuring UP"的评估报告。此项评估由美国国家公共政策和高等教育中心(The National Center for Public Policy and Higher Education)具体实施。从2000年开始,该中心每两年公布一次名为"Measuring Up"的全国五十个州的高等教育统计数据报告卡(Report Card),并作对比分析。此举目的是激励各州改善高等教育政策、增加入学机会、提高教育水平,为各州领导人提供一个重要的诊断工具,以便他们做出更明智的决策,从而促进美国高等教育的整体发展。

美国高等教育质量评估"Measuring Up"的全国报告卡(Report Card)中提出的问题反映了公共议程要解决的各种问题。入学准备的分数提出从幼儿园到中学成效的问题。在读分数提出不同社会群体和州内不同地区入学率差异问题。可支付性分数提出学生财政政策与学生及其家庭收入关系问题,提出学费政策、学生资助政策和州政府对高等教育拨款的相互关系问题。毕业率的分数提出与大学入学准备的充分性和支付的相关性问题,提出了与大学绩效相关的激励与问责要求问题。社会效益分数提出了提高教育水平、提升州内劳动力的素质和改进全州人口的参与程度以及品质生活的策略问题。[1] 当今对公共议程的重视说明各州将来对高等教育的支持政策将发生根本的改变。州政府对高等教育的期待和州政府角色的改变对于州高等教育的治理结构有着深远的意义。在州政府是高校的业主和经营者(Owner and Operator)以及是高校的主要收入来源的时期所确立的高等教育治理结构与政策已经不再适用。在传统的治理模式中不太可能找到美国高等教育新的治理路径,只能在新的领导政策架构中,在财政政策与公共议程中明确界定的其他政策的同步中找到高等教育治理新的出路。[2]

---

[1] Philip G. Altbach, Patricia J. Gumport, and Robert O. Berdahl. American Higher Education in the Twenty-First Century [M]. Baltimore: The Johns Hopkins University Press, 2011: 161.
[2] NCPPHE. State Capacity for Higher Education Policy [J]. National Crosstalk (Special Supplement), July 2005: 1A-4A.

第二节　州政府在州立大学治理中的作用与定位

一、州政府在州立大学治理中的作用

根据理查德森（Richard C. Richardson）等人 1999 年的研究，美国高等教育系统的绩效受到两个因素的影响。其一是各州的政策环境以及州政府在平衡学术与市场中所扮演的角色。其二是州高等教育的系统设计，其中包括州高等教育机构与州政府的相互作用机制和主要工作流程。[①] 其实，还有一个因素，即通过民选产生的高等教育决策者和高等教育机构管理者的领导风格。高等教育系统的绩效不仅取决于这三个因素，而且取决于这三个因素之间的相互作用。这三个因素在美国高等教育治理中发挥着重要作用。

州政府与高等教育机构间权力的分配取决于政府内外的团体所传递出的利益诉求。[②]这些利益在实施公共政策和优先政策时得以实现。每个州的高等教育系统都是在一定的政策环境下运行的。这个政策环境是多方参与，长期平衡学术权威和市场两股矛盾力量之后而创造的。每个州都根据自己的政策和优先策略平衡各种影响，因此每个州的环境都是独一无二的。

坎普琳娃和李 B A.（Kaplinwa, Lee B A.）认为"就校外治理结构来说，州政府是最主要的治理者"，治理权主要包括：（1）全权建立、组织、支持和解散公立大学的权力；（2）对私立大学颁发特许、许可和认可其学位授予权的一般监督权；（3）制定法律、法规和伦理守则的权力；（4）财权以及对卫生和安全的监督权；（5）通过判例法对合同责任和侵权责任的

[①] Richard C. Richardson, Jr.. Kathy Reeves Bracco, Patrick M. Callan, Joni E. Finney. Designing State Higher Education Systems for a New Century [M]. Phoenix: American Council on Education Oryx Press, Series on Higher Education, 1999: 11.

[②] B. R. Clark. The Many Pathways of Academic Coordination [J]. Higher Education, 1979 No (3): 51-67.

法律关系加以规范的权力。① 在行使这些权力的过程中，美国大约有20多个州的大学外部治理采用的是治理委员会结构，还有20多个州采用的是协调委员会结构。总的来说，两种结构各有所长，如前者对州的当务之急反应迅速，而后者对市场的需要回应快捷。② 此外，联邦政府通过行使财权和立法权对大学治理施加影响③，区域认证机构和专业学会组织一般是通过认证和制定相关的标准来引导和监督大学落实学术自由和共同治理的原则。

二、州政府在州立大学治理中的角色定位

对于州政府在高等教育治理中所扮演的角色，威廉姆斯发展了克拉克著名的"三角协调模式"。他认为克拉克的模式是静态的，适合于描述政府、学术和市场的静态关系。他提出可以用动态的模式考虑州政府在高等教育治理中角色的变化。④根据威廉姆斯的模式，州政府的角色随着州政府、市场和学术权威利益诉求竞争的变化而变化。威廉姆斯将州政府的角色描述为促进者（Promoter）、裁判员（Referee）和消费者的支持者（Consumer Supporter）。作为促进者，州政府向高等教育机构提供设施和运营支出，为高等教育机构制定制度以达成总的目标，比如，提供充足的训练有素的劳动力。他们认为这些目标比市场的力量更重要。作为裁判员的角色，州政府在消费者和提供者之间进行调解，保证市场公平。作为消费者的保护者，州政府积极支持消费者。

理查德森等人发展了威廉姆斯的模型，确定了州政府的4个角色：资源提供者（Providing Resources）、规制者（Regulator）、消费者支持者（Con-

---

① Kaplinwa, Lee B. A.. The Law of Higher Education: A Comprehensive Guide to Legal Implications of Administrative Decision Making (4th Ed.) [M]. San Francisco: Jossey-Bass, 2006: 22.

② American Council of Trustees and Alumni. Governance in the Public Interest: A Case Study of the University of North Carolina System [R]. Washington, D. C.: ACTA, June 2005.

③ Kaplinwa, Lee B A. The Law of Higher Education: A Comprehensive Guide to Legal Implications of Administrative Decision Making (4th Ed.) [M]. San Francisco: Jossey-Bass, 2006: 25.

④ G. L. Williams. The "marketization" of higher education: reforms and potential reforms in higher education finance [A]. D D Dill, B Sporn. Emerging Patterns of Social Demand and University Reform: Through a Glass Darkly [C]. Oxford: Pergamon Press, 1995: 172-174.

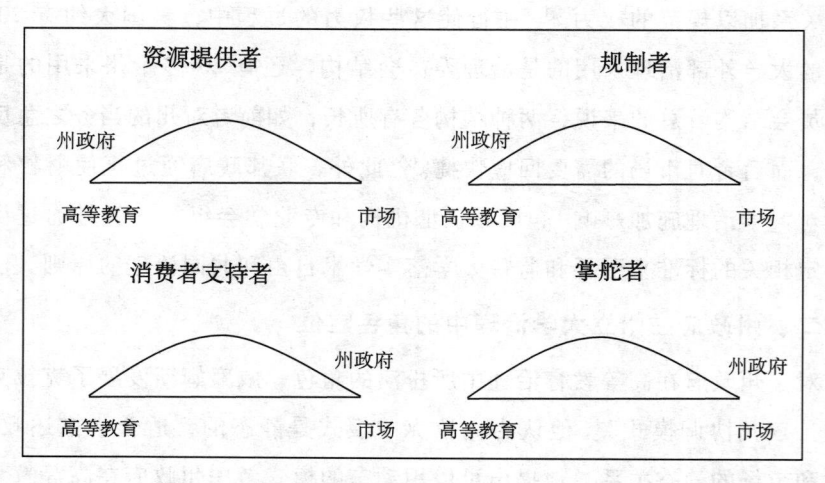

图 2-1 州政府在高等教育治理中的角色模型图
(资料来源：Richard C. Richardson, Jr., Kathy Reeves Bracco, Patrick M. Callan, Joni E. Finney. Designing State Higher Education Systems for a New Century [M]. Phoenix: American Council on Education Oryx Press, Series on Higher Education, 1999: 15.)

sumer Advocacy) 和掌舵者 (Steering)，如图 2-1 所示。[1] 这 4 个角色从高等教育资源的提供者到掌舵者形成了高等教育治理角色的连续体。在理查德森等人的模式图中，作为资源提供者的州政府角色与威廉姆斯的促进者角色一致，为高等教育服务提供资助，对市场的因素不予考虑。承担规制者角色时，州政府通过控制学生学费，严控资源利用的行政决策，消除或消减有效运作的障碍因素，使高校和市场的关系明确下来。作为消费者的支持者，州政府将对高校的拨款转向学生，因而增加了学生的市场选择对高校行为的影响力。州政府作为掌舵者的角色在威廉姆斯的模型中未曾见到。根据奥斯本 (Osborne) 和盖伯勒 (Gaebler) 的专著《重建政府》(Reinventing Govern-

---

[1] Richard C. Richardson, Jr., Kathy Reeves Bracco, Patrick M. Callan, Joni E. Finney. Designing State Higher Education Systems for a New Century [M]. Phoenix: American Council on Education Oryx Press, Series on Higher Education, 1999: 15.

ment），美国有39个州通过构建高等教育服务的市场为高等教育治理掌舵，[①]使高等院校产出的成果与政府的优先发展策略保持一致。

低学费、低资助的高等教育治理策略适合资源提供者或规制者的角色定位。高学费、高资助的高等教育治理策略是政策环境连续体中州政府作为消费者支持者或者掌舵者的典型政策环境的结果。州政府角色之间的主要区别在于州政府如何利用市场。在市场化的环境中，价格是调节需求的函数。在消费者保护者角色中，州政府重点关注支持需求。在规制者的角色中，州政府控制价格。

州政府如果不能明确自身在高等教育治理中的适当角色，不能控制学术权威与市场的矛盾，其高等教育产出的成果肯定差强人意。忽略市场作用，支持州政府对高等教育系统的统一规划，会增加成本，限制高等院校对州内新出现的发展需求和优先策略做出应对。过多的州政府规制将打消高校提高效率和改进质量的动机。过分依靠消费者的选择将会让人们放弃购买现时需要的服务，转而进行长线投资。过热的市场化操作会把最花钱的难题留在公立高校，但却剥夺了它们的基本需求和灵活性。优先发展策略、经济发展状况和人口结构是决定特定时期政府应该承担何种角色的重要因素。拥有充分资源和稳定人口的州忽视市场作用的自由度更大。选择高等教育治理角色时，州政府必须综合考虑，做出明确的选择，否则州政府不仅不会促进高等教育的发展，反而会拖慢高等教育、州内经济和社会的发展。

第三节 州级高等教育治理组织的定位与职能

第二次世界大战后，随着美国《退伍军人权利法案》（G. I. Bill of Right）的通过和战后婴儿潮的出现，美国高等教育迅速发展，学生和大学

[①] D. Osborne and T. Gaebler. Reinventing Government: How the Entrepreneurial Spirit Is Transforming the Public Sector [M]. Reading: Addison-Wesley, 1992.

数量急剧增加，大学种类更加多元，使得美国高等教育系统更为庞杂。1950年至1980年，美国公立高等教育的学生数占全国大学生的比例由60%增长到80%。总体而言，20世纪90年代早期美国高等校院来自州和地方政府的拨款由占30%增加到32%，州政府对高等教育治理的影响，逐渐具有一定地位。① 此外，高等教育对各州的经济发展越来越重要，高等教育机构的效率和效能更加引起立法机构的重视，于是州政府开始通过法令治理高等院校的案例也就越来越多。②

美国高等教育扩张之后，各类问题逐渐出现。例如：高等校院开办的专业重复、高等院校在新专业、新校园和预算等事务上纷纷向州政府和立法机构游说，相互之间竞争激烈。部分高校不是过分强调其研究功能，就是缺乏问责意识和作为。马库斯研究发现：为增加民众获得高等教育的机会，并加强资源的管理和运用，州级高等教育委员会应运而生。③

一、州级高等教育治理组织的定位

公立高等教育的州级治理结构是美国高等教育最具特色的制度设计之一。美国各州设有教育厅，主要负责中等和初等教育，高等教育的治理权大部分在州长和州议会。州长和州议会往往委托一个或几个高等教育治理委员会、协调委员会、规划与咨询委员会负责州内的高等教育治理。杨晓波指出"州高等教育管理机构主要发挥'感应机制'（Sensitive Mechanism）的作用，协调社会需求与高等教育内部价值、学术权利等之间的关系。从高校的角度出发，州高等教育管理机构应该发挥'缓冲器'的作用，减缓外部不适力量对高等教育内部的侵犯和干涉，并呼吁社会和政府支持高等教育事

---

① Aims C. McGuinness. State government and higher education [A]. In P. Altbach, R. Berdahl, & P. Gumport. American higher education in the twenty-first century: Social, political, and economic challenges [M]. Baltimore: Johns Hopkins University, 1999: 183-215.

② Marcus, L. R.. Restructuring state higher education governance patterns [J]. Review of Higher Education, 1997, 20 (4): 399-418.

③ Sabloff, P. A.. Toward better theories of the policy process [J]. Political Science and Politics, 1991: 147-156.

业。从公众、社会和州政府的角度出发，州高等教育管理机构应该把社会的广泛要求传递给高等教育，推动高等教育的变化和发展，保护大众的利益。因此，在最理想的状态下，州高等教育管理机构应该扮演建设性的中介角色，负责协调各种矛盾关系。"[1]

美国各州的高等教育治理组织依据各州高等教育的传统、州政府与立法机构分权的不同、经济发展等社会条件的差异各自产生了独具本州特色的高等教育治理组织。这些治理机构虽然受州政府组织的选举或任命产生，但是，这些治理组织并非政府的下设部门，也不是各大学的代表机构，而是作为政府问责与大学自治之间沟通的一个桥梁，抑或说是两者之间的一个平衡杠杆，因此该组织又具有中介性。

二、州级高等教育治理组织的职能

美国州级高等教育治理组织主要是代表州政府与立法机构开展高等教育的治理、协调、规划与服务工作。美国各州高等教育治理职能各有差异，但共同的基本职能[2]大体有以下5个方面：

（1）直接管理和审批学校、学科以及对外办学等。对多数州来讲，公立大学的布局调整和私立大学的创办、学位授予等均须得到所在州的批准，公立大学校董会成员也是由州政府任命的。

（2）确立经费分配方案和本州高校发展规划，提出对公立高等院校划拨经费的增长幅度和分配方案，依据选民意愿提出州内高校发展规划，由州议会讨论后批准实施。

（3）进行项目管理。由州政府制定和组织实施教育研究项目、学生助学等项目的计划，并对所设立的项目进行监督和检查。

（4）负责收集、整理和提供高教信息。

---

[1] 杨晓波. 美国公立高等教育机制研究 [M]. 太原：山西教育出版社，2008：135.
[2] 符华兴，王建武. 世界主要国家高等教育发展研究 [M]. 长沙：湖南人民出版社，2010：63.

(5) 负责协调处理本州高校之间以及高校与社会各方面的关系。州高等教育行政部门与各高校之间有各种类型的中间管理层,如行业协会团体等。各州教育行政部门往往通过此类组织进行协调,这使得州高等教育行政部门的管理趋于宏观。

美国各州的高等教育治理组织没有整齐划一的职能,有的组织是一统到底,就像我国的教育部或教育厅一样负责大学校长任命、大学专业建设甚至教职员工的聘任和薪酬的确定,而有的组织只是起沟通和协调的作用,更有的组织只是起宏观指导作用,没有任何影响大学发展的实质性的职能。这些治理组织职能的变化与调整往往受市场的影响较大。进入21世纪以来,美国的经济发展受到严重影响,从而导致州政府向大学的拨款大幅下降,大学只能向社会自筹资金或增加学费收入,增加国际学生和外州学生等高收费学生的比例。其结果导致了大学自主性在一定层面的增强,州级高等教育治理组织对高等院校的影响力得到减弱,其职能也受到影响并做出适当调整。因此,可以说美国州级高等教育治理组织的职能具有多样性和市场性。

第四节 州政府对州立大学治理模式的分类

根据文献研究发现,美国州级高等教育系统治理模式分类大致有五种方式。其中,第一种为埃姆斯·麦克基尼斯(Aims C. McGuinness Jr.)的功能分类。埃姆斯·麦克基尼斯把各州高等教育的管理与协调机构划分为三类:统一治理委员会(Consolidated Governing Board)、协调委员会(Coordinating Board)和规划机构(Planning Agencies)。相应地产生了统一治理、协调和规划三种治理模式。第二种为弗兰克·博文(Frank M. Bowen)的系统与机制分类。弗兰克·博文将各州高等教育治理组织划分为四类:联邦型管理系统、统一型管理系统、同盟型管理系统和同盟型院校。第三种为托德·杰巴兹(Todd Ziebarth)的组织分类。托德·杰巴兹将美国高等教育系统治理组织分为四类:第一类,州长任命州教育委员会成员,教育委员会任命教育厅

第二章　美国州级高等教育的治理历史与模式

长；第二类，公民选出教育委员会成员，教育委员会任命教育厅长；第三类，州长任命教育委员会成员，公民选出教育厅长；第四类，州长任命教育委员会成员和教育厅长。中国的两位学者乔玉全和马陆亭提出了另外两种分类模式。第四种分类是乔玉全根据行政管理划分的五种模式。第五种分类是马陆亭根据统筹管理划分的六种模式。

一、埃姆斯·麦克基尼斯的功能分类模式

该分类是由埃姆斯·麦克基尼斯在1988年《州级中等后教育结构》(State Postsecondary Education Structures, 1988) 一书中提出的，此后得到了广泛认同。麦克基尼斯根据职责权限的内容与大小，将20世纪80年代末各州高等教育的管理与协调机构划分为统一治理委员会 (Consolidated Governing Board)、协调委员会 (Coordinating Board) 和规划机构 (Planning Agencies) 三种类型。[1] 1994和1997年，麦克基尼斯在同一课题的研究中，继续沿用了这种分类方式，并且在1994年依据克拉克·科尔等的研究和分类以及之前在1988年中提出的分类方式，继续深化了对各州公立高等教育中具有治理功能的组织分类，将其细分为"统一型治理系统"(Consolidated Governance Systems)、分部门系统 (Segmental System) 和院校单设委员会 (Single-Institution Boards) 三类。埃姆斯·麦克基尼斯这种依据功能划分美国州级高等教育治理机构的方式形成了美国州级高等教育治理的三大模式：统一治理模式、协调模式和规划模式。

（一）统一治理模式

美国共有24个州采用统一治理模式。在统一治理模式中，设有统一治理委员会的州通常设有一个或两个委员会，其主要的功能和职责是控制或治理其管辖的院校。特别强调的是，这些委员会负责的都是州内公立的高等院校。有11个州将所有的高等院校置于一个委员会监管之下。有10个州将治

---

[1] Aims C. McGuinness Jr.. State Postsecondary Education Structures Handbook [M]. Denver: The Education Commission of the States, 1988: 3-4.

理的责任划分到两个委员会之下，其中一个负责四年制的院校，另一个负责两年制的院校。有3个州采用分块的系统管理，研究型大学由一个委员会治理，其他的四年制和两年制院校由另一个委员会治理。

设有统一治理委员会的州将大量的权力和职责授予核心委员会（central boards）。其主要的功能有：(1)代表管辖的院校向州长和立法机构直接提出主张；(2)任命、辞退管辖系统或院校行政主管的职务，设定其薪水；(3)任命、辞退管辖学院其他行政人员或员工，确定其任期和薪水；(4)行使法人资格（比如，根据州法律组建，通常长期存续，批准公司印章，在名下拥有产权等）；(5)制定政策，确定其管辖的院校的优先发展顺序；(6)确定管辖学院的学费和其他费用或者出台收费的政策；(7)根据管辖学院的预算请求确定优先顺序，一次性下拨州政府的拨款。[①]

表2-1 采用统一治理模式的州

仅有一个治理委员会治理所有两年制和四年制院校的州（11）	阿拉斯加州、佐治亚州、夏威夷州、爱达荷州、堪萨斯州、蒙大拿州、内华达州、北达科他州、罗德岛、南达科他州、犹他州
设有一个治理委员会治理四年制院校和另一个协调或治理委员会管辖社区学院和/或技术学院的州（10）	亚利桑那州、佛罗里达州、衣阿华州、缅因州、密西西比州、新罕布什尔州、北卡州、俄勒冈州、威斯康星州、怀俄明州
设有两个治理委员会的州（3）	明尼苏达州、佛蒙特州、西弗吉尼亚州

（资料来源：Carolyn Waller, Ran Coble, Joanne Scharer, and Susan Giamportone. Governance and Coordination of Public Higher Education in All 50 States [R]. Raleigh: the North Carolina Center for Public Policy Research, Inc., 2000 (1): 11: Table1）

（二）协调模式

美国有24个州采用协调模式。在协调模式中，州政府设立了协调委员会，其核心委员会负责协调州内的高等教育，但是对各院校不行使治理的职

---

① Carolyn Waller, Ran Coble, Joanne Scharer, and Susan Giamportone. Governance and Coordination of Public Higher Education in All 50 States [R]. Raleigh: the North Carolina Center for Public Policy Research, Inc., 2000 (1): 11.

第二章 美国州级高等教育的治理历史与模式

能。这些州对院校的治理方式各有不同。有 6 个州将治理分散化，将治理权交到各院校手中，有 7 个州实行另一条道路，将治理权交到 2 个或更多的大型校园治理委员会。剩下的 11 个州同时坚持了两条路线，有些院校作为多校园"子系统"由核心委员会（central boards）治理，另外一些院校由他们当地的委员会治理。由于没有授权核心委员会（central boards）院校治理的责任，这些州的核心委员会（central boards）主要关注整个公立高等教育（包括两年制社区学院和技术学院以及四年制的学院或大学）的规划和协调功能。这些州的核心委员会（central boards）既负责协调州内的高等院校，也负责协调州内其他领导——州长、立法人员、院校治理委员会或/和多校园委员会。

协调委员会划分为监管委员会或咨询委员会，两者的区别基于委员会对州高等教育系统学术专业发展的影响力。监管型协调委员会通常有权审批州内公立院校申报的新专业，也有权取消现有专业。就其本身而论，这些委员会实际上在调整各院校以及全州的学术政策。相比之下，咨询协调委员会只是审查专业申请并就现有专业向州长和立法机构提出建议，但是他们不能保证这些建议会得到实施。

表 2-2 采用协调模式的州

院校治理委员会开展治理的州（6）	肯塔基州、新泽西州、新墨西哥州、俄亥俄州、南卡州、弗吉尼亚州
由两个或更多的多校园治理委员会治理的州（7）	加利福尼亚州、康涅狄格州、路易斯安那州、马萨诸塞州、内布拉斯加州、纽约州、田纳西州
多校园治理委员会和院校治理委员会共同治理的州（11）	亚拉巴马州、阿肯色州、科罗拉多州、伊利诺伊州、印第安纳州、马里兰州、密苏里州、俄克拉荷马州、宾夕法尼亚州、得克萨斯州、华盛顿州

（资料来源：Carolyn Waller, Ran Coble, Joanne Scharer, and Susan Giamportone. Governance and Coordination of Public Higher Education in All 50 States ［R］. Raleigh：the North Carolina Center for Public Policy Research, Inc., 2000（1）：31, Table3）

协调委员会的其他职责包括：（1）明确全州高等教育的需求并列出优先顺序；（2）为高等教育系统及其院校、州政府和市民搜集并分发高等教育的信息资料；（3）审查院校预算并做出没有约束性的建议；（4）向州长和立法机构提交高等教育系统统一的预算。任何特定委员会的具体职责可能包含所有上述功能，也许仅包含其中的一项或几项。另外，任何特定的功能或职责在不同的委员会之间变化很大。[1]

（三）规划模式

在规划模式中，设有规划机构系统的州设置了核心委员会，其主要职责是搜集信息并发起或者促进院校、政策制定者以及州内参与高等教育的个人和机构之间的对话。这些委员会没有权力治理任何高等院校，也没有正式的协调职责。治理基本上是分散进行的，也没有正式的机构或委员会负责协调。只有两个州——特拉华州和密歇根州——选用了规划机构。[2]

二、弗兰克·博文的机制分类模式

弗兰克·博文（Frank M. Bowen）和凯西·布拉科（Kathy Reeves Bracco）等人在其1997年的研究报告《州级高等教育的治理架构》（State Structures for the Governance of Higher Education）中，根据管理的系统与机制划分，将各州划分为四种类型：联邦型管理系统、统一型管理系统、同盟型管理系统和同盟型院校。[3] 相应地产生四种模式：联邦型治理模式、统一型治理模式、同盟型治理模式和同盟型院校治理模式。四种模式的特征见表2-3：

---

[1] Carolyn Waller, Ran Coble, Joanne Scharer, and Susan Giamportone. Governance and Coordination of Public Higher Education in All 50 States [R]. Raleigh: the North Carolina Center for Public Policy Research, Inc., 2000 (1): 213.

[2] Carolyn Waller, Ran Coble, Joanne Scharer, and Susan Giamportone. Governance and Coordination of Public Higher Education in All 50 States [R]. Raleigh: the North Carolina Center for Public Policy Research, Inc., 2000 (1): 33.

[3] Frank M. Bowen et al.. State Structures for the Governance of Higher Education: A Comparative Study. The California Higher Education Policy Center [EB/OL]. [2011-05-06]. http://www.capolicycenter.org/comparative/comparative5.html.

表 2-3　美国州级高等教育治理结构类型

系统类型	代表州	基本特征
联邦型管理系统 (Federal Systems)	伊利诺伊州 得克萨斯州	州级管理机构既非政府部门，亦非高等教育所属，而是两者之中介，无直接管辖权。院校（系统）拥有自身的独立董事会。
统一型管理系统 (Unified Systems)	佐治亚州	州设有统一的管理机构，负责管辖州内所有授予学位的院校。
同盟型管理系统 (Confederated Systems)	加利福尼亚州 佛罗里达州	州设有规划或协调机构，依法拥有信息管理、预算审核、规划制定等咨询和顾问权限，但院校管理权仍归属于院校（系统）的董事会。
同盟型院校 (Confederated Institutions)	密歇根州	院校管理权由院校（系统）董事会行使，缺乏州级协调机构。

（资料来源：Frank M. Bowen et al.. State Structures for the Governance of Higher Education: A Comparative Study [R]. San Jose: The California Higher Education Policy Center, 1997: 7.）

从内容上看，博文等人的分类是对麦克基尼斯分类方式的发展与细化，且较前者更为全面，重点突出。其缺陷在于没有覆盖美国 50 个州，影响力和应用推广价值较小。

三、托德·杰巴兹的组织分类模式

美国各州的教育治理结构都会影响教育政策领导群间之互动关系。治理结构说明教育职权和指挥关系，有助于理解美国各州的教育治理理念和权力结构。虽然美国 50 个州公共教育治理结构设计各有不同，但大致可分为四类，主要区别在州长、公共教育委员会成员和教育执行长/教育厅长之间的任命方式不同。民主政治制度下，州长是公民选举产生，每个州政府对教育管理首长职称之规定不一样，本文统一以"教育厅长"称之。

托德·杰巴兹将美国高等教育系统治理模式分为四类，[1] 后来安利森·威姆斯（Alison Weems）于 2006 年，玛丽·富尔顿（Mary Fulton）分别于

---

[1] Todd Ziebarth. State Educational Governance Models [EB/OL]. [2012-02-06]. http://dev.ecs.org/clearinghouse/50/73/5073.htm.

2008 年和 2011 年对其进行了补充和更新：

表 2-4　杰巴兹州级高等教育治理组织分类

第一类	州长任命教育委员会成员，教育委员会任命教育厅长	阿拉斯加州、阿肯色斯州、康涅狄格州、佛罗里达州、伊利诺伊州、肯塔基州、马里兰州、马萨诸塞州、密苏里州、罗得岛州、佛蒙特州、西弗吉尼亚州
第二类	人民选出教育委员会成员，教育委员会任命教育厅长	亚拉巴马州、科罗拉多州、夏威夷州、堪萨斯州、密歇根州、内布拉斯加州、内华达州、犹他州
第三类	州长任命教育委员会成员，人民选出教育厅长（董事会成员）	亚利桑那州、加州、佐治亚州、爱达荷州、印第安纳州、蒙大拿州、北卡罗来纳州、北达科他州、俄克拉荷马州、俄勒冈州、怀俄明州
第四类	州长任命教育委员会成员和教育厅长	特拉华州、爱荷华州、缅因州、新罕布什尔州、新泽西州、宾夕法尼亚州、南达科他州、田纳西州、弗吉尼亚州

（资料来源：Mary Fulton. State Education Governance Models [R]. Denver: Education Commission of the States, 2011.）

四、乔玉全的行政管理分类模式

乔玉全编著的《21 世纪美国高等教育》论述了州高等教育行政管理的五种模式：宾夕法尼亚州地方自治性的松散结构模式、威斯康星州整体结构协调型模式、堪萨斯州大学与两年制学院分属管理模式、纽约州按地域组建高等教育管理体系的模式、州支持和协调高等教育办学和管理的普通模式。①

五、马陆亭的统筹管理分类模式

马陆亭在研究论文《美国州政府对高等学校统筹管理的几种模式》中提出了美国州高教委员会对高等学校管理与协调的六种模式：模式一，对所

---

① 乔玉全. 21 世纪美国高等教育 [M]. 北京：高等教育出版社，2000：92-96.

第二章 美国州级高等教育的治理历史与模式

有公立高教机构的统一管理委员会；模式二，对高层次高教机构设统一管理委员会，但对社区学院、技术学院设另外的机构管理；模式三，在模式二基础上附加一个规划机构；模式四，多重机构混合后的协调委员会；模式五，分类控制后的协调委员会；模式六，直接的协调委员会。①

由上述内容可以看出，五种治理模式的分类方式由于时代的变化以及侧重点的不同，表现出了其各自的特色。第一种（麦克基尼斯的分类）依据功能划分，理据清晰，应用较为广泛，可以覆盖全美国 50 个州的治理模式，美国有关州级高等教育系统的研究报告以及一些学术论文在一定程度上引用和深化了该分类研究，由此，本分类模式具有较大的社会影响力和统摄力，因此本研究依据该功能分类模式作为选择研究样本的理论依据。第二种（博文的分类方式）采用系统机制的形式分类，较为明晰，这种分类模式仅以美国几个州作为典型案例，难以覆盖美国各州的州级高等教育治理组织的类型与模式。该分类方式在其开发机构——美国加州高等教育政策中心（The California Higher Education Policy Center）停止运作后未得到深入研究，也未引起学界的持续关注与深入探讨。第三种（杰巴兹的组织分类），在高等教育系统治理组织机构的任命、选拔形式的基础上进行了分类，基本覆盖了美国各州的高等教育系统治理组织机构。然而，目前尚有 10 个州难以列入此四种分类当中，因为这 10 个州的组织设计形式属于其中一个分类的变体。所以，在这种分类方式之外，我们可以将这无法列入的 10 个州单列一类，归为其他类。由于第三种分类仅涉及治理机构的组织与任命形式，与各州高等教育治理的职能和体制、机制关系不够紧密，也未得到学界的积极响应。第四种（乔玉全的分类）缺乏明确的原则和依据，其五种治理模式仅选择了五个州作为案例，难以反映美国全国各州的治理状况，应用性和推广性价值不大。第五种（马陆亭的分类）看似是第一种功能分类的深化，但是仔细研究会发现六种模式只是用了六个简图反映其架构，具体模式的内

---

① 马陆亭.美国州政府对高等学校统筹管理的几种模式［J］.江苏高教，1998（3）：87.

涵、构成和运作机制未曾设计，也没有说明是哪几个州的治理模式。

美国社会是多元的，而各州高等教育治理组织设计同样表现出来多元化特征。有的州设有两个治理委员会，而一些州治理与协调委员会并存，并且，个别州治理委员会下设协调委员会，甚至在州协调委员会之下又设置治理委员会。同时，有的州协调委员会下设一个治理委员会和一个协调委员会，更有的州在州协调委员会下设两个治理委员会和一个协调委员会。还有一些州既设有规划机构，还设有治理和协调委员会。[①] 从架构上和分类标准上来看，美国州级高等教育治理组织均具有复杂性和多样性。可以说，美国各州高等教育治理的组织设计复杂多样，难以简单地分类。而上述从五种对州级治理组织设计的划分主要从功能、机制、组织、行政管理、统筹管理五个维度进行了分类。诚然，除了这五种划分方式之外，还有一些不太明晰的分类形式。是以，这五种分类方式并不能指代所有分类方式，也不能把当前美国州级高等教育管理组织的设计方式全部囊括，其主要作用是提供了五种不同的视角对美国州级高等教育管理的组织设计进行了非全景式的考察，呈现了美国州级高等教育管理组织设计的多样性。

美国各州州政府对州立大学的治理制度各有不同，但是对各州开展研究需要大量的人力、物力和时间成本，在短期内不可能完成。如果要对美国州政府对州立大学治理制度有一个较为客观和全面的了解，需要根据州政府对州立大学治理的模式进行分类，然后按类别开展个案研究，以通过每种模式下州政府对州立大学治理制度研究，发现州政府对州立大学治理的实质。另外，治理往往是通过制度贯彻和实施的，通过制度的分析，可以更加细致地察看州政府对州立大学的治理制度的内涵、要素、架构与影响，使我们更易于把握州政府对州立大学治理模式的实质和内涵。

长期以来，美国高等教育实行联邦政府宏观引导、州政府协调指导、统

---

① Aims C. McGuiness. Models of Postsecondary Education Coordination and Governance in the States [R]. Denver: ECS, Feb. 2003: 04.

筹管理，高等院校面向社会自主办学，学术界和社会团体广泛参与的治理体制。对于高等教育的治理，州级高等教育治理组织发挥着不可或缺的作用。它们一方面代表政府统筹和协调州内高等院校的办学和资金划拨，通过问责和社会评估引导州内高等教育为各州的经济与社会发展服务，另一方面它们代表学校进行与州政府和州议会的沟通，避免政府对高校的行政干预，保障高校办学的自主性和独立性，借此使美国成为世界上高等教育最发达的国家之一。美国高等教育的这种办学体制和机制的制度设计为世界各国发展高等教育治理提供了鲜活的样本和案例。其他国家宜根据本国的国情和高等教育发展现状首先开展高等教育治理政策环境和体制与机制的比较研究，并慎重地引进、移植和改良美国的高等教育治理组织体系。

第三章　个案研究1：威斯康星州州政府对州立大学治理的规范性制度分析

根据埃姆斯·麦克基尼斯在1988年《州级中等后教育结构》(State Postsecondary Education Structures) 一书中提出的美国州级高等教育治理的功能分类模式，威斯康星州州政府对州立大学的治理属于统一治理模式。埃姆斯·麦克基尼斯在2003年对美国州级高等教育模式研究后指出，威斯康星州由两个独立的委员会治理所有的公立院校。其中一个用于治理研究型大学、其他的大学校园以及两年制学院，另一个用于治理技术院校。[①] 前者是根据州法律设置的威斯康星大学系统 (University of Wisconsin System) 董事会 (Board of Regents)，主要治理四年制大学和两年制学院。后者是根据州法律设置的威斯康星州技术学院系统董事会 (Wisconsin Technical College System Board)。由于后者属于职业技术学院的治理范畴，不属于州立大学范畴，因此本章主要是分析威斯康星州大学系统的统一治理。

根据埃姆斯·麦克基尼斯的研究，威斯康星州有两个州级治理委员会分别治理威斯康星大学系统和威斯康星技术学院系统。如图3-1所示，左侧部分为威斯康星大学系统的治理模式简图。

本人在2012年8月—2013年2月赴美国威斯康星州分别对威斯康星大

[①] Aims C. McGuiness. Models of Postsecondary Education Coordination and Governance in the States [R]. Denver: ECS, Feb. 2003: 04.

第三章 个案研究1：威斯康星州州政府对州立大学治理的规范性制度分析

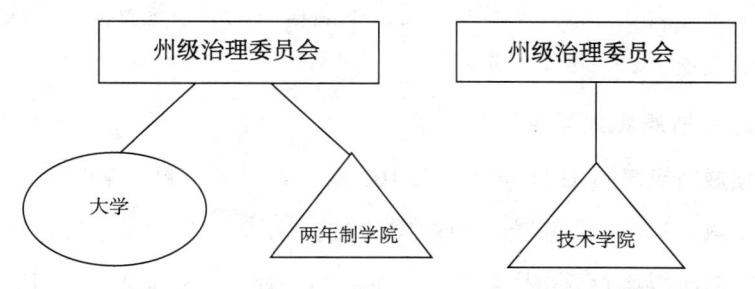

图 3-1 威斯康星州州级高等教育统一治理模式图
（资料来源：Aims C. McGuiness. Models of Postsecondary Education Coordination and Governance in the States ［R］ Denver：ECS, 2003：04.）

学系统董事会下负责沟通与外部关系（Communications and External Relations）的官员（编码为 WG）、威斯康星大学麦迪逊分校州政府关系（State Relations）官员（编码为 WR）、威斯康星大学麦迪逊分校大学委员会（University Committee）官员（编码为 WC）和威斯康星大学麦迪逊大学教育学院的教师（编码为 W4）进行了访谈。这些访谈对象根据自己的工作经验、管理经验、大学治理研究分别从不同的视角提供了大量的第一手资料和系统以及大学印制的文本资料。希望通过使用新制度主义的分析框架，分析这些第一手的实证资料，得到对于威斯康星州的统一治理模式的全面、立体、理性的理解与认知。

第一节　威斯康星州州立大学的发展

威斯康星州位于美国中西部的五大湖地区，人口总数达到 5686986（2010 年）[①]，在美国各州排名 20。威斯康星州的公立高等教育由两部分构成。其一是四年制州立大学和两年制学院组成的威斯康星大学系统。其二是由 16 个学区 49 个校园组成的威斯康星技术学院系统。由于本研究主要集中

---

① Wisconsin ［EB/OL］. ［2013-07-05］. http：//www.infoplease.com/us-states/wisconsin.html.

在四年制州立大学，因此本节重点论述威斯康星大学系统及其中的四年制州立大学的发展。

一、威斯康星大学系统的发展

根据威斯康星州1971年法令第100章，威斯康星州于1971年10月11日建立了威斯康星大学系统。① 1971年之前威斯康星州的高等教育机构由两个独立的系统组成：威斯康星大学（the University of Wisconsin）和威斯康星州立大学系统（the Wisconsin State University System）。② 该系统将州内原来两个公立大学系统归并在一个董事会（Board of Regents）之下。威斯康星大学系统是美国最大的公立高等教育系统之一，在校生规模有181000人，在全州各分校聘用的教师和工作人员达到39000人。威斯康星大学系统包括13个四年制大学、13个两年制学院和分布在各地的扩展教育部（UW-Extension）。四年制大学中包括两个博士学位授予权的研究型大学——麦迪逊分校（Madison）和密尔沃基分校（Milwaukee），以及11家综合型大学。两所研究型大学可以颁发博士、硕士、学士和高级专业学位。综合性大学可以颁发副学士学位、学士学位和部分研究生学位。13所两年制学院可以提供通识教育的副学士学位，主要提供通识教育课程，为学生转学做准备。2010—2011年度颁发的学位数量达到34608个。威斯康星大学系统的2011—2012的年度预算为56亿美元，州政府年度拨款为10亿美元。整个威斯康星大学系统给全州带来的经济效益达到每年100亿美元。③

二、威斯康星大学系统的治理

埃姆斯·麦克基尼斯2003年对美国各州高等教育治理模式的研究认

---

① University of Wisconsin System. Fact Book 11-12 [M]. Madison：University of Wisconsin System, 2012.08：2.

② Emily Pope. University of Wisconsin System Overview [R]. Wisconsin Legislative Fiscal Bureau, January 2011：1.

③ University of Wisconsin System. Fact Book 11-12 [M]. Madison：University of Wisconsin System, 2012.08：Inner cover page.

第三章 个案研究1：威斯康星州州政府对州立大学治理的规范性制度分析

为威斯康星州的高等教育是由两个州级治理委员会治理的，其中负责治理四年制州立大学的治理机构为威斯康星大学系统董事会。根据州高等教育执行官协会（State Higher Education Executive Officers，SHEEO）官方网站信息，威斯康星大学系统被列为该州州立大学的治理机构，其治理性质是治理型的。

（一）威斯康星州高等教育治理架构

根据对威斯康星州高等教育治理官员的访谈和文献研究发现，威斯康星州州长任命威斯康星大学系统董事会16位董事，任命需要得到州议会的批准。州长制定两年度财政执行预算，州议会审批预算并下拨给威斯康星大学系统董事会。威斯康星大学系统董事会负责治理整个大学系统，负责将州政府拨款分配各个分校，负责任命威斯康星大学系统主席和13所四年制分校的校长。威斯康星大学系统行政机构负责州级高等教育的日常管理。

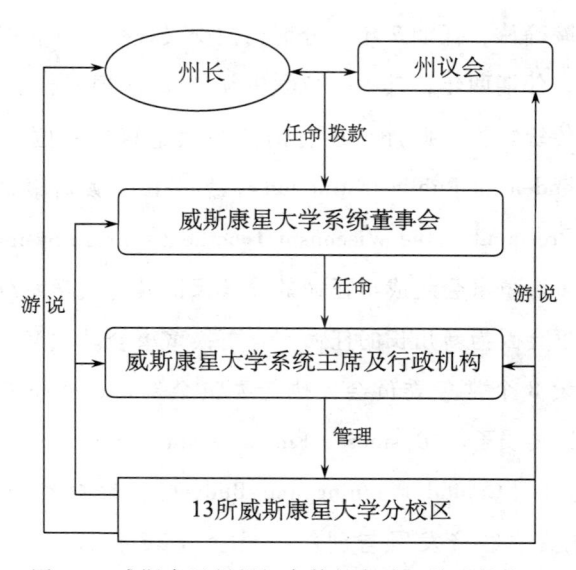

图 3-2 威斯康星州州级高等教育治理关系结构图

根据威斯康星州州法令第36章，威斯康星州建立了多层级的系统，以治理威斯康星大学系统。该大学系统董事会承担系统治理的主要责任。[①] 此外，按重要程度划分，参与大学治理的相关方还有：威斯康星大学系统主席（President）、各大学分校校长（Chancellors）、教师（Faculty）、学术研究与行政人员（Academic Staff）和学生。威斯康星州的所有州立大学与两年制的学院构成一个统一的系统。根据州法令，大学系统的董事会统一治理各州立大学。"威斯康星大学系统的分校，即各州立大学没有自己独立的大学董事会，没有单独的治理机构。"（WG）大学系统董事会下设行政管理机构（Administration），由大学系统主席领导各部门和委员会处理整个系统的治理和管理业务。在威斯康星州，州立大学的州级治理机构就是威斯康星大学系统董事会及其行政机构。

（二）大学系统董事会

"威斯康星大学系统董事会由18位董事组成。其中14位董事由州长任命，由州参议院确认，任期7年，分期错位交叉任命。两位学生董事由州长错位交叉任命，任期两年，其中一位学生须年满24周岁，代表非传统学生，另一位学生为传统学生。此外，还有两位当然董事，一位是州教育厅厅长（State Superintendent of Public Instruction），另一位是威斯康星技术学院系统董事会主席（President of the Wisconsin Technical College System Board）或其指定的其他董事。董事会组成与任命的设计保证其对大学系统的治理和政策具有延续性，不会因为新州长的任命完全更换董事会。"（WG）

董事会下设8个常务委员会：执行委员会（Executive Committee），商务、财务与审计委员会（Business, Finance, and Audit Committee），资本规划与预算委员会（Capital Planning and Budget），教育委员会（Education Committee），研究、经济发展与创新委员会（Research, Economic Develop-

---

① Emily Pope. University of Wisconsin System Overview [R]. Wisconsin Legislative Fiscal Bureau, January 2011：2.

ment, and Innovation Committee)，人事事务审查委员会（Personnel Matters Review Committee），学生纪律与其他学生申诉委员会（Committee on Student Discipline and Other Student Appeals），教职员工集体谈判委员会（Committee on Faculty and Academic Staff Collective Bargaining）。[1]

（三）大学系统主席与行政机构

威斯康星大学系统主席负责执行董事会的政策并管理威斯康星大学系统。大学系统主席负责大学系统行政机构的管理。大学系统行政机构旨在协助董事会和系统主席：制定政策，监督政策的执行，对大学系统的专业、财务和建设发展做出规划，控制财务，统计和推荐开设专业、运行预算和建筑项目。[2]

（四）大学分校校长

威斯康星大学系统共有14位校长。其中，四年制大学分校每校1名，所有的13所两年制学院和威斯康星大学扩展教育部共同设立一位校长。大学校长均由大学系统董事会任命。大学校长服从大学系统主席的协调，负责向系统主席和董事会汇报所在大学分校的运营和管理状况。大学校长负责管理所在机构，其职责包括：开展课程设计，制定学位要求，建立学术标准，建立学生学习评价系统，建立和执行教师聘用、评价、提升和任期推荐的大学标准，推荐个人奖励，预算管理和辅助服务等。[3]

（五）教师、学术研究与行政人员

各分校的教师、学术研究与行政人员根据董事会、系统主席和大学校长确定的责任与权限，有责任治理大学并参与政策的制定。教师、学术研究与行政人员有权决定自身的治理架构并挑选代表参与系统和大学治理。

---

[1] Board of Regents Standing Committees and Other Committees [EB/OL]. (2013-06-21) [2013-07-10]. http://www.uwsa.edu/bor/committees/.

[2] Emily Pope. University of Wisconsin System Overview [R]. Wisconsin Legislative Fiscal Bureau, January 2011：4.

[3] 36.09（3）. Chapter 36 University of Wisconsin System [EB/OL]. (2013-07-02) / [2013-07-10] http://docs.legis.wisconsin.gov/statutes/statutes/36.

（六）学生

每个分校的学生有责任制定和审查有关学生生活、服务和利益的政策，可积极参与所在学校的治理与政策制定。学生有权决定自身的组织架构，可以选择代表参与大学治理。[1]

威斯康星大学系统自从20世纪70年代建立以来一致伴随着严峻的资金问题。在两个系统合并之前威斯康星州的州立大学办学资金增长，招生人数增加。他们与国内同类院校一样享受着黄金发展期。经过对威斯康星大学系统的财政状况研究发现，自从两个机构合并以来，威斯康星州州政府对州立大学的支持一直呈下滑趋势。[2]

资源的有限性引发大学系统一方面减少修读一个学位应达到的平均学分，另一方面提升大学学生的保持率（Institutional Retention）和毕业率（graduation rates）。除此之外，大学系统还计划压缩学生获得学位的时间，鼓励让学生以较少的学分尽快毕业，借此释放资源，为大学系统服务更多学生创造条件。[3]

威斯康星大学系统的领导一直在寻求州政府协助提升整个大学系统的效率。大学系统已经采取各种措施提升效率，其中包括：简化大学入学，缩短获得学位的时间，压缩本科生学分数量，但是有关研究呼吁继续审查州政府和大学的相关操作。在美国全国范围内威斯康星州大概是州政府对州立大学系统规制最强的州。[4]

---

[1] 36.09（5）. Chapter 36 University of Wisconsin System［EB/OL］.（2013-07-02）/［2013-07-10］http://docs.legis.wisconsin.gov/statutes/statutes/36.

[2] Ronald G. Ehrenberg. What's Happening to Public Higher Education?［M］. Portsmouth：Praeger，2006：303.

[3] Ronald G. Ehrenberg. What's Happening to Public Higher Education?［M］. Portsmouth：Praeger，2006：315.

[4] Ronald G. Ehrenberg. What's Happening to Public Higher Education?［M］. Portsmouth：Praeger，2006：320.

第三章 个案研究1：威斯康星州州政府对州立大学治理的规范性制度分析

第二节 威斯康星州州政府对大学治理的基础和机制

根据新制度主义理论，规范性要素的符号系统包括价值观和期待。在本研究中与之相对应的是州高等教育价值观、政府对州立大学的期待和州立大学的价值观。通过研究这些规范性制度要素，可以分析和发现州政府对州立大学治理的基础和机制。

一、存在形式：州法令、州议程

在威斯康星州，州政府的高等教育价值观的存在形式包括：州法令中的《威斯康星大学系统使命》和威斯康星大学麦迪逊分校2009年的《大学认证自评报告》。州政府对州立大学期待的存在形式包括：州法令规定的威斯康星大学系统及分校编制的年度报告、州预算和威斯康星大学系统的《威斯康星州发展议程》（A Growth Agenda for Wisconsin）和州法令中的《威斯康星大学系统使命》。

二、内涵：价值观——威斯康星思想，期待提高效率和效能

（一）威斯康星州高等教育的价值观

威斯康星州的高等教育由两大部分组成，其中的威斯康星大学系统在全州的高等教育发展中占有举足轻重的地位。威斯康星大学系统的使命是州议会以州法令的形式发布的，因此威斯康星大学系统的使命中所体现的价值观，就代表了州政府和广大民众对高等教育的价值观。

1. 威斯康星大学系统的价值观

通过分析威斯康星大学系统的使命，发现有两个突出的价值观隐藏其中。其一是将社会服务延伸到大学之外，其二是追求真理。[1] 第一个价值观和"威斯康星思想"（Wisconsin Idea）异曲同工。这两个价值观是全州13

---

[1] 36.01. Chapter 36 University of Wisconsin System ［EB/OL］.（2013-07-02）/［2013-07-15］http://docs. legis. wisconsin. gov/statutes/statutes/36.

所四年制大学和 13 所两年制学院都应该坚守的"堡垒"。

2. 威斯康星大学麦迪逊分校的价值观

根据威斯康星大学麦迪逊分校 2009 年的《大学认证自评报告》（Self Study for Reaccreditation），威斯康星大学麦迪逊分校的发展史凝练出两个核心价值观。其一是"威斯康星思想"，体现的是社会服务的使命，其二是维护学术自由。这两个核心价值观已经深入到大学的文化中，并将继续影响威斯康星大学麦迪逊分校的文化与各项活动。①

1904 年威斯康星大学校长查尔斯范·海斯（Charles Van Hise）提出的"威斯康星思想"（Wisconsin Idea）是作为一种教育原则，指的是教育应该超越大学教室的范围去影响和提高社会人员的生活质量。"大学边界就是州的边界"是对威斯康星思想的进一步诠释，这一诠释抓住了其要旨，使得该思想广泛传播。"我们（威斯康星大学麦迪逊分校）的价值观就是要将威斯康星思想发扬光大。校内创造的知识没有地域的限制，应该在全州、全国和全世界分享。"（WR）

除此之外，威斯康星大学麦迪逊分校还有一个价值观——知识产权的所有权。"威斯康星大学麦迪逊分校的教师、学术研究与行政人员和学生在大学所获得的任何知识产权归自己所有，而不是归大学所有。这个传统已经很悠久了，大学不干预师生的知识产权。"（WR）

（二）威斯康星州州政府对州立大学的期待

州政府对大学的期待的一种表达方式是以政府法令的形式要求威斯康星大学系统和各分校编制年度报告（Annual Report）。这份报告实际上是一份问责报告。在威斯康星州议会法令第 36 章 65 条中明确提出年度报告的内容包括：绩效指标（Performance）、财务状况（Financial）、招生和收费（Access And Affordability）、本科教育（Undergraduate Education）、研究生与

---

① University of Wisconsin-Madison. Self Study for Reaccreditation [M]. Madison：University of Wisconson-Madison，February，2009：19.

第三章　个案研究 1：威斯康星州州政府对州立大学治理的规范性制度分析

专业教育（Graduate and Professional Education）、教师（Faculty）、经济发展（Economic Development）、协作（Collaboration）。[①] "年度问责报告（Annual Accountability Report）列举高等教育的数据矩阵。报告完成后，报送州立法人员和政府官员，使他们了解州内高等教育发展状况。我们将该报告视为一种领导手段（leadership），而不是监督。问责报告呈现的是一年的绩效，是与目标相对照的，其中包括毕业率、学生保持率（Retention Rates）、颁发学位数量等。问责报告中还会列举出明年的绩效目标和预期。这些绩效目标是各方协商制定出来的，不是政府或大学系统董事会强加到各大学的。我们会根据各分校不同的情况，确定不同的绩效目标。发展预期目标是大学系统的行政人员、大学系统董事和各大学分校的领导协商确定的。"（WG）威斯康星州州政府虽然没有明确提出对大学的预期，但是通过建立年度问责报告的机制调动大学董事会、大学系统和大学官员及教师自动提出对明年的预期，不失为一种高明的治理策略。

州政府表达预期的另一种方式是通过预算。"州政府对大学系统的预算拨款常常是带有附加条件的。有些预算资金是带着特定项目下拨的。这些特定项目是州政府希望大学完成的，表达了对大学的预期。如果大学不做该项目，就需要把资金归还给州政府。"（WG）在《威斯康星州 2013—2015 年执行预算》中的"威斯康星大学系统"部分，州政府提出对州立大学的期望[②]包括："保持和提高学位授予的数量，增加招生人数，提高大学一、二年级学生的保持率，提高毕业率"。

立法人员也会直接与威斯康星大学系统及其分校沟通，告诉他们对大学的期待。"威斯康星大学麦迪逊分校坚持教学与研究并重，但是州内并不认同。他们不欣赏我们在高等教育界所取得的地位。有议员直接告诉我们

[①] 36.65. Chapter 36 University of Wisconsin System [EB/OL]. (2013-07-02) / [2013-07-10] http://docs.legis.wisconsin.gov/statutes/statutes/36.

[②] Scott Walker. Executive Budget, State of Wisconsin [M]. Madison: Division of Executive Budget and Finance Department of Administration, 2013: 525.

'你们只是威斯康星大学而已，我们真的不想听到你们从纽约、中国或德国招生，那不是你们的使命。'因为外来的学生会取代我的孩子、我邻居的孩子获得大学的学习机会。他们也不了解教学和研究相辅相成的关系。"（WR）"州政府缺乏对研究型大学的理解，其他的十大联盟高校（Big Ten）都没有这么多限制。它们的外地生比例从17%到42%不等。州政府对于大学的控制对我们州立大学是一大挑战，在州内实现使命、价值观和愿景都是一大挑战"（WR）由此可以看出，威斯康星州对大学的一个期待是招收本地学生，办好高等教育。

威斯康星大学系统董事会于2010年8月发布《威斯康星州发展议程》（A Growth Agenda for Wisconsin）。这份报告是州政府、商界和高等教育界共同努力编制出的未来发展规划。其中提出三大战略[①]：培养更多人才，创造更多就业机会，建设更强社区。这三大战略是对州立大学的预期，希望州立大学在未来15年培养8万大学毕业生，将研究转化为就业机会，协助当地企业扩大就业机会，参与社会，提高高中毕业生的升学率等。

威斯康星州州政府的高等教育价值观隐含在州议会为威斯康星大学系统所制定的使命中。大学系统使命中的两个价值观与威斯康星大学麦迪逊分校的价值观具有很大的相似性和关联性。他们都认同"威斯康星思想"，都希望大学追求真理。追求真理是以学术自由为前提的。他们对价值观的提法不同，内涵却是一致的。究其原因，一方面是美国高等教育思想和传统的传承，另一方面是州政府到大学系统，再到州立大学都是自上而下制定大学使命，其中渗透着统一治理的惯性和力量。总而言之，威斯康星州的高等教育价值观集中体现在"威斯康星思想"。

州政府对州立大学的期待表达方式具有多样性。除了州议员、州长与大学系统的直接沟通之外，州政府充分利用州预算和年度问责报告建立了一种

---

① University of Wisconsin System. A Growth Agenda for Wisconsin [R]. Madison: University of Wisconsin System, 2010: 3-5.

第三章 个案研究1：威斯康星州州政府对州立大学治理的规范性制度分析

多方参与的、稳定的机制，使得州政府对大学的期待能够有效地传播出去并得到积极的实施。威斯康星大学系统提出的《威斯康星发展议程》也是对州立大学表达期待的有效方式。州政府对州立大学的期待汇总起来包括：提高州立大学的效能和效率，服务当地社会。

三、特征：符号系统在秩序基础上表现出强烈的约束性期待

在威斯康星州州政府对州立大学治理的规范性制度的符号系统中，州政府在州法令中确定大学系统的使命，州高等教育治理机构在其政策中确定各州立大学的使命，这些使命中体现了州政府的高等教育价值观。州政府通过州法令将价值观内化到大学系统的使命中，使之成为大学系统和各个州立大学的社会责任，成为州立大学办学行为的遵守基础。高等教育价值观体现在州法律或者州级高等教育治理机构政策中，对州立大学具有较强的约束性，成为强烈的约束性期待，成为大学活动的秩序基础。州政府提出的高等教育价值观以大学系统使命的形式存在，成为一种规范，其传递是自上而下呈垂直直线型强制推进，在扩散机制上具有强制性和约束性。威斯康星州高等教育价值观以大学系统使命的变体呈现，使之成为州立大学角色的责任，一方面对其行为施加一种限制，另一方面对其具有使能作用，在逻辑上增加了价值观贯彻、执行的适切性。威斯康星州州政府对高等教育的价值观和州立大学对高等教育的价值观具有吻合性和一致性，说明实现这些价值已经内化为州立大学的社会责任，会增加州立大学对符号系统的遵守基础。

州政府对州立大学的期待是以州法令确定的《威斯康星大学系统使命》和大学系统的《年度问责报告》、州年度预算和威斯康星大学系统编制的《威斯康星州发展议程》呈现。州法令中《威斯康星大学系统使命》和大学系统的《年度问责报告》中的期待确定了州立大学的社会责任，成为州政府期待的遵守基础，具有法律的约束性。州长在州政府年度执行预算中表达的期待具有一定的经济激励性和强制性，在秩序基础上具有较强的约束性。这些期待以州法令、州预算和州发展议程的形式传播，在扩散机制上比规范具有更强的传播性和执行性。《年度问责报告》可以调动州立大学的主动性

和自觉性，通过制度将政府期待转化为州立大学的社会责任和自我问责的意识与担当，增强了逻辑上的适切性。《威斯康星州发展议程》中的期待为州立大学指出其未来社会责任的着力点，对大学具有导向和激励作用。经过访谈发现，州政府对州立大学的期待与州立大学对自身使命的认知尚有距离，虽然州政府采取预算和直接沟通的方式表达预期，具有相当的强制性，但是面对现实经济困难，这些预期难以产生规范性制度存在的适当性，因而对州立大学缺乏足够的约束性和规范性，大学缺乏遵守的自觉性。年度问责报告制度和威斯康星大学系统编制的《威斯康星州发展议程》可以调动各方主动表达对高等教育发展的预期，使大学将其内化为社会责任，对大学自身产生约束性和规范性，是一种高明的规范性治理制度。

第三节 威斯康星州大学系统与州高等教育组织架构

根据新制度主义理论，规范性要素的关系系统包括政体和权威系统。本研究中与其相对应的是州高等教育治理组织内部架构、州立大学外部治理组织架构和学术权威系统。

一、存在形式：组织架构图

关系系统的存在形式包括威斯康星大学系统组织架构图（附录15）、威斯康星大学系统行政管理组织架构图（附录16）和威斯康星大学麦迪逊分校组织架构图（附录17）。这些资料是访谈对象在访谈时提供的第一手资料，反映了州级治理机构和州立大学政府关系部门的组织架构和治理关系，即规范性制度的关系系统。

二、内涵：自上而下垂线型分层治理关系架构

（一）威斯康星大学系统董事会的治理架构

威斯康星大学系统董事会的治理架构其实包含两层含义。其一是从大学系统董事会到各分校的治理架构，其二是大学董事会的行政机构的管理架

构。该机构对于董事会的行政机构内部而言属于管理架构，但是对于系统的各个分校而言，它们又属于治理层次。

1. 威斯康星大学系统的总体治理架构

根据威斯康星州法令，威斯康星大学系统董事会是威斯康星州四年制大学和两年制学院的最高治理机构。大学系统董事会之下设有系统主席，带领其行政机构负责执行董事会制定的政策和做出的决策。四年制大学分校校长和两年制学院及教育扩展部的总校长协助系统董事会和系统主席治理各自所在的分校。两年制学院的院长需要协助二年制学院总校长治理各个学院。各个分校不再设立大学董事会或其他校级治理机构。威斯康星大学系统的总体治理是自上而下、分层设计的治理结构。

"从组织架构图上看，大学系统和行政机构位于大学系统各分校之上。但是有一种更好的方式可以看清大学系统及其行政机构的位置。形象地说，就像一个有辐条的轮子，我们在轮子中间。我们未必觉得系统和行政机构高于大学分校，但却是全州高等教育发展的轴心。"（WG）

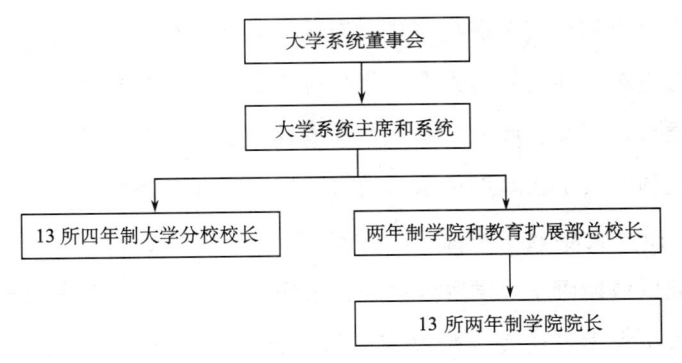

图 3-3 威斯康星大学系统治理架构图

2. 威斯康星大学系统的行政机构

威斯康星大学系统行政办公机构（The offices of the UW System Administration）的设置旨在实现全国最佳的公立大学系统的效率和效能。大学系主席办公室系根据州法令"大学系统董事会"设置的,其他办事机构的设置旨在协助开展工作。"大学系统的行政机构是董事会的日常办事机构。我们所有的行政机构人员认为我们是董事会的办公人员。"(WG)根据威斯康星大学系统的官方网站,该大学系统的行政机构设置有26个部门[1],行政人员总数达到201人[2],常务性的行政办公室共11个,其中包括:主席办公室(President's Office)、学术与学生事务办公室(Academic and Student Affairs)、行政与财政事务办公室(Administration and Fiscal Affairs)、预算与规划办公室(Budget and Planning)、资本规划与预算办公室(Capital Planning and Budget)、宣传与外部关系办公室(Communications and External Relations)、经济发展办公室(Economic Development)、财务办公室(Finance)、法律事务办公室(General Counsel)、政府关系办公室(Government Relations)、人力资源/劳动力多元化办公室(Human Resources/Workforce Diversity)[3]。

"政府关系办公室的业务分州政府关系和联邦政府关系,两者都很重要。其中主要由两个人负责与州议会沟通。此外,在大学系统行政机构和各个分校还有许多不同层级的人在与州政府和联邦政府打交道。这些人包括副校长、中层行政人员。政府关系人员的安排取决于校园的规模和组织方式。我们行政机构的员工在政府关系活动协调方面发挥着核心作用。"(WG)

(二)州立大学政府关系部门的组织架构

本研究以威斯康星大学麦迪逊分校为例,研究其政府关系业务的组织架构。威斯康星大学麦迪逊分校没有专门设立一个职能部门负责与州政府沟通。在校长办公室内分别安排三个人各自负责州政府关系(State

---

[1] Office Directory - UW System Administration [EB/OL]. [2013-03-06]. http://www.uwsa.edu/azdir.htm.

[2] UW System Administration Staff Directory [EB/OL]. [2013-03-06]. http://www.wisconsin.edu/contact/phonelist.php? viewall=true.

[3] UW System Administration Offices [EB/OL]. [2013-07-14]. http://www.uwsa.edu/offices.htm.

第三章 个案研究1：威斯康星州州政府对州立大学治理的规范性制度分析

Relations)、联邦政府关系（Federal Relations）和社区关系（Community Relations）。[①] "我们与大学系统和其他州内兄弟院校合作就共同的问题与政府进行沟通。对于州政府关系的业务，除了我之外，还有行政人员与领导的支持。"（WR）从组织架构上看，该校负责州政府关系的人员安排在校长办公室，并且给予一定的职位，表面上看是一个人在与州政府打交道，但是实际上校长、副校长和各二级学院的院长等都是他的团队，他可以调动很多校内资源开展游说、沟通和交流工作。

（三）学术权威系统

威斯康星大学系统作为威斯康星州的大学治理机构需要参加不同的学会，以了解全国高等教育的发展状况。"我们（威斯康星大学系统）参加了很多学术机构，比如：美国大学学会（AAU）、美国公立及赠地大学协会（APLU）、美国学院和大学学会（AACU）、美国州立学院与大学协会（AASCU）、教育促进与支持委员会（CASE）、美国教育委员会（ACE）、完成美国大学教育（CCA）。其实，我们参加了所有国家级的学会。我们参加他们组织的会议和培训，订阅他们的刊物，也投递稿件。他们向我们系统提供最佳做法，也向我们提供技术支持。"（WG）

威斯康星大学麦迪逊分校积极参加美国大学学会（AAU）、美国教育委员会（ACE）、全美州立大学和赠地学院协会（NASULGC）、学院合作委员会（CIC）、世界大学网络（WUN）和其他的国内与国际机构。"对于州政府政策，这些学术机构会向我们提供支持观点和经验。由于这些学术机构是国家级的或国际级的，它们不能代表全州的大学向州政府游说和提出意见。"（WR）

（四）州政府与州立大学的互动路径

州政府有自身对高等教育的价值观和期望，各州立大学都有自己的使

---

① Office of the Chancellor and Related Units [EB/OL]. [2013-07-10]. http://www.chancellor.wisc.edu/units.php.

命、价值观和特点，双方的互动方式决定了全州大学系统治理的效率和效能，对于全州高等教育、经济和社会的发展具有重要的作用。

1. 大学系统统一组织游说地方议员

威斯康星大学系统行政机构中设置一个政府关系办公室（Government Relations），安排专人负责游说和组织各分校游说州议会议员，负责向议会沟通信息。"我们（大学系统行政人员）组织协调各分校开展游说活动。个别大学分校可以去找立法人员为自己的分校游说。真正有力量的是26个分校全部出动在当地游说议员。如果所有的议员都从当地的选民中听到大学发展的有关要求或信息，效果会比单独游说好得多。"（WG）

2. 州立大学直接游说州政府官员和议员

威斯康星大学麦迪逊分校校长办公室内专门设有一个主任席位，负责与州议会沟通。"我（威斯康星大学麦迪逊分校政府关系官员）曾经在州议会工作8年，非常熟悉州议会的工作流程、优先战略和决策的驱动力，基本每天都去州议会直接游说议员，向议员和议会的工作人员解释学校领导的决策、计划和学校的行动，主要目的就是希望州议员们做一些对我们学校的发展有益的事情。为便于工作，我已经将议员和州议会办公人员的资料编入数据库，及时向他们提供学校的相关数据、资料和进展情况。通过沟通，从议会得到信息后，我会及时反馈给校长、副校长、学院院长和其他相关人员，使他们了解议员们的想法和计划。"（WR）"我与州长也保持沟通。主要目的是了解他对大学的看法和他的决策动机，找到州政策与大学发展的契合点，从而使学校的发展受益于州政策。"（WR）

3. 邀请议员和政府官员现场考察

威斯康星大学系统和各个大学不定期地邀请州长和州议会议员到大学参观，了解大学使命的履行情况和大学在办学过程中遇到的问题与困难。"我一直在邀请议员们到我们学校参观，使他们亲眼目睹我们开展的工作。有些议员认为大学只是教书的地方。我想请他们来看看大学其他的价值，特别是我们与当地主要产业——奶制品业开展的一些研究工作。了解之后，他们就

会理解和支持大学的工作。"（WR）

4. 大学系统和州立大学编制问责报告与发展规划

"虽然我们将战略规划上报大学系统董事会、大学系统和州政府并非强制性的，但是州政府、系统及董事会对我们的战略框架理解很重要。"（WR）大学自己制定的发展规划已经成为大学呼应各方要求，而且与州政府和州高等教育的治理机构大学系统董事会沟通和互动的媒介与手段。除此之外，威斯康星大学系统网站和威斯康星大学麦迪逊分校等各个大学的网站上有专门的州政府关系网页，向州政府和社会民众介绍大学系统和各个大学的相关项目、业绩和进程。

5. 大学教师组织游说州政府

威斯康星大学麦迪逊分校有一个由教师组成的非营利性志愿者组织——教师代表会公立代表组织（Public Representation Organization of the Faculty Senate）。"教师代表会公立代表组织不是工会，但是代表威斯康星大学麦迪逊分校的教师就有关教师和学校发展的事宜向州议会、州长、大学系统董事会、联邦议会和社会公众发表意见和看法。该组织是合法的游说者，他们积极游说州议员，积极为大学和教师争取利益。"（WC）

根据本章第一节对威斯康星州高等教育治理架构的分析以及本节对威斯康星大学系统的组织架构以及州立大学政府关系部门的架构分析发现：威斯康星州州政府对州立大学治理的模式系统呈现自上而下垂线型分层治理的架构。虽然不同层级之间有着多种互动路径，但是上层对下层形成的制度强势是不言而喻的。

三、特征：关系系统在秩序基础上表现出强烈的约束性期待

威斯康星大学系统的治理架构是根据威斯康星州法令设置的，其结构呈自上而下的层级式线性分布。这种架构是规范性制度中关系系统的体现，是一种治理规范。这种规范规定事情完成的顺序和方式，并规定追求所要结果的合法方式或手段。这种治理架构建构出威斯康星大学系统董事会、系统主席及其行政机构的强势角色，赋予其较大的治理权限，形成由上而下的制度

强势，上级对下级具有较强的约束性和规范性。学术权威系统对州立大学具有技术支持和辅助作用，可以提供经验和案例，形成制度的规范性。通过州政府与州立大学的互动路径可以看出，威斯康星州大学系统和各州立大学已经习惯了这种治理架构，也认可了自己在治理架构中的角色，其游说活动、邀请州政府官员考察和编制报告等活动表明州政府和州大学系统在治理中的强势地位，也表明关系系统这种治理制度的有效性和合法性。

威斯康星州州政府对州立大学的治理架构确定了州政府、州大学系统董事会、州大学系统和州立大学各自的社会责任，具有制度的遵守基础。治理架构中上级对下级在秩序基础上具有强制性和约束性期待。这种治理架构以州法令的形式呈现，已经形成规范，得到治理相关方的认可，在制度扩散的机制上具有规范性，在制度的逻辑上具有执行和遵守的适切性。

第四节　《威斯康星大学使命》与大学董事会的角色职责

根据新制度主义理论，规范性要素的惯例包括工作、角色和遵守义务。本研究与之相对应的是州高等教育治理组织的职能与运作程序；州立大学的使命、角色和职责等内容。

一、存在形式：州法令、大学使命、认证报告

威斯康星州州政府对州立大学治理惯例的制度存在形式包括：威斯康星州州法令中《威斯康星大学使命》、州法令对威斯康星大学系统董事会的角色与职能规定、威斯康星大学系统制定的《威斯康星大学麦迪逊分校使命》和威斯康星大学麦迪逊分校2009年的《大学认证自评报告》。

二、内涵：大学系统董事会具有法人地位，治理全州大学

（一）威斯康星大学系统董事会的使命、角色与职能

在威斯康星州，威斯康星大学董事会是州级高等教育治理机构。经过文献研究和访谈没有发现该董事会的使命，其负责治理的大学系统的使命明

第三章 个案研究1：威斯康星州州政府对州立大学治理的规范性制度分析

确，一定程度上威斯康星大学系统的使命反映了董事会的使命。

1. 威斯康星大学系统董事会的使命

威斯康星大学系统的使命已经写入威斯康星州的法令第36章第1条。"威斯康星大学系统不能单方面改变自己的使命。如若改变，须征得立法人员和州长的同意。"（WG）"威斯康星大学系统的董事会和大学系统的行政机构都有自己的使命。此外，具有博士学位授予权的两个大学群有一个核心使命（The Core Mission of the Doctoral Cluster），所有11家综合性大学群有另一个核心使命（The Core Mission of the University Cluster Institutions）。在核心使命之下，26个分校都有自己的使命。大学群的核心使命和每个分校的使命都是由大学系统董事会规定的。"（WG）

根据威斯康星州的法令第36章，威斯康星大学系统的使命包括"培养人才；发现和传播知识；将知识传递和应用到大学校园之外；通过培养学生高级智能、高度的文化和人文意识，培养科学、专业和技术的素养以及目标意识，以服务社会，促进社会发展"。这个广泛的使命后面是为了培养人才和改善人类状况所采取的教学、研究、持续的训练和公共服务的方法。威斯康星大学系统每项行动背后的根本目的是追求真理。[1] 大学系统的使命是由州法令制定的，同时州法令将大学系统的治理权赋予系统董事会，因此大学系统的使命在一定程度上就是系统董事会的使命。

2. 威斯康星大学系统董事会的角色

根据威斯康星州州法令，威斯康星大学系统治理的主要责任被授予系统董事会。[2] 因此威斯康星大学系统董事会是全州州立大学的治理机构。根据州法令第36章第7条，威斯康星大学系统董事会是威斯康星大学系统的法人。该董事会虽然是由州长任命的，但是它不是州政府的机关，董事会主席

---

[1] 36.01（2）.Chapter 36. University of Wisconsin System ［EB/OL］.（2013-07-02）.［2013-07-15］. http://docs.legis.wisconsin.gov/statutes/statutes/36.pdf.

[2] 36.09（1）（a）Chapter 36. University of Wisconsin System ［EB/OL］.（2013-07-02）.［2013-07-15］. http://docs.legis.wisconsin.gov/statutes/statutes/36.pdf.

也不是州长的内阁成员。事实上，威斯康星大学系统董事会对于威斯康星大学系统的所有分校的地位相当于公司董事会对于公司的地位。

在威斯康星州有关教育的政府网页中列出了教育治理和管理机构（Agency）、学校（Schools）和资源（Resources）。威斯康星大学系统被列在学校栏目中。"威斯康星州所有的大学校园统一在一个旗帜之下。威斯康星大学系统与州议会直接对接。州政府对大学的行动也是面向大学系统这个整体。"（WR）威斯康星大学系统的执行官员说"我们不是政府机构。我们的董事会主席和系统主席不是州政府的内阁成员。"（WG）"有人说我们（大学系统董事会及其行政机构）是大学与州政府之间的缓冲器。我们代表各大学分校向州政府官员奔走呼吁。当有不好的事情发生时我们发挥缓冲器的作用，把焦点转移到我们身上。"（WG）"威斯康星州州级教育治理与管理机构与大学系统是同级。它们既不属于大学系统，也不在大学系统之上。大学系统与教育厅有直接关系，还有很多合作，教育厅厅长是我们的董事。大学系统董事会的董事参与教育治理与管理机构中一些委员会的工作。我们和这些机构之间是你中有我，我中有你，关系复杂。"（WG）

"大多数人上大学然后毕业，还有捐赠者等，大都看不到我们的治理架构。对于一般公众，了解系统的身份有点困难。我们对公众而言几乎是隐形的。大多数人只了解不同的分校，对大学背后的治理机构知之甚少。像议员和州长这样的人士还是熟悉大学治理系统的。"（WG）

"美国的大学和州政府是有关系的，但并不是管辖的关系。不是说州政府可以管理威斯康星大学系统。州政府对大学也是提供部分资金，而且越来越少。州政府对于大学治理有一定的发言权。威斯康星大学系统被当作学校，因此和其他教育机构列在一起。威斯康星技术学院系统相当于隶属于州，被看作是政府的一个部门或分支，因此和州政府其他机构列在一起。"（W4）

3. 威斯康星大学系统董事会的职能

根据威斯康星州法令第36章第9条规定，大学系统董事会共有13项职

第三章 个案研究1：威斯康星州州政府对州立大学治理的规范性制度分析

责，其中主要包括："制定大学系统治理的政策，确定各大学分校的使命，审批设置的专业，任命系统主席和大学分校校长，授予和撤销校长的行政权，向各分校拨款，授予学位，制定招生政策等。"

（二）州立大学的使命、角色与职能

威斯康星大学麦迪逊分校的大学使命是由威斯康星大学系统董事会于1988年6月10日制定的。"大学系统董事会制定的使命和法律差不多，表明他们对大学具有很强的控制权。"（WR）

1. 威斯康星大学麦迪逊分校的使命

根据威斯康星大学系统董事会的政策和威斯康星大学麦迪逊分校2009年《大学认证自评报告》，威斯康星大学麦迪逊分校的使命是："威斯康星大学麦迪逊分校的根本宗旨是创设一种学习环境，使教师、学术与行政人员、学生能够发现、审视、保存和传递知识、智慧和价值观，保证当代和未来世世代代的生存与发展，提升其生活质量。大学旨在帮助学生培养对复杂的文化和物理世界的理解与欣赏，以便在这样的世界中生存并充分发挥其智力、体能和人文发展的潜能。"[①]

威斯康星大学麦迪逊分校的政府关系官员将该大学分校的使命解读为："通过本科教育和基础研究把威斯康星思想发扬光大。我们的研究使命对于增加知识非常重要，特别是参与研究的本科、研究生的知识面将得到充分扩大。"（WR）

2. 威斯康星大学麦迪逊分校的角色

威斯康星大学麦迪逊分校的前身是威斯康星大学，其建立时间与威斯康星建州的时间都是1848年。1862年国会批准莫里尔法案后，该大学接受威斯康星的土地，成为威斯康星州的赠地大学。她仍然是威斯康星州肩负着全州、全国和国际使命的综合性教学研究型大学，在广泛的专业领域举办本

---

① University of Wisconsin-Madison. Self Study for Reaccreditation [M]. Madison：University of Wisconson-Madison，February，2009：16.

科、研究生和专业教育，同时开展广泛的学术研究和成人继续教育，并提供社会服务。威斯康星大学麦迪逊分校是当今全美国最大和最具综合性的大学之一，是全州唯一列入卡内基基金会研究型大学分类（Research University/Very High Research）的大学。"威斯康星大学麦迪逊分校是整个威斯康星大学系统的一部分，但是她是研究型大学，具有自身的独特性，其很多业绩超过全州其他大学分校的总和。"（WR）该大学开设的专业范围和社会辐射的范围已经超出威斯康星州的界限，已经与美国国内和国际上的同类大学形成紧密的合作关系。

3. 威斯康星大学麦迪逊分校的职能

为实现大学使命，威斯康星大学麦迪逊分校必须：（1）开设广泛的、均衡的专业，强化高质量、创造性的本科、研究生和专业教学。（2）通过广泛的学术、研究和创新性的工作创造新知识，为满足社会的当前与未来需求提供基础。（3）取得学科发展的领先地位，强化跨学科的研究，开创新领域。（4）根据赠地大学的定位向全州提供均衡的辐射服务，以满足继续教育的需求。（5）广泛参与全州、全国、全世界的项目，鼓励威斯康星大学系统、其他教育机构以及全州、全国、全世界的其他大学充分利用本大学独一无二的教育资源，比如：教师及学术研究与行政人员的专业能力、图书馆、档案、博物馆和研究设施。（6）通过在校外和国外的学习、研究和服务，学习语言、文化、艺术以及社会、政治、经济和技术变革的内涵，强化对文化的理解。（7）维持所有专业的优越水平，使学生在全州、全国和全世界取得领先。（8）通过制定政策与专业教学标准，体现对多元、多种族、开放和民主的社会理念的尊重与承诺。①

威斯康星大学系统的使命是以州法令的形式固化下来的。大学系统各个分校的使命也是由系统董事会制定的政策加以强化，其功能类似于州法律。

---

① University of Wisconsin-Madison. Self Study for Reaccreditation [M]. Madison: University of Wisconson-Madison, February, 2009: 16.

第三章　个案研究1：威斯康星州州政府对州立大学治理的规范性制度分析

系统的使命已经有40多年的历史了，从系统董事会到各个分校一直在贯彻和执行，已经变成惯例。各个分校的使命和职能作为大学系统的政策，虽然与州法律相比有一定的灵活性，但是从制定之日起基本上是保存了其核心的内容和价值，偶尔会做一些微调，也就成了各个大学分校的工作惯例。使命和职能一旦变成惯例，就具有了实施的合法性，州政府、大学系统、大学和社会大众也会把这些使命认作大学的社会责任，对于大学的教学、研究和社会服务具有一定的约束性和规范性。惯例这种规范性的制度形式也成为威斯康星州对高等教育统一治理的有效手段和媒介。

三、特征：惯例的遵守基础表现在社会责任的法定权威性

在惯例方面，州高等教育治理机构——威斯康星大学系统董事会的身份以州法令确定下来，具有法律赋予的权威性。它作为全州大学系统的法人和唯一的董事会，虽然不是州政府机关，也不是州长的内阁机构，却具有州政府赋予的预算分配权，具有政策制定权，因此它的角色充分体现了集权和统一治理的特点。威斯康星州大学系统的使命以法律的形式下达，使之成为州大学系统的社会责任，州高等教育治理机构——威斯康星大学系统董事会的角色和职责也是以州法律的形式确定的，法律赋予了董事会明确的社会责任，系统使命和董事会职责均具有规范性制度的遵守基础。大学系统使命和系统董事会的职责以州法令为载体，对相关方具有比一般规范更强的约束性期待，因而有着深厚的秩序基础。其扩散是以州法令形式明文规定和传播的，在扩散机制上已经超越了一般的规范，具有强制规范性。州大学系统相关方以自己行为与系统使命这种法律形式的合适性为逻辑关系，判定自己行为的合法性和适切性。州大学系统的使命和系统董事会的职责作为惯例，已经内化为系统各相关方的角色责任，具有遵守基础。

威斯康星大学麦迪逊分校的使命是由州大学系统董事会制定，内容全面，明确具体，具有类似于法律的权威性和约束性。威斯康星大学麦迪逊分校的职责由威斯康星大学麦迪逊分校明文规定，内容全面，行文规范、具体，展现出制度的完整性和明确性，在秩序基础上对州立大学具有较强的约

束性期待。无论州大学系统确定的州立大学使命，还是威斯康星大学麦迪逊分校确定的职责，都已经内化为州立大学的社会责任，具有制度的遵守基础。威斯康星大学麦迪逊分校的使命与职责都是经过程序制定的，大学使命有着自上而下的约束性，大学职责有着自我的约束性，都具有制度的秩序基础。在制度的扩散机制上，威斯康星大学麦迪逊分校使命是通过州大学系统的政策确定的，具有一定的强制规范性。威斯康星大学麦迪逊分校的职责更多的是自我规范。在逻辑类型上，州立大学使命的执行具有一定的工具性，是州大学系统治理州立大学的手段和工具。而州立大学的职责对州立大学而言更多的是判断适切性，以决定采取何种行为。

第五节 威斯康星州高等教育政策与大学的管理发展

根据新制度主义理论，规范性要素的人工器物包括整合惯例和标准的客体。在本研究中与之相对应的是州高等教育政策、议程或总体规划、认证标准。

一、存在形式：州预算、大学系统政策、州发展议程

威斯康星州州政府对州立大学治理的人工器物的存在形式包括：《威斯康星州 2013—2015 年度执行预算》、《威斯康星大学系统的政策》、《威斯康星州发展议程》、《威斯康星大学系统发展议程》、《威斯康星大学麦迪逊分校 2009—2014 的战略框架》和高等教育委员会《认证标准》。

二、内涵：政策、议程提供了统一治理的制度工具

（一）州政府对州立大学的政策

1. 州政府的预算政策

威斯康星州每两年编制一次州政府执行预算。预算由州长提议，经州议会审查通过后将州立大学的所有款项下拨给威斯康星大学系统。州政府根据以往对大学系统的资金比例和当年的经济发展状况，决定未来两年对州内大

第三章 个案研究1：威斯康星州州政府对州立大学治理的规范性制度分析

学系统的拨款额度。在给予预算拨款的同时，州政府提出对威斯康星州大学系统的办学指标要求。比如，《威斯康星州2013—2015年执行预算》中，在"威斯康星大学系统"部分提出对州立大学的目标要求[①]——保持和提高学位授予的数量，增加招生人数，提高大学一、二年级学生的保持率，提高毕业率。根据访谈发现，"州政府对威斯康星大学麦迪逊分校的拨款仅占学校预算的15%，但是它们却控制着大学。"（WC）因此，州政府的拨款政策对州立大学办学有着较强的影响力。

2. 州政府对大学系统的政策

威斯康星州州政府对于大学系统的物品采购和建筑施工具有硬性的政策要求。"虽然我们（大学系统）自认为不是州政府机构，但是到目前为止，我们一直被州政府当作其机构对待。比如，我们要采购计算机时，采购流程与交通厅的完全一样，尽管我们需要的硬件和软件配置不同，但是我们必须按同样的采购流程找同一家经销商采购。我们建设实训室的流程和政府机构建造监狱的流程也是一样的。我们认为作为教学研究机构，我们在这些领域应该享有灵活性。因此我们近年重点呼吁的理念是充分的灵活性和独立性。"（WG）州政府有权决定大学的收费标准。"随着时间的推移，州政府的拨款在下降，学费在升高。学校总的预算费用持平。在过去的两年中，州长说我会减少给大学的拨款，但是你们不能提高学费。州长在逼大学解雇教职员工。"（WC）通过访谈发现，在执行州政府政策时，州政府对大学系统和政府机关一视同仁。同时州长还会直接干预大学收费等重大政策的调整。

（二）威斯康星大学系统的政策与发展议程

1. 威斯康星大学系统的政策

威斯康星大学系统董事会制定了董事会政策文件（Regent Policy Docu-

[①] Scott Walker. Executive Budget, State of Wisconsin [M]. Madison: Division of Executive Budget and Finance Department of Administration, 2013: 525.

ments)①。政策共包括33部分，内容涉及大学使命、问责/评估、学术政策、环境保护、学生入学等。"系统董事会制定政策时首先考虑政策符合州的法律。州法律比政策的层级更高，也更加广泛。我们制定的政策似乎是指导原则和范围。这里面有一个层级关系。州法律是最广泛的，也是最严格的。犯法必受惩罚。政策范围更窄一些，也更具体一些。政策具有一定的权威性，但是比不上法律。政策之下就是程序和方法了。"（WG）因此，大学系统董事会制定的政策基本上是给各分校提供指导原则和范围，各个分校再据此制定自己具体的执行政策。

2. 威斯康星大学系统的议程

威斯康星大学系统分别于2010年6月和8月制定了《威斯康星大学系统发展议程——面向威斯康星州》（UW System's Growth Agenda for Wisconsin）和《威斯康星州发展议程》（A Growth Agenda for Wisconsin）。"两个议程的核心是一样的，即三大战略：培养更多的毕业生、创造更多的就业机会和建设更强的社区。"（WG）具体说来，大学要为本州培养更多的大学毕业生，创造更多的就业机会，更好地服务社会和当地经济，建设更好的社区。

(三) 州立大学的发展议程

进入21世纪以来，威斯康星大学麦迪逊分校分别制定了2000—2002、2003—2004、2005—2006、2007—2009和2009—2014战略规划。这些规划具有一定的延续性，又能与时俱进不断更新。经过访谈发现，"在制定发展议程或战略框架时，校内各方会审视州议会、当地社区、高中学生、父母等对大学的看法和需求，并把所有这些需求融入到战略框架之中。战略框架不仅反映了州政府和人们会从大学得到什么，而且反映出除了本科教育之外，我们还能提供什么。"（WR）通过《威斯康星大学麦迪逊分校2009—2014的战略框架》内容可以窥见威斯康星大学麦迪逊分校对自身未来的发展预

---

① UW System Board of Regents. Regent Policy Documents [M]. Madison: University of Wisconsin System, February 2013.

第三章 个案研究1：威斯康星州州政府对州立大学治理的规范性制度分析

期和对全州发展的呼应。

1. 威斯康星大学麦迪逊分校的发展愿景

根据威斯康星大学麦迪逊分校的战略框架，威斯康星大学麦迪逊分校的发展愿景是：在21世纪成为州立大学的典范，向全州、全国乃至全世界的民众提供资源，提高其生活质量。威斯康星大学麦迪逊分校将继续作为发现、学习和参与的中心向不同背景的市民开放，以创造一个受人欢迎、有影响的、具有包容性的社区，使当代和未来的人民可以享受满足的、有益的和道德的生活。通过州内以及与世界各国的合作，大学的教师、员工、学生能够发现和解决州内和全世界最紧迫、最复杂的事情。①

2. 威斯康星大学麦迪逊分校的战略目标

根据威斯康星大学麦迪逊分校2009—2014的战略框架，威斯康星大学麦迪逊分校的优先发展目标包括：提供示范性的本科教育；重振威斯康星思想，继续履行公共服务的承诺；在具有优势或潜在优势与影响的学术领域加大投资；招募和保持最佳的教师和学术研究与行政人员队伍，奖励先进；强化多元以保证教育和研究的先进性；尽职尽责地监护好资源。

（四）州立大学认证机构的认证标准

威斯康星州内大学的认证都是由各个分校自己负责。根据区域划分，全州的大学认证都是由美国中北部院校协会（North Central Association of Colleges and Schools）的高等教育委员会（Higher Learning Commission）负责。根据访谈发现，"威斯康星大学系统没有统一组织和协调大学认证工作。每个大学分校的认证都是单独进行。认证的互动发生在大学和认证机构之间。据我所知，大学系统和大学认证机构之间没有合作。但是大学的教务长与大学认证机构之间具有密切的合作关系。"（WG）评估机构对大学的评估每10年进行一次。评估将依据高等教育委员会的五项评估标准进行评估。

---

① Campus Strategic Framework, 2009-2014 [EB/OL]. [2013-07-15]. http://www.chancellor.wisc.edu/strategicplan.

五项标准包括：大学使命（Mission），诚信—符合伦理的负责任的行为（Integrity：Ethical and Responsible Conduct），教学—质量、资源和支持（Teaching and Learning：Quality，Resources and Support），教学—评估与提升（Teaching and Learning：Evaluation and Improvement），资源、规划和大学效能（Resources，Planning and Institutional Effectiveness）。[①]

经过对威斯康星州的州立大学访谈发现，"评估之后，大学分校负责向大学系统董事会、大学系统和州政府汇报。这些汇报不是强制性的，主要目的是为了让大学治理的相关方了解大学办学情况。州政府只是了解大学通过了评估，可以继续办学而已。但是如果没有通过评估，将会影响州政府对大学的预算。"（WR）

通过对威斯康星州州政府对州立大学治理中的人工器物的存在形式与内涵的分析发现：州政府制定的预算和采购政策是通过州议会做出的，大学系统制定的政策文件是通过系统董事会制定的，具有较强的约束性和规范性。大学认证机构的认证标准在高等教育界得到普遍认可，达到认证标准已经成为必然。如果威斯康星州的大学达不到认证标准，在情感上会有耻辱感，也会受到州预算等的约束。大学系统和威斯康星大学麦迪逊分校制定的发展规划表明自身的社会责任和对社会的承诺，对自身具有一定的约束性。

三、特征：人工器物在扩散机制上具有强制规范性

在人工器物方面，州预算对州立大学资金的划拨是由州长到州高等教育治理委员会，再到州立大学层层分配的，充分体现了州级治理的层次性。同时州预算分配按项目和绩效划拨，体现州政策的强制性和规范性。州高等教育治理机构出台的教育政策和发展议程系统、全面，成为州政府治理州立大学的强制性规范。

威斯康星州州政府以预算和规定等规范性制度的人工器物对大学系统进

---

① Higher Learning Commission. Criteria for Accreditation [EB/OL]. (2012-02) [2013-07-16]. http://policy.ncahlc.org/Policies/criteria-for-accreditation.html.

第三章 个案研究1：威斯康星州州政府对州立大学治理的规范性制度分析

行治理，大学系统通过出台政策文件实施对州立大学的治理，这些政策像法规一样都具有实施的强制性。作为治理制度，这些政策明确指出大学系统和州立大学的社会责任，使这些规范性制度有了遵守的基础。这些制度由于是自上而下强制下达的，其期待具有制度秩序的约束性和规范性。大学系统和州立大学制定的发展议程和战略框架呼应了社会的需求，确定了自己的定位，明确了社会责任，具有明确的遵守基础，反映出州政府对州立大学的治理制度在逻辑上具有适当性。大学认证标准是第三方机构从侧面对州立大学治理提供的制度文件，获得认证是大学开门办学的基础，因此该制度具有遵守的自觉性和自我约束性，在扩散上具有规范性，在衡量大学办学水平上具有适当性。虽然州政府和州大学系统没有明确要求州立大学必须参加认证评估，但是威斯康星州所有的州立大学都在参加周期性的大学认证评估。这种认证制度的实施说明州立大学已经把服务社会、加强问责、公开绩效作为自己的社会责任，具有制度的遵守基础。

总之，经研究发现威斯康星州州政府对州立大学治理的规范性制度具有如下特征：符号系统、关系系统、惯例和人工器物的规范性制度体系像一部周密设计的机器，每个"载体"都有系统、全面、清晰的、自上而下、分层治理的制度内涵。这些制度由于大多通过法律和政策的形式强制传递，具有扩散的强制规范性，在秩序基础上对州立大学具有高度的约束性期待。

第四章 个案研究 2：俄亥俄州州政府对州立大学治理的规范性制度分析

根据埃姆斯·麦克基尼斯在 1988 年《州级中等后教育结构》(State Postsecondary Education Structures) 一书中提出的美国州级高等教育治理的功能分类模式，俄亥俄州州政府对州立大学的治理属于协调型治理模式。埃姆斯·麦克基尼斯在 2003 年对美国州级高等教育模式研究后指出，俄亥俄州有一个州级协调委员会负责协调多校园大学、独立成校的大学或学院和所有的社区学院或技术学院。[①] 俄亥俄州的州级协调委员会是俄亥俄州高等教育董事会 (Ohio Board of Regents)，其协调的大学包括三条主线：多校园大学、独立成校的大学和社区学院。本研究主要讨论州政府对州立大学的治理，因此本章主要是分析俄亥俄州州政府对多校园大学和独立成校的大学的协调。

笔者在 2012 年 8 月—2013 年 2 月赴美国俄亥俄州分别对俄亥俄州高等教育董事会内负责外部关系 (External Relations) 的官员（编码为 OG1）、负责学术事务的官员（编码为 OG2）、俄亥俄州立大学 (Ohio State University) 负责政府事务 (Government Affairs) 的校领导（编码为 OR1）、俄亥俄州立大学负责州政府关系的官员（编码为 OR2）进行了访谈。这些

---

① Aims C. McGuiness. Models of Postsecondary Education Coordination and Governance in the States [R]. Denver: ECS, Feb. 2003: 04.

第四章 个案研究 2：俄亥俄州州政府对州立大学治理的规范性制度分析

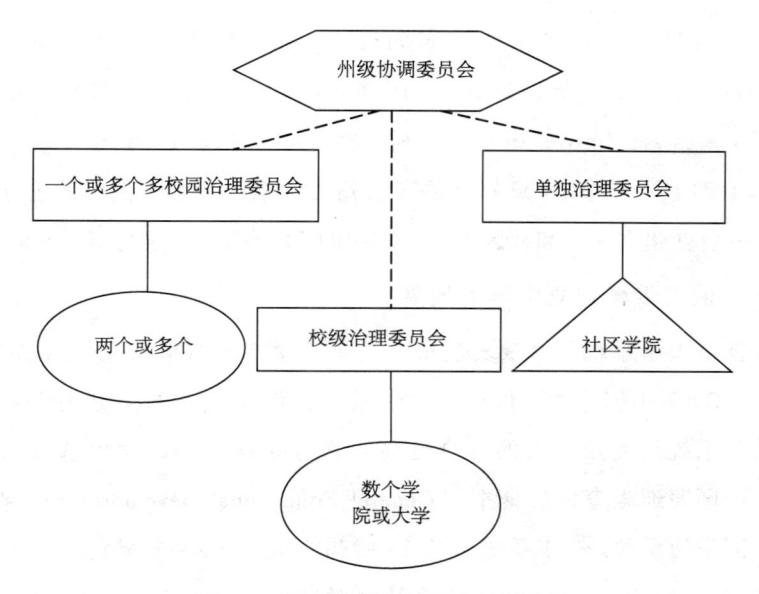

图 4-1 俄亥俄州协调型治理模式图

（资料来源：Aims C. McGuiness. Models of Postsecondary Education Coordination and Governance in the States ［R］. Denver：ECS, Feb. 2003：04.）

访谈对象根据自己的工作经验、管理经验、大学治理研究分别从不同的视角提供了大量的第一手资料和系统以及大学印制的文本资料。希望通过使用新制度主义的分析框架，分析这些第一手的实证资料，得到对于俄亥俄州的协调型治理模式的全面、立体、理性的理解与认知。

第一节 俄亥俄州州立大学发展概况

俄亥俄州位于美国中西部的五大湖地区，人口达 11544225（2012年），[①] 在全美 50 个州中排名第七。俄亥俄州的高等教育由两部分组成。其

[①] Economic Research Service, USDA, Washington, DC. State Fact Sheets：Ohio ［EB/OL］. (2013-03-28) /［2013-08-02］. http://www.ers.usda.gov/data-products/state-fact-sheets/state-data.aspx? StateFIPS = 39&StateName=Ohio.

一是俄亥俄州大学系统（The University System of Ohio），其二是私立大学（Independent Colleges & Universities in Ohio），其中包括非盈利大学（Not-For-Profit Colleges and Universities）111所，盈利大学（For-Profit Colleges and Universities）31所[①]，总计132所。俄亥俄州大学系统是俄亥俄州的公立大学系统，主要包括州立大学和社区学院。其中的14所州立大学是本研究的重点。

一、俄亥俄州州立大学的发展

俄亥俄大学系统是由俄亥俄州时任州长泰德·斯特里克兰（Ted Strickland）于2007年创建的。俄亥俄大学系统是俄亥俄州的公立大学系统。俄亥俄大学系统是美国最大的综合性高等教育系统之一，学生总数约60万，提供从美国普通教育发展证书（General Educational Development）到博士学位的全部学历学位。[②] 该系统包括14所州立大学，24个州立大学的区域性分校区（regional campuses），23个社区学院（community colleges），以及全州120多个成人劳动力教育与培训中心（adult workforce education and training centers）。[③] 俄亥俄州大学系统中的14所州立大学包括：俄亥俄州立大学（Ohio State University）、肯特州立大学（Kent State University）、草地保龄球场州立大学（Bowling Green State University）、中央州立大学（Central State University）、辛辛那提大学（University of Cincinnati）、克里夫兰州立大学（Cleveland State University）、迈阿密大学（Miami University）、俄亥俄大学（Ohio University）、艾克朗大学（University of Akron）、托雷多大学（University of Toledo）、莱特州立大学（Wright State University）、杨斯镇州立大学（Youngstown State University）、湘尼州立大学（Shawnee State University）和俄亥俄东北医科大学（Northeast Ohio Medical University）。2011年俄亥俄

---

① Independent colleges and universities [EB/OL]. [2013-08-2]. https://www.ohiohighered.org/board-of-regents/university-system-of-ohio/independent-colleges-and-universities.

② John R. Kasich. Reforms Book [M]. Columbus: Office of Budget and Management, Ohio, February 8, 2013: 54.

③ Board of Regents. Sixth Report on the Condition of Higher Education in Ohio [M]. Columbus: Board of Regents, University System of Ohio, June 26, 2013: 74-76.

第四章 个案研究2：俄亥俄州州政府对州立大学治理的规范性制度分析

州所有四年制州立大学的招生总数达到339757人①。在这些州立大学中，俄亥俄州立大学、艾克朗大学、草地保龄球州立大学、辛辛那提大学、肯特州立大学、迈阿密大学、俄亥俄大学和莱特州立大学分别设有1到7个分校园，其余6所州立大学为单独设置的大学，没有分校区。

在俄亥俄州所有的州立大学中，俄亥俄州立大学（The Ohio State University）独树一帜，是俄亥俄州的一所公立研究型大学。该大学成立于1870年，最早被称作俄亥俄农业和机械学院（Ohio Agricultural and Mechanical College），是一所赠地大学。1878年时任州长将该大学更名为俄亥俄州立大学。2007年，该大学被官方指定为全州俄亥俄大学系统中州立大学的旗舰大学②，跻身成为美国公立常春藤大学（America's Public Ivy Universities）③，现已发展为全美学生人数最多的第四大高校④。除了设在州府哥伦布的主校区外，俄亥俄州立大学还在立马（Lima）、曼斯菲尔德（Mansfield）、马里恩（Marion）、纽瓦克（Newark）和沃斯特（Wooster）设立了分校区，全校在校生人数达到63058人⑤。

二、俄亥俄州州立大学的治理

埃姆斯·麦克基尼斯2003年对美国各州高等教育治理模式的研究认为俄亥俄州的高等教育是由一个州级协调委员会——俄亥俄州高等教育董事会统一协调治理的。州高等教育执行官协会（State Higher Education Executive

---

① Ohio Board of Regents. Total Headcount Enrollment by Institution and by Campus [R]. Columbus: Ohio Board of Regents, 2012: 2.
② Staff. More coherence for higher education. The Cincinnati Enquirer [EB/OL]. (2007-08-03) [2013-08-03]. http://news.cincinnati.com/apps/pbcs.dll/article?AID=/20070804/EDIT01/708040332/1090.
③ Valdez, Linn. Public Ivy List. Ivy League Online [EB/OL]. [2013-08-03]. http://www.ivy-league-online.com/public-ivy-league/public-ivy-list/.
④ 10 Universities With the Most Undergraduate Students. U.S. News & World Report [EB/OL]. (2011-11-11) / [2013-08-03]. http://www.usnews.com/education/best-colleges/the-short-list-college/articles/2012/11/06/10-universities-with-most-undergrad-students.
⑤ Statistical Summary. The Ohio State University [EB/OL]. (2012-autumn) [2013-08-03]. http://www.osu.edu/osutoday/stuinfo.php#enroll.

Officers，SHEEO）官方网站，在其成员列表中仍然将俄亥俄高等教育董事会列为其成员单位，但实际上该董事会的作用已经名存实亡。俄亥俄州在2007年修改了州法律，此后俄亥俄州的州立大学外部治理结构发生了重大变化。

（一）俄亥俄州高等教育治理架构

根据对俄亥俄州高等教育董事会对外关系官员的访谈发现，"这个模式架构图（图4-1）并非100%正确，因为现在不存在州级协调机构。2007年之前俄亥俄州高等教育董事会对州立大学具有法定的协调职能。从2007年开始，州长直接任命州高等教育董事会的主席。董事会主席成为州长内阁成员。现在的董事会没有任何协调职能，所有的协调职能都转移到董事会主席身上，该董事会变成了董事会主席的咨询机构和支持机构，而非政府的支持机构。董事会主席变成州高等教育董事会的首席运营官（Chief Operating Officer）。主席授权给州高等教育董事会开展部分协调工作。州高等教育董事会下设几个运营部门，如技术部、高等教育学术部、劳力部和社区学院部等。部门职员成为董事会主席的雇员，为其工作。州高等教育董事会实际上已变成与交通部、商务部、就业与家庭服务部一样的内阁机构。"（OG1）根据在俄亥俄州的访谈和文献研究发现，俄亥俄州已经建立起新型的州级高等教育治理关系结构图（见图4-2）。

由上图可以看出，俄亥俄州的州长作为全州的最高行政长官可以组织和协调州议会、州高等教育董事会主席、州高等教育董事会、俄亥俄州州立大学校际教育协会（Inter-university Council of Ohio）和14所州立大学的大学董事会及大学校长等组织，开展全州高等教育的规范和发展。州议会作为州政府的一部分，负责立法确定州高等教育董事会、州高等教育董事会主席和各州立大学的使命，对州立大学的运营与发展绩效进行问责，就州立大学的预算等事务与俄亥俄州州立大学校际教育协会开展沟通。州高等教育董事会主席依据法律代表州政府协调全州高等教育的政策与发展，可自行或通过州高等教育董事会与各州立大学直接沟通和协调。俄亥俄州高等教育董事会没

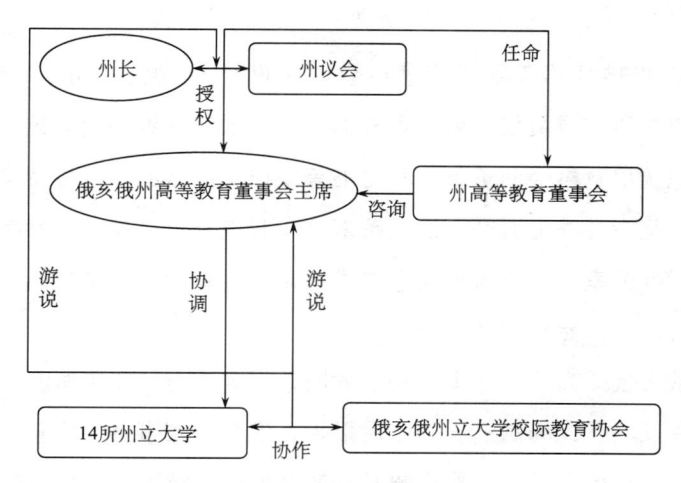

第四章 个案研究 2：俄亥俄州州政府对州立大学治理的规范性制度分析

图 4-2 俄亥俄州州级高等教育治理关系结构图

有实际的协调权，受董事会主席委托负责与州政府和各州立大学开展沟通，没有实际的决策权。俄亥俄州州立大学校际教育协会属于各州立大学自发组织的民间机构，代表各州立大学游说政府、州高等教育董事会主席和州高等教育董事会，并代表各大学对公众开展宣传。

（二）俄亥俄州高等教育董事会

俄亥俄州高等教育董事会（The Ohio Board of Regents）由州众议院创立于 1963 年，其职能随着时间和政治环境的变化发生了改变，已经由原来的高等教育协调机构变成州高等教育董事会主席的咨询机构。

根据俄亥俄州法令修订版之第 3333 章"俄亥俄州高等教育董事会（Ohio Board Of Regents）"[①] 中第 1 条之规定，俄亥俄州高等教育董事会是州长任命的俄亥俄州高等教育董事会主席的咨询委员会（Advisory Board）。俄亥俄州高等教育董事会由 9 位董事组成。这 9 位董事须由州长任命并经州参议院同意方可任职。州参议院和众议院教育委员会主席是州高等教育董事会的当

---

① Chapter 3333: Ohio Board Of Regents [EB/OL]. (2007-05-15) [2013-07-15]. http://codes.ohio.gov/orc/3333.

然董事。

根据第 3333 章第 2 条 "董事会会议和职责"① 规定：俄亥俄州高等教育董事会应在所有成员任命到位后根据州长要求召开第一次会议。第一次会议应该组织选出董事会的负责人和秘书等职位，以后的会议按董事会规定的标准召开，至少每季度召开一次。董事会应制定行为标准、选举条件并在哥伦布市设置办公室。每位董事应宣誓维护州宪法和法律的尊严，诚实、忠诚和公正履行职责，然后方能就职。

根据俄亥俄州高等教育董事会官方网站，董事会的职责包括：就俄亥俄州高等教育发展状况编制独立的年度报告，发布对董事会主席年度工作绩效的审查报告。董事会还就影响全州高等教育发展的重要问题向董事会主席提出建议。②

州高等教育董事会根据州法令建立了自身的 "运行标准"（Operating Standards）③，其中包括董事会的组织、会议安排、会议程序、会议纪要、委员会制度、报告制度、薪酬与费用、制度修订。

由上述法令内容可以看出，法令对俄亥俄州高等教育董事会的定位不再是全州高等教育的协调机构，而是州高等教育董事会主席的咨询机构和支持机构，其召开会议、开展工作、履行职责主要是为其董事会主席服务。

（三）俄亥俄州高等教育董事会主席

根据俄亥俄州法令第 3333 章第 3 条规定，"州长任命州高等教育董事会主席（Governor to appoint chancellor of board）"④，经参议院建议和同意，州长

---

① 3333.02 Board meetings and duties [EB/OL]. (2007-05-15)[2013-08-02]. http://codes.ohio.gov/orc/3333.

② About the Ohio Board of Regents [EB/OL]. [2013-07-25]. https://www.ohiohighered.org/board.

③ Operating Standards. Ohio Board of Regents [EB/OL]. [2013-07-25]. https://www.ohiohighered.org/board-of-regents/about/operating-standards

④ 3333.03 Governor to appoint chancellor of board [EB/OL]. (2007-05-15)[2013-07-22]. http://codes.ohio.gov/orc/3333.

第四章 个案研究2：俄亥俄州州政府对州立大学治理的规范性制度分析

任命州高等教育董事会主席。董事会主席听从州长指挥。除了法律确定的董事会主席的职责之外，州长有权确定董事会主席的职责。董事会主席的薪酬也是由州长确定。董事会主席应该是州长的内阁成员，任期与任命他的州长任期相同。

董事会主席负责任命专业人士、管理人员、秘书和办公人员以协助其开展工作。这些协助人员的薪酬由董事会主席确定，并听从其指挥。

根据俄亥俄州州法令3333.04"董事会主席—权力与职责（Chancellor-powers and duties）"①，俄亥俄州高等教育董事会主席应该研究州高等教育政策，制定全州高等教育发展总体规划；每年向州长和州众议院汇报研究成果和全州高等教育总体规划；审批州立大学分校或学术中心的设立申请；审批州技术学院的办学申请；就州立大学开设和撤销专业提出建议；向州长和众议院提交政府投资的高等教育基本建设规划；审查州立大学的拨款；审批大学的学位申请；向州长和众议院提交学生资助建议；制定学生资助项目的规划并承担相应的管理责任；监督公立大学的招生；制定州高等教育董事会咨询的规则；上交年度报告，汇报学区大学毕业生数据等相关信息。

由上述州法令的内容可以看出，州高等教育董事会主席不是由董事会成员选出的，而是由州长任命产生的，因此他的直接上司就是州长。从其职责内容看，他掌握全州高等教育协调的实权，州高等教育董事会不过是其支持机构和咨询机构而已。

（四）俄亥俄州州立大学校际教育协会

俄亥俄州州立大学校际教育协会（The Inter-University Council of Ohio，IUC）作为俄亥俄州州立大学的自愿教育协会成立于1939年。现在协会已成为俄亥俄州14所州立大学的代表。这些州立大学提供副学士学位、学士

---

① 3333.04：Chancellor-powers and duties［EB/OL］.（2008-06-24）［2013-07-25］. http://codes.ohio.gov/orc/3333.

学位、研究生和专业学位等系列广泛的专业教学。此协会的目的是促进州立大学的共同利益，解决共同问题，协助保持和促进公立高等教育的质量。协会也代表各会员大学开展公共关系、研究和政府联络等工作。[①]

协会的主要目标是维持大学联盟，以建立促进创意开发和问题解决的轻松论坛，促进大学校长和校内高级官员相互之间的关系与信任建设，使各州立大学通过协作与合作取得单个大学不可能取得的成就。

为便于开展专项业务，协会下设9个委员会：校长委员会（Presidents）、商务与财务官员委员会（Business and Finance Officers）、大学法律顾问委员会（Campus Legal Counsel）、首席信息官员委员会（Chief Information Officers）、人力资源委员会（Human Resources）、政府关系代表委员会（Government Relations Representatives）、教务长委员会（Provosts）、学生事务委员会（Student Affairs）、媒体关系委员会（Media Relations）。[②]

"俄亥俄州州立大学校际教育协会与州高等教育董事会是一种合作关系。他们是各州立大学的代表和说客。它们不能制定政策，也没有审批权限。他们在拨款这样的重大问题上和共同感兴趣的问题上合作。协会会设法影响州高等教育董事会、州长和立法机构以得到更多资金。它们也通过报纸、社论等影响公众舆论。它们也会利用大学校长向公众传递信息，施加影响。他们经常与州高等教育董事会沟通，特别是制定政策的前期，双方开展对话，消除对政策的疑虑。双方紧密合作。"（OG2）通过访谈内容可以看出，校际教育协会在州政府与州立大学的沟通中发挥着重要作用，是州政府对州立大学治理的重要媒介和手段。

---

① Mission Statement. IUC [EB/OL]. [2013-07-26]. http://www.iuc-ohio.org/about/mission-statement.

② Committee Lists. Inter-uniersity Council of Ohio [EB/OL]. [2013-08-03]. http://www.iuc-ohio.org/commities-list.

第四章　个案研究 2：俄亥俄州州政府对州立大学治理的规范性制度分析

第二节　俄亥俄州州政府对大学治理的基础和机制

一、存在形式：州预算、发展规划

俄亥俄州州政府对州立大学治理的符号系统"价值观"的存在形式包括：州长的年度《州情咨文》、《俄亥俄州 2014—2015 财政年度执行预算》、《高等教育战略规划 2008—2017》、《俄亥俄州大学学业完成计划》、州立大学校际教育协会的《优先发展策略和立场声明》。其符号系统"期待"的存在形式包括：《俄亥俄州 2014—2015 财政年度执行预算》、《高等教育战略规划 2008—2017》、《俄亥俄州大学学业完成计划》。

二、内涵：高等教育是全州发展的重要资源，期待加强问责，提高效率和质量

（一）俄亥俄州高等教育的价值观

俄亥俄州的高等教育由两大部分组成。其中的俄亥俄州大学系统在全州的高等教育发展中具有重要地位。俄亥俄州州长及其内阁机构——俄亥俄州高等教育董事会对高等教育的价值观就代表了州政府和广大民众对高等教育的价值观。俄亥俄州州立大学校际教育协会作为全州州立大学的代表，其所提出的优先发展策略是对全州对高等教育发展期望的回应，可以反映出州高等教育的价值观。俄亥俄州立大学作为全州的旗舰大学，其价值观也在一定程度上反映出俄亥俄州的高等教育价值观。

1. 俄亥俄州州政府的高等教育价值观

通过访谈和文献研究，没有发现俄亥俄州州政府明文规定的或清晰表达的州政府对高等教育的价值观。州长是俄亥俄州的行政首长，其言行和出台的政策文件可以反映出其对高等教育的价值观。俄亥俄州高等教育董事会主席是州长对高等教育宏观政策的执行者和全州高等教育的协调者，其组织出台的文件、报告也可以反映出州政府对高等教育的价值观。

俄亥俄州州长约翰·凯西奇在2013年2月州情咨文讲话中认为州高等教育系统是全州经济发展最重要的资源之一。全州必须将创造就业的努力融入学术环境和学术专业中。充分融合将会使年轻人寻求到一条成功的生涯发展之路，引导他们享受更好的生活，拥有更加稳固的家庭。① 根据俄亥俄州州长在2013年2月4日提出的《俄亥俄州2014—2015年度行政预算》改革篇的"改革高等教育（Transforming Higher Education）"部分②，州长与37所公立高校校长充分协作，开创性地提出高校预算拨款改革政策，使俄亥俄州在基于绩效的高校预算拨款改革方面占据全美国的领先地位。改革篇认为高等教育在俄亥俄州的经济复苏中具有决定性作用。州长在文中呼吁高校校长积极协作，激励学生完成学业，提升学生成功机会，并要求高校对学生的学习成果负责。俄亥俄州州立大学改革的最显著变化是拨款计算公式的变化。在2014—2015双年度预算中，50%的高校预算给到完成学位人数。

俄亥俄州高等教育董事会在2008年3月提出的《高等教育战略规划2008—2017》报告中列出了俄亥俄州大学系统的愿景："致力于提供最高质量标准的高等教育，提高俄亥俄在全国和全世界的竞争力，提高俄亥俄人民的生活水平。"③ 报告还指出：俄亥俄州要发展和繁荣，必须提高全体居民的教育水平。规划的出台就是要提升俄亥俄州的教育水平，缩小俄亥俄与国内外竞争对手的差距。为实现规划目标，董事会提出三大方向④：培养更多毕业生，将更多大学毕业生留在俄亥俄州，吸引更多来自本州之外拥有学位的人士。

---

① Ohio Governor Kasich Emphasizes Higher Education in State Address [EB/OL]. (2013-02-20) [2013-08-01]. http://www.wsaz.com/home/headlines/Ohio-Gov-Kasich-Emphasizes-Higher-Education-in-State-Address-191939151.html.

② John R. Kasich Reforms Book [M]. Columbus: Office of Budget and Management, Ohio, February 8, 2013: 54-61.

③ Board of Regents. Strategic Plan for Higher Education 2008-2017 [R]. Columbus: University System of Ohio, 2008: 20.

④ Board of Regents. Strategic Plan for Higher Education 2008-2017 [R]. Columbus: University System of Ohio, 2008: 5.

第四章 个案研究 2：俄亥俄州州政府对州立大学治理的规范性制度分析

俄亥俄州高等教育董事会主席及其董事会在其制定的《俄亥俄州大学学业完成计划》（Complete College Ohio）报告中认为："高水平的教育成果会给个人和社会带来持续的经济和非经济的效益。"[①] 报告呼吁州立大学充分利用资源，培养学生，使学生得到重要的文凭和学位，为全州提供技能娴熟的劳动力，以便吸引和保持商业机构，促进全州发展。

通过分析以上州长的州情咨文讲话、双年度预算政策改革篇和州高等教育董事会的规划文件，可以发现俄亥俄州政府对高等教育的价值观：

（1）高等教育是全州经济发展的重要资源，对其发展具有决定性作用。

（2）高质量的高等教育可以提升人口素质，提高生活水平。

（3）高等教育的绩效是培养高质量毕业生的重要表征，州立大学应加强问责。

（4）高等教育机构之间以及与州政府的协作可以提升高等教育的政策水平和水准。

2. 俄亥俄州州立大学校际教育协会的价值观

俄亥俄州州立大学校际教育协会作为全州 14 所州立大学的代表，提出了协会的《优先发展策略和立场声明》（IUC Priorities and Positions）[②]，其中包括八个方面：入学准备、财务资助、成功毕业、大学协作、高等教育质量、高等教育问责、灵活的学费定价、单一或多个承包商采购办法。这些内容表明了州立大学校际教育协会的立场。经过内容分析，可以凝练出全州州立大学对高等教育的价值观：

（1）高等教育机构应辨识和寻求最佳策略，以保证大学生完成学业。

（2）高等教育机构应采取多种途径保证高等教育质量。

（3）高等教育问责可以监督绩效，提高办学效率和成果。

---

① Board of Regents. Complete College Ohio [R]. Columbus：University System of Ohio, 2012.02：05.

② IUC Position Statement [EB/OL]. [2013-05-15]. http://www.iuc-ohio.org/public-policy/iuc-policy-priorities-and-positions.

3. 俄亥俄州立大学的价值观

俄亥俄州立大学作为俄亥俄州州立大学的典型代表，其价值观在一定程度代表了所有俄亥俄州州立大学的价值观。美国大部分大学的价值观都是隐性的，很少用书面的方式公布于众，大部分通过校长讲话、大学使命或者大学的愿景委婉地表述出来。俄亥俄州立大学的高等教育价值观却是显性的，其教务长在《俄亥俄州立大学战略规划》中提出了俄亥俄州立大学对高等教育的价值观[①]："追求优秀，整个大学通力合作，坚持诚实守信，倡导自我问责，实现人员与思想的多样性，坚持改革创新，简化服务流程，倡导开放与信任。"

俄亥俄州立大学的价值观是从大学的层面，从自我实现、自我指导、自我约束的角度提出的具有可操作性的高等教育价值观。

（二）俄亥俄州州政府对州立大学的期待

俄亥俄州州政府对州立大学的期待表达方式具有多样性。除了州长、州议会、州高等教育董事会主席与俄亥俄州州立大学校际教育协会和各州立大学董事会和校长的直接沟通之外，州政府充分利用州预算、战略规划和年度报告建立了一种多方参与的、稳定的机制，使得州政府对大学的期待能够有效地传播出去并得到积极的实施。

俄亥俄州州长在2013年2月提出的《俄亥俄州2014—2015财政年度行政预算》的"改革篇"中将原来的拨款公式由原来的基于77.9%在校学生人数转变为基于50%学位完成人数[②]，实际上传达出对高等教育机构的一种期待——要注重绩效，提升质量，保证更多的毕业生完成学业。报告中还以数字敦促州立大学提高毕业率和学位获取率，以满足社会对劳动力的需求。在本次预算出台之前，州长召集全州14所州立大学校长成立"高等教育拨

[①] Joseph A. Alutto. A Strategic Plan for the Ohio State University [R]. Columbus: Ohio State University, 2012: 2.

[②] John R. Kasich. Reforms Book [M]. Columbus: Office of Budget and Management, Ohio, 2013: 58-60.

第四章 个案研究 2：俄亥俄州州政府对州立大学治理的规范性制度分析

款委员会"（Higher Education Funding Commission），要求修改拨款计算公式并就本次改革提出了七项指导原则[①]——激励大学提高毕业率，为社会提供更多劳动力；利用现有优势提升俄亥俄州的竞争优势；强化能力，响应全州日益增长的劳动力发展需求；提高俄亥俄州进大学深造的高中毕业生比率；吸引州内外最聪明的学生到俄亥俄州学习和工作；鼓励大学吸引和培养非传统学生（non-traditional students）和边缘学生（at-risk students）；保证学生及其家庭能够负担得起大学学费。这些指导原则是对州长提出的改革和期望做出的呼应，从另一侧面反映了州政府对高等教育的期望。

此外，州高等教育董事会提出的俄亥俄州《高等教育战略规划 2008—2017》以及《俄亥俄州大学学业完成计划》报告都对全州和州立大学提出期望和建议，提出了 2017 年颁发学位数量达到 10 万，毕业后三年内在州内生活毕业生比率达到 70%，22 到 64 岁的持有学位的人才增加 1 万名[②]，并就州立大学与基础教育的对接和社会合作提出了期望。此外，俄亥俄州高等教育董事会依据州法令每年向州政府提交的《年度报告》（Annual Report on the Condition of Higher Education in the Ohio）中也向各个州立大学传达出全州高等教育的优先发展策略和建议。这些发展策略和建议也是期待的另一种表现形式。比如，2013 年的年度报告中提出五组优先发展策略[③]：培养商业化能力（Building Capacity for Commercialization），创造企业化或创新型生态系统（Creating an Entrepreneurial/Innovative Ecosystem），形成企业化的文化（Fostering a Culture of Entrepreneurship），开发具有全球竞争力的人力资源（Developing a Globally Competitive Workforce），采用内涵指标评价绩效（Measuring Success Through Meaningful Metrics）。

[①] Ohio Higher Education Funding Commission. Recommandation of Ohio Higher Education Funding Commission [R] Columbus：Ohio Higher Education Funding Commission，2012：5.

[②] Ohio Board of Regents. Strategic Plan for Higher Education 2008-2017 [R]. Columbus：Ohio Board of Regents，2008：19.

[③] Ohio Board of Regents. 2013 Sixth Report on the Condition of Higher Education In Ohio [R]. Columbus：Ohio Board of Regents，2013：3-4.

三、特征：符号系统在秩序基础上表现出强烈的约束性期待

在俄亥俄州州政府对州立大学治理的规范性制度的符号系统中，州政府的高等教育价值观的表述具有层次性，表现方式具有多样性。州长和州高等教育董事会主席，通过预算和规划等形式分层传递价值观，对全州州立大学的发展具有导向性和期待的约束性。州立大学的价值观被纳入到大学战略中，明确、具体，与州政府的价值观形成呼应。俄亥俄州州政府对高等教育的价值观和州立大学对高等教育的价值观具有一定的统一性和一致性，只是表达的层次不一样，州政府对高等教育的价值观比较宏观，而俄亥俄州州立大学校际教育协会和俄亥俄州立大学对高等教育的价值观比较微观，更具可操作性，但其实内涵和方向具有很大的重叠性。双方价值观的趋同说明州政府的高等教育价值观对州立大学办学的导向作用在发挥作用，使得州立大学在办学中将州政府的高等教育价值观和自身的价值观融合成自身的社会责任，加固了州高等教育价值观作为规范制度的遵守基础；州政府高等教育价值观通过《州情咨文》和《州年度执行预算》传递和表达，在制度的扩散上具有公开性和规范性。由于采用绩效拨款的形式带有经济刺激，会关系到各个州立大学获取预算的份额，因此州政府价值观对州立大学形成强烈的约束性期待，强化了制度的秩序基础。由于州立大学与州政府和州高等教育董事会的价值观具有趋同性，由此州立大学的行为会表现出逻辑上的适当性。

州政府及其州高等教育协调机构采用州预算、州高等教育发展规划和年度报告形式向州立大学提出期望，特别是州预算与州立大学的拨款相关联，这些制度具有强烈的约束性期待。为了获得经费和自身利益，州立大学出于权益性考虑会遵守州政府的期待。州政府通过预算表达期待，具有强制规范性，通过州高等教育董事会的发展规划表达期待，具有规范性和导向性，在逻辑上这些期待制度既具有工具性，又具有规范性。此外，州政府充分发挥协调职能，组织州立大学校长成立高等教育拨款委员会，确定高等教育改革的策略和措施。这种期待增强了州立大学的社会责任感，对州立大学形成自

我约束，在制度扩散上具有自发性和规范性，增加了制度遵守的实效性，也增加了政府期待的适当性。

第三节 俄亥俄州高等教育的治理结构

一、存在形式：州法令、组织架构图

俄亥俄州州政府对州立大学治理的关系系统的存在形式包括：俄亥俄州州法令第3333章、俄亥俄州高等教育董事会主席管理结构图（附录18）、俄亥俄州立大学政府关系组织架构图（附录19）。

二、内涵：个人集权化的协调机制形成自上而下的强势规范

（一）俄亥俄州高等教育董事会的治理架构

根据俄亥俄州州法令第3333章，俄亥俄州高等教育董事会包含两层含义。其一是由州长任命的9位董事组成的董事会，其二是州高等教育董事会主席及其聘用人员组成的行政机构。

1. 俄亥俄州高等教育董事会的治理架构

"根据俄亥俄州州法令，俄亥俄州高等教育董事会主席是俄亥俄州四年制大学和两年制学院的最高协调者。"（OG1）根据州法令3333.01，俄亥俄州高等教育董事会只是州长任命的州高等教育董事会主席（Chancellor）的咨询委员会，因此董事会的董事们需要听命于董事会主席，其职责和权限很小，因此其下面没有下设的委员会或职能部门。俄亥俄州高等教育董事会目前的治理架构中共包括11人，其中8人是由州长任命的，另外3人包括州高等教育董事会主席和州参众两院教育委员会的两名当然官员成员。除了董事会主席之外，还设有一位会议主席（Chair）、一位会议副主席（Vice Chair）和一位秘书。[1]

---

[1] About Ohio Board of Regents [EB/OL]. [2013-07-25]. https://www.ohiohighered.org/board.

2. 俄亥俄州高等教育董事会主席及其行政机构

经文献研究发现俄亥俄州原高等教育董事会主席及俄亥俄大学系统行政办公机构的组织架构图（附录18）。由架构图可以看到董事会主席下设的行政机构部门齐全，人员众多。俄亥俄州高等教育董事会主席的行政机构划分为11个职能部门[①]：校园安全与安保（Campus Safety & Security）、基础建设规划（Capital Planning）、大学入学信息热线（College Access Information Hotline）、宣传（Communications）、学分转换（Credit Transfer）、数据管理（Data Management）、财务资助（Financial Aid）、人力资源（Human Resources）、信息技术（Information Technology）、专业与办学审批（Program Approval/Institutional Authorization）、州资助和奖学金（State Grants & Scholarships）。俄亥俄州高等教育董事会主席管理的俄亥俄大学系统行政机构共有行政人员75人[②]。"董事会主席指挥整个行政机关，我们受其雇佣，按其安排和要求开展相关工作。他划分部门，确定职责范围。我们只是执行政策，实现愿景。"（OG1）在董事会主席的行政机关工作的主要利益相关人包括"大学校长，其实涉及高等教育的各个方面的人都有。有些人员与大学教师打交道，还有人与幼儿园和基础教育打交道，以便于高等教育与基础教育实现无缝对接。在基础教育上，我们主要与俄亥俄教育厅（The Department of Education）打交道。"（OG1）"此外，董事会也管理私立大学。"（OG2）

（二）州立大学政府关系部门的组织架构

本研究以俄亥俄州立大学为例，研究其政府关系业务的组织架构。俄亥俄州立大学有专设的政府事务办公室（Office of Government Affairs）。"政府事务办公室是专职负责学校对政府事务的部门。政府事务部门与财务处等部门的主要职责都是获取资源。我们是学校的支持部门。"（OR1）从其官方

[①] Key contacts, Ohio Board of Regents [EB/OL]. [2013-08-01]. https://www.ohiohighered.org/contact-us.

[②] Staff Directory [EB/OL]. [2013-05-16]. https://www.ohiohighered.org/staff.

第四章 个案研究 2：俄亥俄州州政府对州立大学治理的规范性制度分析

网站（http://govrelations.osu.edu/）可以看出，该办公室有三条业务主线：联邦政府关系（Federal Relations）、州政府关系（State Relations）和地方政府关系（Local Relations）。俄亥俄州立大学政府事务官员认为"在三条业务主线中，州政府关系最重要。"（OR1）"州政府能够直接参与大学的日常运作。州政府的拨款直接进入大学预算，方便使用。而联邦政府的经费是与研究项目或者学生资助有关，有些需要竞争才能得到。"（OR2）该办公室具有明确的组织架构图（附录19）。办公室主任由高级副校长和校长顾问担当，下设一名副校长协助管理联邦和日常事务。在组织架构图中，有三人主司州政府关系，两人主司联邦政府关系，有一人负责地方政府关系。除此之外，还有11名来自全校不同职能部门和教学与研究单位的人员作为政府事务的机动支持人员。俄亥俄州立大学的政府关系部门具有明确的定位，部门领导级别和层次较高，业务主线清晰，人员分工明确，而且准备了充足的后备人员协助开展工作，在组织准备上具有有效开展州政府关系业务的能力。

（三）学术权威系统

俄亥俄州高等教育董事会主席及其行政机构作为俄亥俄州的高等教育协调机构，参加不同的学会，以了解全国高等教育的发展状况。"我们确实参加州高等教育执行官协会（State Higher Education Executive Officers, SHEEO）。这类组织代表我们和我们的同行。州高等教育执行官协会会组织政策讨论，像全国有哪些好的高等教育政策在实施。那是一个学术型组织，是个可以取经的地方。我们还参加另一个组织'美国完成大学学业'（Complete College America, CCA）。有30多个州参加了这个组织。他们设计了很好的网站，上面会讨论在全国提高毕业率的策略和政策。他们向会员提供很多数据资料。他们分析数据并定期出版报告。"（OG2）"我们提出的完成学业计划中很多观点都源于我们参加这个组织和与它的联系。"（OG1）

俄亥俄州立大学积极参加美国大学学会（AAU）、美国公立及赠地大学协会（APLU）、全美州立大学和赠地学院协会（NASULGC）、美国十大高校联盟（Big Ten）和学院合作委员会（CIC）。"美国十大高校联盟是一个真正的体育会议联盟，组织来自不同大学的教务长召开会议，也组织政府关系官员召开会议，相互交换信息，取长补短。学院合作委员会包括十大联盟高校和芝加哥大学。它实际上是教务长引导的学术合作机构。教务长、IT人士和学生事务管理人员分别召开会议，他们有着很广泛的互动。"（OR1）"我们从美国公立及赠地大学协会和十大高校联盟得到很多信息。美国公立及赠地大学协会可以协调并提出各州使用的政策提案，但是其政策是全国性的。"（OR1）从访谈内容分析，这些学术机构为州立大学的外部治理提供了信息、经验和政策发展的新视角，有助于州立大学借他山之石在本州开展有益的尝试和探索。

（四）州政府与州立大学的互动路径

州政府有自身对高等教育的价值观和期望，各州立大学都有自己的使命、价值观和特点，双方的互动方式决定了俄亥俄州大学系统治理的效率和效能，对于全州高等教育、经济和社会的发展具有重要的作用。

1. 州长任命州立大学董事执行州政府的决策

州长任命高素质的董事到各大学董事会任职，领导各州立大学。这些董事将会忠实执行州政府确定的发展规划，包括提供高质量和负担得起的高等教育，建设卓越中心（Centers of Excellence）[1]。州长任命董事到各个州立大学任职可以确保州立大学与州的发展目标保持一致，也能因地制宜地在大学层面开展工作，以最好的方式实现这些目标。

2. 州长组建高等教育拨款委员会与校长直接沟通

2012年秋季俄亥俄州州长召集各州立大学校长和州高等教育董事会开会，组建"高等教育拨款委员会"。州长要求各州立大学校长不能简单地将州政府拨款当作政府资助，而是当作战略资源来使用。[2] 经过通力合作，高

---

[1] Board of Regents. Strategic Plan for Higher Education 2008-2017 [R]. Columbus：University System of Ohio, 2008：28.

[2] John R. Kasich. Reforms Book [M]. Columbus：Office of Budget and Management, Ohio, 2013：57.

等教育拨款委员会提出了基于绩效的拨款改革,得到州长的大力支持,并被纳入到 2014—2015 州政府财政预算中。

3. 州高等教育董事会主席上传下达

俄亥俄州高等教育董事会主席依据州法令行使全州高等教育的协调职能。"董事会主席受州长聘任,听从州长指挥,负责传达和推动实施州长对高等教育的愿景。"(OG1)董事会主席在州高等教育董事会、州教育厅、州立大学校际教育协会、高等教育拨款委员会和各州立大学就高等教育的发展议题讨论沟通后,会将结果汇报给州长,听取州长的意见。

4. 俄亥俄州州立大学校际教育协会游说州政府

俄亥俄州州立大学校际教育协会是全州 14 所州立大学的代表。"当俄亥俄州高等教育董事会主席提出一些新的设想和建议时,他会首先与校际教育协会的会长沟通。协会会长则会召集各州立大学校长,告诉他们董事会主席的意见。经过商议后,会长代表各州立大学把意见反馈给董事会主席。协会实际上变成了各州立大学与州高等教育董事会沟通的桥梁。对立法机构,协会也是我们的代表。所以在俄亥俄州有重大事件时,我们(州立大学)去做听证,我们自己可以去游说。协会可以代表所有的州立大学去游说州政府和立法机构。"(OR1)

5. 州立大学直接游说州政府官员和议员

俄亥俄州立大学政府事务部门的官员说"我们(俄亥俄州立大学政府事务办公室)游说所有的州立法人员和行政部门。我们的现任州长很活跃,因此现在与行政部门的沟通要多于传统上与立法机构的沟通。"(OR2)"我们(俄亥俄州立大学)校长也有很多外部沟通责任,需要与议员见面,保持与州长办公室的联系。"(OR1)此外,"我们(俄亥俄州立大学)与州高等教育董事会主席沟通较多。我们与所有的副主席也有沟通。从法律上来讲,主席拥有实权,而州高等教育董事会只是主席的咨询委员会,所以他才是我们真正需要沟通的人。"(OR1)由访谈内容可以看出州立大学校长和政府关系官员通过不同途径游说州政府官员。

6. 州高等教育董事会和州立大学通过年度报告与发展规划沟通信息

根据俄亥俄州州法令3333.032，州高等教育董事会每年向州长提交《年度报告》，说明全州高等教育的发展状况，其中还包括对董事会主席绩效的汇报。这份报告类似于问责报告，将汇总全州所有州立大学的总体发展状况，并补充提出新的优先发展策略。各州立大学经过各大学董事会的审查和批准，出台自己的战略发展规划，呼应州政府的期望和公众的需求，董事会成为州立大学与州政府和社会人士沟通的媒介和手段。除此之外，俄亥俄州立大学等各大学的网站上有专门的州政府关系网页，向州政府和社会民众介绍大学系统和各个大学的相关项目、业绩和进程。

在关系系统中，州政府对州立大学的治理架构在纵向上展现出自上而下的分级治理强势的协调性和约束性，从横向上展现出州立大学和行业协会一定的自治性和相互之间的协作性。俄亥俄州州级高等教育治理机构具有模糊性和隐蔽性，查阅到的美国文献都认为俄亥俄州存在一个州级高等教育协调机构——俄亥俄州高等教育董事会，事实是州长将全州高等教育的协调权授权到州高等教育董事会主席一个人头上。这种治理制度是美国较为少见的一种州级治理机构设计，具有高效性，对州立大学具有较强的约束性，州政府的期望、政策可以得到及时推行。同时这种制度也有其潜在危险性，一是个人的能力和视野具有有限性，二是缺少监管的话会出现独断，会把俄亥俄州的协调型治理模式扭曲，会减弱州级高等教育协调的合法性。州高等教育协调权由州长授权州高等教育董事会主席承担，州高等教育董事会主席聘用的行政机构身份为政府机关，建制较为健全，行政人员配置较全。俄亥俄州立大学设有专门的政府关系部门，建制完善，业务主线清楚，分工明确，思路清晰，州政府关系人员配置齐全，对州政府关系重视程度最高。

学术权威系统对州高等教育董事会主席和州立大学具有技术支持作用，可以提供政策参考和案例经验，有利于强化州立大学的社会责任，其案例和标准对州立大学治理具有一定的规范性和指导性。由于业界的社会信誉和影响力，学术权威系统制度对州立大学形成业界规范。俄亥俄州州政府与州立大学的沟通互动路径丰富，既有自上而下的沟通，也有自下而上的沟通，中间还有州高等教育董事会主席及其行政机构和州立大学校际教育协会两大沟通平台和桥梁，官方与大学，大学与大学互动畅通，信息和政策传达通顺，有利于提升全州高等教育协调的效率和效能。

三、特征：关系系统在秩序基础上表现出强烈的约束性期待

俄亥俄州的关系系统表面上是"协调"系统，实际上具有"治理"系统的特点。这种治理架构赋予州长和州高等教育董事会主席更多的预算权、决策权和协调权力，在秩序基础上更多地表现出结构的强制性和约束性。通过州立大学政府关系部门中州政府关系主线的突出设置可以反映出州立大学对与州政府关系的重视和应对策略。州立大学在遵守这种关系系统的制度时，会淡化州立大学的社会责任，强化州政府及个别官员的权势，更多地会表现出应对策略。俄亥俄州州政府的这种高等教育协调的关系系统是由州政府通过法律确定的，在制度扩散上表现出更多的强制规范性。这种关系系统制度在逻辑上更多地表现出工具性，而不是适切性，其存在的合法性在于州政府的法律强制。

第四节 俄亥俄州高等教育董事会主席和州立大学的使命与角色

在俄亥俄州，传统上州级高等教育治理组织是俄亥俄州高等教育董事会，但是从 2007 年开始该机构的职能已经被授予州高等教育董事会主席，因此本节将分析俄亥俄州高等教育董事会主席的使命、角色与职能。

一、存在形式：州法令、发展规划

俄亥俄州州政府对州立大学治理的惯例的存在形式包括：俄亥俄州州法令第 3333 章"俄亥俄高等教育董事会"、俄亥俄州《高等教育发展规划 2008—2017》、俄亥俄州立大学"愿景、使命、价值观、目标"网页。

二、内涵：州法令为州高等教育董事会主席的协调提供制度保障

（一）俄亥俄州高等教育董事会主席的使命、角色与职能

根据俄亥俄州法令第 3333 章"俄亥俄高等教育董事会"，俄亥俄州高等教育董事会主席不是由董事会选举产生的，而是由州长任命产生的。其职权范围凌驾在董事会之上，是董事会的直接领导，也是整个俄亥俄州大学系统的州级领导。

1. 董事会主席的使命

俄亥俄州高等教育董事会主席被州长任命协调全州高等教育的发展。在俄亥俄州的高等教育中俄亥俄州大学系统占有举足轻重的地位并发挥重要作用，因此从一定程度上讲，俄亥俄州大学系统的愿景和使命也就是俄亥俄州高等教育董事会主席的愿景和使命。

俄亥俄州高等教育董事会在编制的《高等教育发展规划 2008—2017》中提出了俄亥俄州大学系统的愿景（Our Vision）和承诺（Our Promise）。两者融合在一起就构成董事会主席的使命——"致力于提供最高质量标准的高等教育，提高俄亥俄在全国和全世界的竞争力，提高俄亥俄人民的生活水平。锐意改革，持续提高俄亥俄州劳动力的教育水平，并缩小俄亥俄州劳动力的教育水平与国内外的差距。"[1]

2. 董事会主席的角色定位

根据俄亥俄州州法令 3333.03"州长任命州高等教育董事会主席"，经州参议院建议和同意，州长任命州高等教育董事会主席。主席成为州长内阁成员。根据州法令 3333.01，俄亥俄州高等教育董事会是董事会主席的咨询机构。由此，董事会主席成为内阁官员，成为州级高等教育协调的专职官员和全州高等教育的领导者。他以个人的名义行使传统上整个州高等教育董事会的全部协调职能。

---

[1] Board of Regents. Strategic Plan for Higher Education 2008-2017 [R]. Columbus: University System of Ohio, 2008: 20.

第四章 个案研究2：俄亥俄州州政府对州立大学治理的规范性制度分析

3. 董事会主席及其行政机构的职能

俄亥俄州高等教育董事会主席的职责在俄亥俄州法令3333.04"董事会主席—权力与职责"中有明确规定，共有22项①。其行政机构是根据董事会主席的授权开展工作的，因此董事会主席的职责决定其行政机构的职能。

根据州法令，董事会主席的主要职责有：研究州高等教育政策，制定全州高等教育发展总体规划；审批州立大学分校或学术中心的设立申请；审批州技术学院的办学申请；就州立大学开设和撤销专业提出建议；向州长和众议院提交政府投资的高等教育基础建设规划；审查州立大学的拨款；审批大学的学位申请；向州长和众议院提交学生资助建议；制定学生资助项目的规划并承担相应的管理责任等。

（二）州立大学的使命、角色与职能

俄亥俄州各州立大学的大学使命是由各大学自己确定的。现以俄亥俄州立大学为例分析俄亥俄州州立大学的使命、角色和职能。"俄亥俄州立大学学术事务办公室（Office of Academic Affairs）主要负责大学的愿景、使命和价值观等事项。这些内容报送大学董事会审查和批准后对外公布，并作为大学开展各项工作的指导思想。"（OR1）

1. 俄亥俄州立大学的使命

根据俄亥俄州立大学官方网站和大学教务长向大学董事会的汇报报告，俄亥俄州立大学的使命如下："我们（俄亥俄州立大学）通过创造和传播知识提高俄亥俄人民乃至全世界人民的幸福水平。"②

2. 俄亥俄州立大学的角色

俄亥俄州立大学创建于1870年，其前身是俄亥俄农业和机械学院，后

---

① 3333.04 Chancellor-powers and duties [EB/OL]. (2008-06-24) [2013-07-25]. http://codes.ohio.gov/orc/3333.

② Joseph A. Alutto. A Strategic Plan for the Ohio State University [R]. Columbus: Ohio State University, 2012: 1.

于1953年根据州法令3335.01更名为"俄亥俄州立大学"。① 该大学哥伦布主校区是全美最大和最具综合性的大学之一。大学的分校区和服务机构遍布全州,全校共设14个学院,开设175个本科专业,提供240个专业的硕士、博士和专业学位,学生总数55000多人。俄亥俄州立大学是俄亥俄州州立大学的旗舰,排名进入全美20佳州立大学(美国新闻与世界报道2010年"美国最佳大学排名")②。

3. 俄亥俄州立大学的职能

俄亥俄州立大学的大学使命比较简明,其中没有明确其属于哪种类型的大学。俄亥俄州立大学2012年出台的战略规划的核心目标(Core Goals)③列出了俄亥俄州立大学工作的主要方面——教学与学习、研究与创新、社会服务和资源监护。俄亥俄州立大学的核心目标体现出该大学的主要职能,它超越了人们传统上认知的教学、科研和社会服务的高等教育的三大职能,增加了资源监护的职能,而且每种职能的标准都是站在全世界高度把握,充分体现了该大学高水准、综合性的大学定位。

三、特征:惯例在秩序基础上具有强烈的约束性期待

在惯例方面,俄亥俄州高等教育董事会主席的角色和职责都是以州法令的形式制定的,因此他对于整个俄亥俄州大学系统的协调具有合法性基础。董事会主席的使命没有明文规定,是由州长根据自己的执政理念和对高等教育发展的认知与预期确定和调整,因此该特殊的协调模式下州高等教育治理者的使命具有一定的个别性和随机性。这种惯例制度对于州立大学而言,其遵守基础不是源自社会责任,更多的是因为权宜性应对,从而得到自己的利益。由于是通过法律确定董事会主席的角色、职责等,在制度扩散上具有强制规范性,在秩序基础上体现出更强的约束性期待。州立大学很少出于适切

---

① Chapter 3335: Ohio State University [EB/OL]. [2013-07-18]. http://codes.ohio.gov/orc/3335.
② About Ohio State [EB/OL]. [2013-08-01]. http://www.osu.edu/visitors/aboutohiostate.php.
③ Ohio State Vision, Mission, Values, and Goals [EB/OL]. [2013-08-01]. http://oaa.osu.edu/vision-mission-values-goals.html.

性的逻辑思维遵照该惯例制度，更多的是出于权宜性应对考虑的。

俄亥俄州立大学的使命、角色和职责，是经过多年的发展沉淀，由大学董事会以制度形式固化下来的惯例。这些制度慢慢变成惯例之后，就会形成社会责任，形成自我自愿的约束性，州立大学相关人员出于职业规范的考虑，会注意自己行为与大学使命、角色、职责的匹配性和适当性。

第五节 俄亥俄州高等教育政策与大学的管理发展

一、存在形式：年度预算、发展规划

俄亥俄州州政府对州立大学治理的人工器物的存在形式包括：《俄亥俄州2014—2015财政年度执行预算》、《2008—2017高等教育战略规划》、《俄亥俄州立大学框架规划》、《俄亥俄州立大学学术规划》和《俄亥俄州立大学发展规划》。

二、内涵：州政府以预算引领高教发展，缺乏系统的高教政策

（一）州政府对州立大学的政策

1. 州政府的预算政策

俄亥俄州州长代表州政府每两年编制一次俄亥俄州两年度执行预算（The State of Ohio Executive Budget）。这种预算是州政府对州立大学治理的重要政策。比如，《俄亥俄州2014—2015财政年度执行预算》的改革篇中专门列出第四节"改革高等教育"（Transforming Higher Education）。其中提出"合作出成果：高等教育治理的新模式"、"俄亥俄高等教育拨款：纵观现行拨款模式"、"大学拨款公式的变革"等内容。这些项目通过改革政策的形式要求州立大学开展协作，注重高等教育质量，培养更多的优质毕业生，保证毕业率，顺应预算拨款由在校生人数为主向毕业生人数为主的转变。除此之外，该预算还就高校招收本州居民的学费作出规定，要求与上学

年相比本年度本州居民的学费涨幅不得高于 2%。[①]

2. 州政府的聘用与退休等政策

俄亥俄州的州立大学不属于政府机构，但是"我们（州立大学）是州政府的附属机构，我们不同于内阁官员，但是我们是附属机构，要按照州政府的政策和程序办理聘用和退休等相关事宜。"（OR1）由此，州政府的相关人事聘任和退休的政策同样适用于州立大学。

（二）俄亥俄州高等教育董事会主席的政策与发展规划

1. 俄亥俄州高等教育董事会主席的政策

在俄亥俄州，"真正的高等教育广泛的、基础性的政策是由州长办公室制定的。董事会主席听从州长指挥，负责传达和实施州长制定的高等教育政策"。（OG1），因此在俄亥俄州，州高等教育董事会不是常规的政策制定机构。俄亥俄州高等教育董事会出台了一个转学的政策。"这个政策是因为州议会要求州高等教育董事会制定转学的政策。这是我们能够制定政策的唯一理由，否则的话，我们无此权力。"（OG2）"我们行政机关内部有一些政策，但是具体每所高校的政策都是由它们的大学董事会制定的。"（OG2）

2. 俄亥俄州高等教育董事会主席的发展规划

根据访谈，"俄亥俄州高等教育董事会没有官方发布的最新的、正式的发展规划。有一个类似的规划'俄亥俄州大学学业完成计划'，这个规划是由董事会主席制定的。"（OG2）"该计划得到州长的大力支持，有点像我们的业务运行框架计划。"（OG1）。此外，俄亥俄州高等教育董事会曾经在 2008 年制定一个《2008—2017 高等教育战略规划》。"这个 2008—2017 战略规划是在前任董事会主席和州长时期确定的，有些过时，但是其核心内容仍然是我们工作的重点，比如关注学位获取率，教育当地居民使更多的俄亥俄人获得学士学位。其中的许多策略仍然在指导我们的工作。我认为它不再

---

① John R. Kasich. Budget Highlights [M]. Columbus: Office of Budget and Management, Ohio, February 8, 2013: 19.

第四章　个案研究 2：俄亥俄州州政府对州立大学治理的规范性制度分析

是指导我们日常运作的总体规划。"（OG1）

（三）州立大学的发展规划

进入 21 世纪以来，俄亥俄州立大学分别制定了《俄亥俄州立大学框架规划》（The Ohio State University Framework Plan）（2010.08）、《俄亥俄州立大学学术规划》（The Ohio State University Academic Plan）（2000.10）和《俄亥俄州立大学发展规划》（A Strategic Plan for the Ohio State University）（2012.04）。这些规划是不同时期大学发展的产物。"框架规划是一个设施规划，是整个大学建筑布局的总体规划。实施规划是由大学的学术使命所驱动的。设施规划不只代表设施布局，更是一个战略规划。"（OR2）后面两个规划具有一定的延续性，代表着俄亥俄州立大学总的发展方向和惯性。

1. 俄亥俄州立大学的发展愿景

根据俄亥俄州立大学的官方网站，俄亥俄州立大学的发展愿景是"俄亥俄州立大学将成为世界上公立综合性大学的典范，致力于解决世界范围的重要问题"[①]。

2. 俄亥俄州立大学的战略目标

根据俄亥俄州立大学 2012 年 4 月编制的《俄亥俄州立大学发展规划》，该大学的核心战略目标（Core Goals）[②] 如下：

（1）教学与学习：配备倾情投入的、世界级的师资队伍，融入国际化、多元化的学生团队，提供无与伦比的、以学生为中心的学习经历。

（2）研究与创新：在开发基础知识和学问以及解决人类社会最迫切的问题方面做出独具特色和享誉国际的贡献。

（3）社会服务：与俄亥俄州、全美国和全世界的人民与机构建立互惠互利的合作关系，使得我们的社会能够积极参与到俄亥俄州立大学激动人心

---

① Ohio State Vision, Mission, Values, and Goals [EB/OL]. [2013-08-01]. http://oaa.osu.edu/vision-mission-values-goals.html.

② Joseph A. Alutto. A Strategic Plan for the Ohio State University [R]. Columbus：Ohio State University, 2012：2.

的工作中来。

（4）资源监护：将我们的州立大学变成人们可以享受得起的公立大学，使之财务坚挺，人力和物力资源管理完善，运营有效，闻名于世。

（四）州立大学认证机构的认证标准

高等教育委员会（Higher Learning Commission）是美国中北部院校协会（North Central Association of Colleges and Schools）下设的认证机构。他们提供区域性认证。根据访谈，"俄亥俄州内所有州立大学的认证都是由高等教育委员会进行的。在俄亥俄州，州立大学必须得到区域性认证机构的认证。有的大学每10年重新认证一次，有的大学重新认证的时间间隔要短一些。如果大学想得到政府拨款，比如州内学生得到合法的财政补助，就必须得到认证。有时重新认证的间隔较短，这是因为有些情况需要改进。没有认证的话，大学很可能就会退出高等教育系统，所以认证是必须的。通过认证后，州立大学需要向我们（州高等教育董事会）上交评估报告"（OG2）。

评估机构对大学的评估每隔几年进行一次。具体评估时限以不同类型大学而定。评估将依据高等教育委员会的五项评估标准进行。这五项标准包括：大学使命（Mission）, 诚信：符合伦理的负责任的行为（Integrity: Ethical and Responsible Conduct）, 教学：质量、资源和支持（Teaching and Learning: Quality, Resources, and Support）, 教学：评估与提升（Teaching and Learning: Evaluation and Improvement）, 资源、规划和大学效能（Resources, Planning, and Institutional Effectiveness）。①

通过对俄亥俄州州政府对州立大学治理中的人工器物分析发现：州政府制定的预算和学生学费政策是由州政府通过预算文件做出的，州高等教育董事会只有在得到州政府的授权时才能制定全州高等教育政策。大学认证机构的认证标准在高等教育界得到普遍认可，达到认证标准已经成为惯例。如果

---

① Higher Learning Commission. Criteria for Accreditation [EB/OL]. (2012-02) [2013-07-16]. http://policy.ncahlc.org/Policies/criteria-for-accreditation.html.

第四章 个案研究2：俄亥俄州州政府对州立大学治理的规范性制度分析

俄亥俄州的大学达不到认证标准，会产生耻辱感，也会受到州预算等的约束。俄亥俄州高等教育董事会和俄亥俄州立大学制定的发展规划表明自身的社会责任和对社会的承诺，对自身具有一定的约束性。

三、特征：人工器物以预算为主，具有制度扩散的规范性

在人工器物方面，州政府预算作为州政府的政策在获得议会批准后发布，具有制度的合法性基础。州政府预算以经济为手段协调高等教育的开展，在制度扩散上具有公开性和强制规范性，对州立大学的办学行为具有明确导向性和约束性，在制度逻辑上超越了适切性，更多的是表现出工具性的特点。由于是政府政策，也具有法律的权威性。俄亥俄州州政府没有制定，也没有授权州高等教育董事会出台成体系的、详细明确的高等教育政策，甚至没有正式的、官方发布的全州高等教育的总体发展规划或议程。俄亥俄州高等教育政策更多地依赖于州长对高等教育的认识和重视程度，州高等教育董事会主席在政策与规划的制定方面听命于州长的指令，因而全州高等教育发展缺乏宏观的长远规划。州政府只是通过预算政策引领高等教育的发展方向，这种政策会因为政府更替而出现大幅变动，具有随机性和临时性，缺乏高等教育治理制度的系统性、规范性、适切性和合法性基础，也不会引起规范制度所带来的情感反应。

俄亥俄州立大学的发展规划延续多年，大学制定了连续的、明确的发展规划，对自身和周边社区发展明确定位，与时俱进，对大学的近期和长远发展具有明确的指导思想和具体的实施战略，对于大学自身发展和社会发展具有前瞻性，对自己的办学具有导向性和规范性。由于州立大学的发展规划经过大学董事会的审批，对大学内部人员具有合法性和约束性。由于经过自下而上的论证，因而具有适当性和规范性。这种发展规划将州立大学的发展转化为教职员工的社会责任，会提高大学成员遵守制度和履行社会责任的自觉性和主动性。

总之，俄亥俄州州政府对州立大学治理的规范性制度的符号系统、关系系统、惯例和人工器物方面都有纵向的分层协调制度，也有横向的州立大学董事会自我治理和协作治理的制度，其州级治理架构为纵横交叉型。在州级协调制度上州长和州高等教育董事会主席分层向下授权，权力过于集中，表现出集权性和强制性的特点。在协调制度的制定上人为性和随意性较大，因而缺乏系统的、长远的州级高等教育治理的规范性制度，全州高等教育协调的短期效率提高了，但是全州宏观的、长远的利益可能会受到一些损失。

第五章　个案研究3：密歇根州州政府对州立大学治理的规范性制度分析

根据埃姆斯·麦克基尼斯在 1988 年《州级中等后教育结构》（State Postsecondary Education Structures）一书中提出的美国州级高等教育治理的功能分类模式，密歇根州州政府对州立大学的治理属于规划型治理模式。埃姆斯·麦克基尼斯在 2003 年对美国州级高等教育模式研究后指出，密歇根州每个州立大学设有一个董事会。每个社区学院有一个地方董事会。州级规划/调节机构或者治理社区学院，或者协调地方治理的社区学院。该结构是密歇根州所特有的。密歇根州教育委员会（Michigan State Board of Education）对地方治理的社区学院仅有有限的协调权力。[1] 密歇根州的州级规划或规制机构是密歇根州教育委员会，其下有两条主线：州立大学和社区学院。本研究主要讨论州政府对州立大学的治理，因此本章主要是分析密歇根州州政府对州立大学的治理。

本人在 2012 年 8 月至 2013 年 2 月期间赴美国密歇根州分别对密歇根州州立大学校长理事会（The Presidents Council, State Universities of Michigan）官员（编码为 MA）、密歇根大学董事会官员（编码为 MB）、密歇根大学政府关系官员（编码为 MR）进行了访谈，旁听了密歇根大学董事会的公开会

---

[1] Aims C. McGuiness. Models of Postsecondary Education Coordination and Governance in the States [R]. Denver: ECS, Feb. 2003: 16.

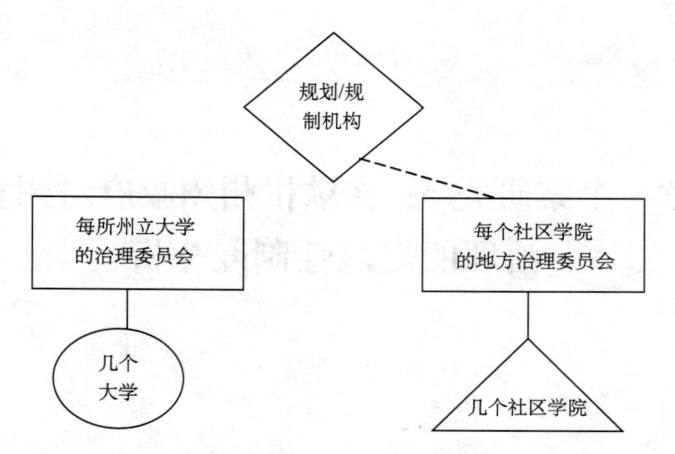

图 5-1　密歇根州规划型治理模式图

（资料来源：Aims C. McGuiness. Models of Postsecondary Education Coordination and Governance in the States [R]. Denver：ECS，Feb. 2003：16.）

议并进行了相关观察。这些访谈对象根据自己的工作经验、管理经验、大学治理研究分别从不同的视角提供了大量的第一手资料和系统以及大学印制的文本资料。本人希望通过使用新制度主义的分析框架，分析这些第一手的实证资料，得到对于密歇根州的规划型治理模式的全面、立体、理性的理解与认知。

第一节　密歇根州州立大学发展概况

密歇根州位于美国中西部的五大湖地区，人口达到 9883360（2012年），[1] 在全美 50 个州中排名第八。密歇根州的高等教育不仅在高等教育质量方面，而且在服务社会的领导力方面在美国都居于领先地位。密歇根州的

---

[1]　Economic Research Service, USDA, Washington, DC. State Fact Sheets：Michigan [EB/OL]. (2013-03-28) [2013-08-17]. http://www.ers.usda.gov/data-products/state-fact-sheets/state-data.aspx? StateFIPS = 39&StateName = Michigan.

第五章 个案研究3：密歇根州州政府对州立大学治理的规范性制度分析

高等教育由三部分组成。其一是密歇根州15所四年制州立大学，其二是28所社区学院，其三是61所私立大学[①]。根据密歇根州州政府网站的官方数据，密歇根州所有的州立大学和部分私立大学的学生规模达到535956人。本研究主要关注15所州立大学的发展与外部治理。

一、密歇根州州立大学的发展

密歇根州州立大学的发展历史悠久。密歇根州第一所州立大学密歇根大学建立于1817年，比密歇根建州早20年。当今，密歇根州15所四年制州立大学学生规模达到302610人。[②] 这15所四年制州立大学包括：中密歇根大学（Central Michigan University）、东密歇根大学（Eastern Michigan University）、费里斯州立大学（Ferris State University）、伟谷州立大学（Grand Valley State University）、苏必利尔湖州立大学（Lake Superior State University）、密歇根州立大学（Michigan State University）、密歇根理工大学（Michigan Technological University）、北密歇根大学（Northern Michigan University）、奥克兰大学（Oakland University）、塞基诺州立大学（Saginaw Valley State University）、密歇根大学安娜堡校区（University of Michigan-Ann Arbor）、密歇根大学迪尔本校区（University of Michigan-Dearborn）、密歇根大学弗林特校区（University of Michigan-Flint）、韦恩州立大学（Wayne State University）、西密歇根大学（Western Michigan University）。

在密歇根州所有的州立大学中，有三所大型的研究型大学——密歇根大学安娜堡校区、密歇根州立大学和韦恩州立大学。密歇根大学有近200年的办学历史，是全美第一家获得宪法自治权的大学，是全美第一所公认的州立大学，是全州大学的旗舰[③]，其办学质量可以与最优秀的私立大学相媲美。

---

① Bureau of State and Authority Finance, State of Michigan. Michigan Postsecondary Education Handbook [M]. Lasing: State of Michigan, 2012: 5, 100.

② Presidents Council. Enrollment Report 2012 Fall [R]. Lasing: Presidents Council, 2012: 3.

③ Ronald G. Ehrenberg. What's happening to higher education? [M]. Lanham: Rowman & Littlefield Publishers, Inc., 2006: 161.

密歇根大学由于90%以上的经费来自不同的社会资源，因而成为全美最早"私立支持的州立大学"（privately supported public universities）之一。[①] 密歇根州立大学是根据1862年莫里尔法案建立的美国赠地大学的典范，是第一家开设农业科技专业的大学，是全美69家赠地学院的原型，[②] 现在已经发展成大型的研究型大学。

密歇根州的综合型大学包括费里斯州立大学、伟谷州立大学、苏必利尔湖州立大学、奥克兰大学、塞基诺州立大学。这些大学有着不同的大学使命，但是传统上都重视本科教育。还有一组大学前身是师范学校或学院，是按方位命名的大学。这些大学包括中密歇根大学、东密歇根大学、北密歇根大学和西密歇根大学。虽然这些大学的重点还在教师教育，但是其使命比过去更加综合化。密歇根州还拥有专业化的高等教育学府——密歇根理工大学，专门开展工程和技术教育。

二、密歇根州州立大学的治理

埃姆斯·麦克基尼斯2003年对美国各州高等教育治理模式的研究认为密歇根州的高等教育是由州教育委员会规划发展。在州高等教育执行官协会（State Higher Education Executive Officers，SHEEO）官方网站的成员列表中，密歇根州没有任何机构位列其中，因此现实中不存在这样一个官方的州级规划或规制机构负责州立大学的治理。1850年，密歇根州议会通过宪法授予密歇根大学自治权。这样，该大学成为美国首家获得自治特权的高校。在后来其他州立大学建立时，修订后的宪法授予的州立大学的自治条款得以保留下来，因为宪法赋予自治权被认为是防止政治干预最有效的治理方法。[③] 密歇根州宪法赋予所有的州立大学自治权（Constitutional Autonomy）。州立大

---

① James J. Duderstadt. A Study in Contrasts: Postsecondary Education in Michigan and Ontario [C]. Summit on the Future of Ontario Universities. Toronto, Ontario, November 19, 1997: 3.

② Patricia L. Farrel. Michigan: The History & Current Status of Higher Education [R]. Lasing: Presidents Council, 2012: 3.

③ Public Sector Consultants Inc. Michigan's Higher Education System [R]. Lasing: Public Sector Consultants Inc., 2003: 3.

第五章 个案研究3：密歇根州州政府对州立大学治理的规范性制度分析

学的董事会拥有完全的规划和治理权，摆脱了州政府的规制管理。赋予大学自治权的宪法制度成为密歇根州高等教育治理的根本制度，也决定了密歇根州各州立大学分权自治和市场协调的发展路径。

（一）密歇根州高等教育治理架构

根据在密歇根州的访谈和文献研究发现，密歇根州公民、州长、州议会和司法机构、州教育委员会和民间行业机构都参与了高等教育的外部治理，已经建立起新型的州级高等教育治理关系（见图5-2）。

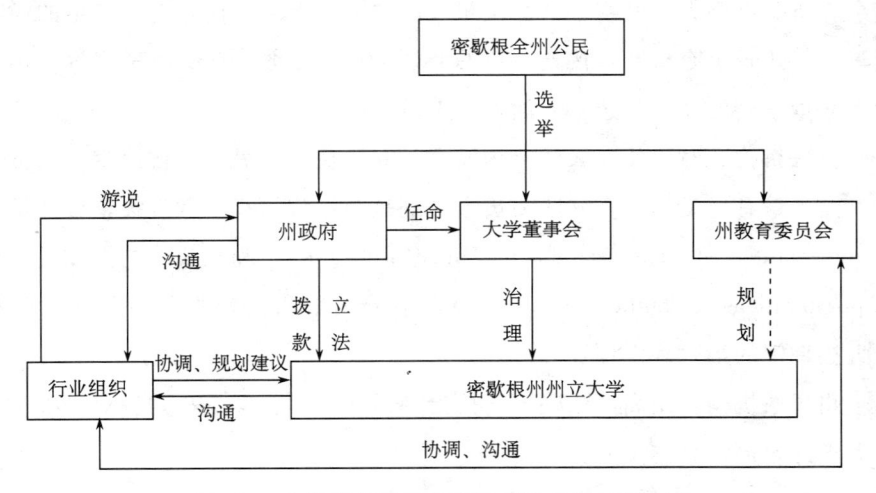

图 5-2 密歇根州州级高等教育治理关系结构图

根据上图，密歇根州的州长、州议员等州政府机构由全州公民公选，代表全州公民负责对州立大学拨款、立法和政策引导。全州公民公选三所大型研究型州立大学（密歇根大学、密歇根州立大学和韦恩州立大学）的大学董事会，其他十所州立大学的董事会由州长任命。州立大学董事会作为和州政府并行的机构有权治理各自的州立大学。根据宪法，州教育委员会作为全州公民选举产生的机构对州立大学仅有名义上的、有限的规划与协调职能。像密歇根州州立大学校长理事会、密歇根州商界领袖组织，作为全州行业协会组织根据州立大学发展和当地经济与社会发展的需要会与州立大学进行沟通协调，也会代表州立大学向州政府、州教育委员会和全州公民进行游说、沟通和宣传，为州立大学和全州的发展创造条件并勾勒愿景。

（二）州政府对州立大学的治理

州长：根据宪法，密歇根州的州长享有州长预算和单项条文否决权（Line-item Veto Power）①，因而具有优势地位。州长可以提出高等教育预算，成为立法机构的重要文件，因而人们认为州长是对高等教育最具影响力的人物。此外，州长也有权任命全州16所州立大学中11所大学的董事会成员。其余3所研究型大学的董事会由全州选民选举产生。即使是选举产生的大学董事会，州长也有权亲自挑选董事的候选人。② 由此，州长在高等教育预算和大学董事会的任命与选举方面发挥着重要的作用。

立法机构：对于州立大学治理而言，立法机构的另一个作用就是审批预算。其中最有权力的两个立法委员会分别是参议院的高等教育拨款分委员会（Subcommittee on Appropriations for Higher Education）和众议院的拨款委员会（Appropriations Committee）。③ 两个委员会分别采用校园听证会和对大学校长直接询问的形式确定预算。

州司法机构：州高等法院不直接治理州立大学，但是其判例对于维护州立大学的自治权具有重要的作用。

总之，州政府负责任命或推荐州立大学的董事会成员，负责提出和审批高等教育年度预算，负责通过立法授予州立大学自治权。除此之外，密歇根州州政府对州立大学的战略规划、日常运作与发展不再过问。

（三）密歇根州教育委员会

根据密歇根州1963年宪法，州教育委员会"应该充当包括高等教育在

---

① 单项条文否决权（Line Item Veto）：美国的州长可以只否决法案中的一些条文，而其他部分则可以通过。很多时候经过州长单项否决的法案会回到州议会重新表决。部分州的州长只在处理拨款议案（即各政府部门的预算）方面拥有单项否决权。

② Bracco, K. R.. State Structures for the Governance of Higher Education: Michigan Case Study Summary [R]. The California Higher Education Policy Center, 1997: 5.

③ 同②。

第五章　个案研究3：密歇根州州政府对州立大学治理的规范性制度分析

内的所有教育类型总的规划和协调机构，应该就与教育相关的财务申请向立法机构提出建议"。据此条款，密歇根州的州教育委员会就是州一级的高等教育治理机构。委员会的8名成员由不同政党大会提名后经过全州选民选举产生。20世纪70年代，部分州立大学依据宪法赋予的自治权对州教育委员会的规划与协调职能提起诉讼。州高等法院有几次裁决州教育委员会违反大学自治的法律。[1] 至此，州教育委员会对州立大学的协调与规划职能名存实亡。

（四）密歇根州州立大学校长理事会

在20世纪40年代后期，15家四年制州立大学的校长就自发组织论坛，"讨论迅速发展的公立高等教育系统面临的挑战"。1952年，密歇根州州立大学校长理事会（The Presidents Council, State Universities of Michigan）正式成立，之后州立大学校长和州立大学主要官员持续性地定期会面，讨论形成对高等教育主要的财务与政策问题的立场。

州立大学校长理事会的身份与职能："密歇根州州立大学校长理事会是由15家州立大学按招生人数支付管理和运行费用的。该行业协会组织是密歇根州州立大学的代表机构，只向校长理事会和州立大学校长负责，不对联邦和州政府机构负责，不是州政府分支部门，也不是州政府指派或委托的高等教育治理、协调或服务机构。"（MA）"校长理事会是非官方的'州高等教育行政官员协会'（SHEEO）的会员，但是我们未被列入其官方网站中。尽管如此，我们总是收到协会的会议邀请，并积极参与会议活动。我们与协会合作开展一些研究项目，并与协会会长保持良好沟通，实际上我们并不孤立。"（MA）可以看出，校长理事会实际上在代表密歇根州高等教育治理机构参加全国的会议和活动，是以民间的身份从事原来属于政府治理机构的业

---

[1] Peterson, M. W. and McLendon, M. K.. "Achieving Independence through Conflict and Compromise: Michigan" [M] // MacTaggart, T. J. and Associations. Seeking Excellence through Independence: Liberating Colleges and Universities from Excessive Regulation. San Francisco, California: Jossey-Bass, 1998.

务和活动。理事会的职能主要包括："受各州立大学委托负责与州政府、立法机构的沟通协调，游说立法机构支持州立大学，为立法机构审批预算提供信息，负责协调各州立大学共同关心的事宜和问题。"（MA）"我们主要的利益相关人是15家州立大学，其中包括大学的各个方面，不只是校长。其他的利益相关人包括州政府、立法机构和普通市民。除此之外，与我们合作的还有'密歇根州商界领袖组织'和州教育委员会。"（MA）

　　州立大学校长理事会的运作："校长理事会是立法机构注册的游说机构。我们理事会理事长可以代表15所州立大学到立法机构游说。我们与州政府密切合作，向州政府和立法机构做很多解释说明工作。在议会议员换届时，负责对新议员进行培训，使他们了解州立大学的发展状况和需求。"（MA）"我们不是州协调机构，而且大学享有自治权，因此校长理事会需要与大学合作，就某些问题保持相同的立场。有时州立大学之间就某个问题不能达成一致时，我们也不持立场。我们去为州立大学游说获得更多的资金，但是资金的分配却取决于州立大学的协商。每年我们负责向州政府和立法机构提交提案，负责向各州立大学提供模板或标准，协助他们完善和提交资料。我们还负责组织社区学院和州立大学协商学生转学事宜，促使他们达成协议。"（MA）"我们理事会一共有三个职员（全职），管理灵活，但是没有设置（专职）业务部门。理事会下设14个委员会，我们每年负责召集很多会议。我们只是负责召集这些会议，跟进会议的议程和结果。有些会议，我们只是旁听，提供一些力所能及的帮助。"（MA）"除此之外，我们还负责向市民和议会议员通过报纸、媒体等进行宣传，扭转他们对州立大学的错误认识。"（MA）

　　可以看出，校长理事会在州立大学的治理中发挥着重要的调节作用。州立大学校长理事会作为该州州立大学的行业组织，在运作上有三个维度。第一个维度是代表15所州立大学与州政府进行协调，反映州立大学的发展需求，对州政府的大学预算施加影响。州立大学校长理事会在州政府与州立大学之间架起了一座桥梁，成为双方沟通的纽带。另一个维度是在大学之间，

第五章 个案研究 3：密歇根州州政府对州立大学治理的规范性制度分析

协助组织各种专题会议，通过各州立大学之间的协商，对共同的议题建立标准、达成共识。一位州级高等教育组织研究的权威认为州立大学校长理事会作为州内大学校长唯一的相互沟通平台，其实践表明民间的自愿协调是可以取得成功的。[①] 第三个维度是面向社会的宣传，使社会了解、配合和支持州立大学的办学理念和发展重点。

（五）密歇根州商界领袖组织

"'密歇根州商界领袖组织'系密歇根州大型企业和大学的董事会主席、首席执行官或最高行政官员组成的圆桌会议组织。密歇根州最佳企业中有70%～75%都加入了该组织，其中还包括密歇根州的三个研究型大学。"（MA）该组织的主要任务是提出策略、提高认识、宣传政策和创新计划，以促进全州经济的发展。组织成员根据促进经济发展与创造就业机会的思想，制定了密歇根州"全面转型计划"（a comprehensive turnaround plan）。[②] 其中包括对高等教育的支持与发展计划。

密歇根州没有官方的州级高等教育治理机构，因而缺乏州级层面的高等教育发展战略规划。密歇根州商界领袖组织作为全州大型企业的行会组织在其 2012 年密歇根州"全面转型计划"中提出了密歇根州高等教育发展的目标和措施，对全州高等教育的发展具有引领和指导作用。"商界领袖组织认为高等教育是促进密歇根州经济发展的一项重要因素，需要得到大力支持。他们提出在未来十年内增加 10 亿美元高等教育投入。这些投入特别要投在人才培养方面。因此，密歇根州的商界、公司、制造中心、银行业和其他组织都应该关心和投入教育。全州的经济驱动将依赖人才库的建设。大学是人才库建设的第一主力。商界领袖注意到高等教育的人才培养与密歇根州商业、企业的持续繁荣有着密切的关系。因此，密歇根州的商界领袖在其

---

① Bracco, K. R. . State Structures for the Governance of Higher Education: Michigan Case Study Summary [R]. The California Higher Education Policy Center. 1997: 9.

② Business Leaders for Michigan. Turnaround Plan [EB/OL]. [2013-01-20] http://www.businessleadersformichigan.com/home/tag/michigan-turnaround-plan.

'全面转型计划'中积极呼吁加强对高等教育的支持。同时，他们认为高等教育是经济发展的驱动力。他们不直接提供资金，但是积极呼吁支持。他们到立法机构游说议员增加对高等教育的投入。"（MR）"州立大学校长理事会也会与商界领袖组织联手帮助高等教育机构获得更多的政府拨款，帮助宣传高等教育对全州未来发展、知识经济、人力资本的重要性。"（MB）

密歇根州商界领袖组织作为一种社会行业组织，对州立大学与全州的经济发展的市场关系具有清醒的认知，积极游说州政府和立法机构，引导全州增加对高等教育的投入，同时根据全州经济发展的需求对高等教育的发展制定规划，引领州立大学的发展。

（六）密歇根州州立大学董事会

根据密歇根州1963年宪法第八章第三节："本宪法指定的高等教育机构的董事会有权治理各自的大学，并控制和指导大学资金的支出。"[①] 各州立大学的董事会有权监管各自的大学，并支配大学的资金。密歇根大学是密歇根州州立大学的翘楚，也是全美国最早被赋予大学自治权的高校，是州内全州选民选出董事的3家研究型大学之一，以下以密歇根大学董事会为例分析州立大学董事会的身份、构成和自治运作模式。

密歇根大学董事会的身份与组成："密歇根大学很特别，因为我们有宪法赋予的大学自治权。根据宪法，大学董事会对大学有完全的监督和控制权。州长不能控制大学，立法机构不能控制大学，法院的法官也不能控制大学。只有我们的董事会可以治理和控制大学。"（MB）大学董事会享有充分的自治权，因此"我们的身份类似于州政府的第四部门。我们几乎是与州行政、议会和法院平行的机构。"（MB）"我们的校董会像公司的董事会，独立运营。所以一定程度上我们更像一家私营公司，而不是州政府的一个机构"。（MB）"大学董事会由9人组成。董事的选举随着总统和州长的

[①] State of Michigan. Constitution of the State of Michigan of 1963 (Lasing: 1963), Article 8, Section 3, P 93.

第五章 个案研究3：密歇根州州政府对州立大学治理的规范性制度分析

选举每两年举行一次。他们中的8位都是公共选举产生的官员。因此，密歇根大学的董事会是一个非常特别的系统。在密歇根大学的董事当中有1人是无需选举产生的，那就是密歇根大学的校长，是自然当选的，但是没有投票权。"(MB)董事会下设三个委员会："财务、审计投资委员会（FAI）；人事薪资与治理委员会（PCG）和卫生事务委员会（Health Affairs）。委员会全部由大学董事会的董事构成。"(MB)密歇根大学的董事会虽然是公选产生，但却是大学的独立法人，在经营大学时就是市场上的"理性经济人"，尤其在州政府对大学拨款逐渐减少的情况下，大学董事会的"经济人"角色更加突出。

密歇根大学董事会的自治运作：大学董事会采用扁平化的管理制度，董事会主席实行年度轮换制。"我们的大学董事会没有组织架构图。董事会是一个扁平化的组织。大家平等，每个人的权力都是一样的。每个董事都是公选产生的，任期都是8年。董事们根据个人资历依次轮流担任董事会主席，每年轮换一次。按规定，大学校长不能担任董事会主席。董事会主席需要付出更多的时间和精力与校长确定会议议程，需要为校长提供咨询和反馈信息，但是投票权与其他董事一样，并无特权。"(MB)大学董事会完全自治，甚至享有立法权。"由于宪法赋予了自治权，董事会不对州长负责，不对立法机构负责。董事会只是需要州政府给予拨款，其他的什么也别管。董事会可以颁布法令管理学校的资产和交通等。我们的法令甚至要求在学校范围禁枪，这是与州法律相抵触的。"(MB)"我们制定规划，编制预算。我们从州政府得到拨款，然后定期向他们做出汇报。我们与州政府几乎没有什么接触。总的来说，所有的预算、决策、人事的聘任与解雇，开设专业与发放学位等事宜都是在大学校园决定的，而不是由州政府决定的。"(MB)大学董事会建立了完善的会议制度。"董事会每月召开一次公开会议，对全体教职工、学生和社会公众开放。公开会议之前，全体董事分别参加三个委员会的闭门会议，讨论具体事宜。委员会根据需要会要求大学的相关学院或单位就具体事宜进行陈述和答辩。然后，全部董事召开闭门会议，通报各委员会会议内容，共同讨论相关议题。无论是委员会的会议，还是董事会的闭门会议，都只是进行讨论，不作任何决策。最后召开公开会议，所有的决策和投票都是在公开会议上进行的。除了每月的例会之外，大学校长或董事会可以召集专门会议，解决专项问题。"（MB）密歇根大学的董事会实行扁平化管理，制定学校的法律，制定学校发展规划，审批预算、专业和人事安排，定期召开公开会议。

第二节 密歇根州州政府对大学治理的基础和机制

一、存在形式：年度预算、发展规划

密歇根州州长对州立大学治理的规范性制度的符号系统的存在形式包括：州长辛德的竞选文件《发展密歇根经济的十点计划》、《密歇根州2013—2014年度执行预算》、州立大学校长理事会的《协作成功：合作提升公立高等教育》和密歇根州商界领袖组织2012年编制的《密歇根州转型计划》等。

二、内涵：高等教育是促进经济发展的重要资源；期待加强问责，提高效率

（一）密歇根州高等教育的价值观

密歇根州的高等教育由三大部分组成。其中的密歇根州州立大学在全州的高等教育发展中具有重要地位。密歇根州州长、州教育委员会对高等教育的价值观就代表了州政府和广大民众对高等教育的价值观。密歇根州州立大学校长理事会作为全州州立大学的代表，其提出的发展规划及策略是对全州对高等教育发展期望的回应，可以反映出全州州立大学高等教育的价值观。密歇根大学作为全州的旗舰大学，其价值观也在一定程度上反映出密歇根州州立大学的高等教育价值观。

1. 密歇根州州政府的高等教育价值观

通过访谈和文献研究没有发现密歇根州州政府文本性的或清晰表达的州

第五章 个案研究 3：密歇根州州政府对州立大学治理的规范性制度分析

政府对高等教育的价值观。密歇根州州长是密歇根州的行政首长，其言行和出台的政策文件可以反映出其对高等教育的价值观。

密歇根现任州长辛德在 2010 年竞选州长时提出了《发展密歇根经济的十点计划》（10-Point Plan for Growing the Michigan Economy），其中提到"密歇根州用几十年的时间建立了世界级的高等教育系统。该系统可以说是密歇根州在未来知识经济环境中培养人才、取得成功的最重要资产。"[①] 这个说法阐明一个价值观：高等教育是促进和保障知识经济发展的重要资源和保障。

《密歇根州 2013—2014 年度执行预算》中的高等教育部分认为："州长确定 2025 年全州至少 60% 的公民可以获得高质量的学位或文凭。州立大学是实现这个目标的重要保障。"[②] 在年度预算的重点部分强调"增加的 3% 的高等教育经费要以新的绩效公式计算进行分配。""州立大学如果能够很好地控制学费的话，会得到更大的经费支持。"[③]

根据法莱尔研究，2004 年上任的州长强调高等教育与工作要求的一致性，高等教育要助推密歇根州新经济的发展，高等教育要提升劳动力的素质。2010 年上任的州长辛德强调对高等教育问责、成本控制，高等教育要与工作要求保持一致，以及高等教育要促进经济发展。[④]

由密歇根州州政府预算文件对州立大学的要求和连续两任州长对高等教育的要求可以看出州政府的另外三个高等教育价值观：高等教育是提高居民素质的重要手段；高等教育要加强问责，提高办学效率和效能；高等教育要提供居民负担得起的教育服务。

---

① Our Governors on Higher Education [EB/OL]. (2011-10-13) [2013-08-10]. http://www.michiganfuture.org/10/2011/our-governors-on-higher-education.

② Rick Synder. Executive Budget Fiscal Years 2013 and 2014 [M]. Lasing: State of Michigan, 2012: B-27.

③ Rick Synder. Executive Budget Fiscal Years 2013 and 2014 [M]. Lasing: State of Michigan, 2012: A-4-5.

④ Patricia L. Farrel. Michigan: The History & Current Status of Higher Education [R]. Lasing: Presidents Council, 2012: 14.

2. 密歇根州州立大学校长理事会的价值观

州立大学校长理事会作为各个州立大学的代表，其提交的报告或建议就代表了州立大学的共同利益或价值观。2010年—2012年连续三年校长理事会向州行政和立法提交的《协作成功：合作提升公立高等教育》报告中表明州立大学继续寻找机会共同协作以降低成本，保持效率和效能，保证高等教育的高质量。[①] 其中表达出三个高等教育价值观：其一，高等教育机构协作努力会创造成功；其二，高等教育需要加强问责，提升办学效率；其三，高等教育需要保持和提升教育的质量。

3. 密歇根州立大学的价值观

密歇根大学作为密歇根州州立大学的典型代表，其高等教育的价值观对州立大学，特别是对研究型州立大学具有较强的代表性。密歇根大学没有书面的、正式的价值观表述。根据访谈，密歇根大学政府关系官员列出了三个主要的价值观："其一，全球化是我们的价值观之一。全球化是密歇根大学未来愿景的一部分。我们需要组织起来，改善环境，为师生提供全球化的工作、学习和研究经验，帮助他们做好准备，以适应日益全球化的经济环境。其二，社会参与是我们大学另外一个价值观。我们希望社会参与成为我们的学生教育的一部分。社会参与包括当地、全州、全国和国际的社会参与。社会参与形式多样，学生可以设计适合自己的有意义的参与方式。我们相信社会参与可以培养积极进取的公民。一旦学生毕业开始职业发展，社会参与所获得的经验和教训将会有利于学生成为世界公民。学生的社会参与不仅带来教育成效，而且可以培养学生将来工作的领导力。其三，多元化也是我们大学非常强调的价值观，其中包括学生的多元化。学生的多元化指学生来自不同的社会、区域、种族和经济背景。希望来自不同区域，具有不同教育经历的学生相互沟通。区域多元化不仅包括国内各州，而且包括本州内生源区域

---

① Presidents Council. Collaborating for Success: Advancing Public Higher Education through Cooperation [R]. Lasing: Presidents Council, 2012: 5.

第五章 个案研究3：密歇根州州政府对州立大学治理的规范性制度分析

的多元化。另外，教师也要多元化。我们需要具有不同教育背景，观点不同，研究领域不同的教师。"（MR）

在密歇根大学2010年认证报告中2.1.1节使命描述部分提到大学的使命反映出大学的主要价值观："知识与艺术、服务、良好公民素质、领导力。"[1] 其中服务和访谈中谈到的社会参与含义相近，而"知识与艺术、良好的公民素质、领导力"则是从大学教育质量的维度出发，强调大学要培养学养丰富的良好公民与领袖人才。

（二）密歇根州州政府及行业协会对州立大学的期待

密歇根州州政府对州立大学的期待表达方式具有多样性。除了州长、州议会、州教育委员会、密歇根州商界领袖组织、密歇根州州立大学校长理事会、各州立大学董事会和校长的直接沟通之外，州政府充分利用州预算、战略规划和年度报告建立了一种多方参与的、稳定的机制，使得州政府和州内民众对州立大学的期待能够有效地传播出去并得到积极的实施。

密歇根州州长的期待。法莱尔的研究表明，密歇根州2004和2010年上任的连续两届州长对州立大学具有明确的期待：其一，州立大学的教学内容要有实用性，要与工作要求保持一致；其二，高等教育要提供人才保障，助推全州经济发展；其三，州立大学要加强问责，控制成本。[2] 此外，密歇根州州长在《密歇根州2013—2014年度执行预算》中新增的3%的经费按绩效公式计算划拨给州立大学，预留出一部分资金用于分配给控制学费的州立大学。这些措施其实就是州政府对州立大学期待的表达方式，州政府期待州立大学控制学费增长，保证本州居民能够上得起大学，期待州立大学加强绩效管理，提高学生的毕业率，以提升全州居民的人口素质。

密歇根州商界领袖组织的期待。该组织在2012年提出的《密歇根州

---

[1] The Regents of the University of Michigan. Report to the Higher Learning Commission of the North Central Association of Colleges and Schools [R]. Ann Arbor: The University of Michigan, 2010: 11.

[2] Patricia L. Farrel. Michigan: The History & Current Status of Higher Education [R]. Lasing: Presidents Council, 2012: 14.

转型计划》的第四步为未来发展进行战略投资（高等教育）中提到"到 2025 年 60%的密歇根工人都需要获得副学士学位及以上水平学位。目前的高等教育培养规模不能够满足需要，因此需要加大对高等教育的投资。"① 其中暗含着对高等教育的期待——即密歇根州的高等教育院校需要从规模和速度上加强人才培养力度，以满足全州未来对人力资源的需要。同时，在计划的"密歇根未来发展的独特资产"（Distinctive Michigan Assets that Can Grow a New Michigan）中，密歇根州商界领袖组织对高等教育提出如下期待："高等教育要提升质量，保障可支付性，提高生产率，促进经济影响；要扩大招生规模；要产学合作，促进研发工作；要实现研发成果的商业化运作。"

密歇根州州立大学校长理事会的期待。根据州法令的要求，州立大学校长理事会从 2010 年起每年向州行政和立法部门提交一份报告《协作成功：合作提升公立高等教育》。报告分两部分。第一部分提出协作安排，以节省资金，主要涉及成立密歇根州大学保险公司、密歇根州大学健康联盟等项目。第二部分提出一些协作的设想，以培养受过良好教育的人才，推进全州经济发展，主要涉及专业审查、创业大学、高等教育招生联盟、高等教育入学网络、高等教育转学网络等项目。② 这些项目来源于各个州立大学的思想和贡献，但是却表达了州立大学的教育工作者和州立大学校长委员会对全州高等教育发展的期望和愿景。

三、特征：符号系统在秩序基础上表现出较强的约束性期待

在符号系统中，密歇根州州政府的高等教育价值观通过州长的《竞选计划》和《州年度执行预算》的形式发布，具有较强的公开性和传播性，可以增加州立大学的社会责任感，具有制度的遵守基础。同时，预算中表达

---

① Business Leaders for Michigan. Michigan Turnaround Plan 2012 [R]. Lasing: Business Leaders for Michigan, 2012: 42.

② Presidents Council. Collaborating for Success: Advancing Public Higher Education Through Cooperation [R]. Lasing: Presidents Council, 2012: 7-21.

的价值观具有经济驱动力,在秩序基础上对州立大学的行为形成约束性期待。州预算作为州议会批准的政策,具有制度的合法性,其逻辑类型更多地表现出工具性,而不是适当性。州立大学校长理事会提出的高等教育的价值观是由 15 所州立大学自发和协商提出的,相当于对州政府和社会的一种承诺,也是州立大学的社会责任,具有制度存在的合法性基础,具有遵守的自觉性、主动性和约束性,对各个州立大学的办学具有规范性。州立大学密歇根大学的价值观是根据自我的社会认知、社会责任、职业道德和宏观视野自发提出的,具有制度存在的合法性,通过校领导的讲话和网页对外发布,具有扩散的公开性和规范性,表达了大学对社会的一种承诺和社会责任,具有自我约束性和规范性,对大学办学具有导向性。

州政府通过州执行预算以州政策的形式表达期待,具有制度存在的合法性,其制度扩散具有公开性和规范性,在秩序基础上对州立大学办学具有较强的约束性。密歇根州商界领袖组织和州立大学校长理事会由于吸收了州立大学的参与,其推出的转型计划和协作报告所提出的期待部分来自于州立大学的参与和贡献,具有一定的行业自发性和适当性,具有制度存在的合法性基础,其中体现了州立大学的社会责任,具有遵守的基础和自我约束性。

第三节 密歇根州高等教育的治理结构

一、存在形式:州手册、组织架构图

密歇根州州政府对州立大学治理的规范性制度关系系统的存在形式包括:州议会编制的《密歇根手册 2011—2012》中"密歇根州教育委员会"部分、密歇根州州立大学校长理事会网站中"理事会介绍"网页、密歇根大学治理架构图(附录 20)、密歇根大学政府关系组织架构图(附录 21)和州高等教育执行官协会网站中"会员信息"网页等。

二、内涵：高等教育治理相关方形成扁平化平面型治理架构

（一）密歇根州教育委员会的治理架构

根据密歇根州立法会编制的《密歇根手册 2011—2012》（Michigan Manual 2011-2012），密歇根州教育委员会由 8 名委员组成。他们是经过政党大会推荐，经过全州选举产生的，任期八年，每隔两年选举更换两名委员。州长和州教育厅厅长是委员会的当然委员，但是没有投票权。州教育委员会选举产生其内部官员，任期两年。同时委员会选拔和任命州教育厅厅长。州教育委员会在特殊的州教育体系中居于核心地位。[1] 州教育委员会对地方学区和社区学院具有许多直接的监管职责，但是对于四年制的州立大学仅有间接的协调职能。

州教育委员会下设办公室（The Office of the State Board of Education）负责监督、管理和协调委员会的各项活动，包括政策制定、实施和宣传。委员会设有行政秘书（The Administrative Secretary）负责委员会的法律文件和记录的归档，负责委员会的信函、费用、预算和会议安排等。委员会还设有政策官员（The State Board of Education Policy Executive）负责政策的调研、制定和宣传推广工作。州教育厅（The Department of Education）负责执行州教育委员会出台的政策。[2]

（二）密歇根州州立大学校长理事会的治理架构

州立大学校长理事会由 15 所州立大学校长组成。该理事会下设校长委员会（Presidents and Chancellors）、学术事务委员会（Academic Affairs Officers）、招生入学事务委员会（Admissions Directors）、校友事务委员会（Alumni Directors）、数据分析委员会（Analytical Studies）、商务事务委员会（Business Affairs Officers）、职业生涯服务委员会（Career Services Directors）、

---

[1] The Legislative Service Bureau. Michigan Manual 2011-2012 [M]. Lasing: The Legislative Service Bureau, 2012: 353.

[2] The Legislative Service Bureau. Michigan Manual 2011-2012 [M]. Lasing: The Legislative Service Bureau, 2002: 487-488.

第五章 个案研究3：密歇根州政府对州立大学治理的规范性制度分析

首席信息官员委员会（Chief Information Officers）、继续教育与职业发展委员会（Extended Education and Professional Development）、经济资助委员会（Financial Aid Directors）、法律事务委员会（Legal Affairs Officers）、公共信息与学校发展委员会（Public Information and Institutional Advancement）、大学注册委员会（Registrars）、联邦与州政府关系委员会（State and Federal Relations）、学生事务委员会（Student Affairs Officers）15个专业委员会。[①]

州立大学校长理事会共有三名行政办公人员——一名秘书长和两名协助人员。这些行政人员只对校长理事会的董事会负责，具有服务各州立大学和理事会下设的委员会的职能，没有指挥和领导权。州立大学校长理事会类似于行业协会，不是州立大学的上级部门，不负责对州立大学的治理，只有一定的协调和服务职能。"校长理事会既是州立大学的代表，也是州立大学之外的第三方机构"。（MA）

（三）州立大学政府关系部门的组织架构

本研究以密歇根大学为例，研究其政府关系业务的组织架构。密歇根大学有专设的政府关系事务副校长办公室（the Office of the Vice President for Government Relations），负责政府关系和社会服务业务。该办公室的业务共分四条主线：州政府关系（State Relations）、联邦政府关系（Federal Relations）、社区关系（Community Relations）和全州社区服务（State Outreach）。

密歇根大学具有明晰的政府关系组织架构图（详见附录21）。根据访谈和组织架构图内容，密歇根大学整个大学的政府关系事务由密歇根大学的一位副校长专职负责。在其组织架构图中，联邦政府关系和社区关系（包括全州社区服务）两条主线清晰，负责人员和支持人员配置完整，而州政府关系在架构图中没有明确的说明。经过访谈发现州政府关系由主管副校长亲自负责。"我（副校长）本人可以说是州政府关系主任，负责与州长的接触

[①] Presidents Council, About the Council: [2012-10-15]. http://www.pcsum.org/aboutthecouncil/councilcommitteedirectories.

和沟通，我有专业的知识和兴趣开展此项工作。我每天都会开展游说工作。"（MB）"政府关系副主任（Government Relations Associate）协助开展州政府关系，主要分析立法政策，征求学校各单位对立法的意见，负责答复联邦和州立法人员的问题。"（MR）

总之，密歇根大学有系统的组织架构图，配备有16名专职雇员，具有四条业务路径，形成了由校领导领导，专职人员负责和全校各单位参与政府关系的工作体系。

（四）学术权威系统

密歇根州州长任命州内专业人员担任中西部高等教育联盟（Midwestern Higher Education Compact）的官员。中西部高等教育联盟成立于1991年，是全美四大州际联盟之一，通过协作和资源共享，提高会员州的能力，使得高等教育运行和发展实现最优化，从而提升美国中西部的活力。密歇根州州长任命人员参加联盟。他认为"这些富有思想，见多识广的人士将会与邻州协同工作，实现年轻人教育机会的最大化，同时为我们节省成百上千万美元。"①

密歇根州州立大学校长理事会参加州高等教育执行官员协会（SHEEO）。该协会是美国各州高等教育行政主管机构共同加入的全国性协会。该协会的网站上列出所有会员机构的最高高等教育行政官员的姓名与职位，以及所在机构的网站链接。该网站没有列出密歇根州高等教育治理机构的任何信息。"我们是州高等教育行政官员协会的会员，我们总是被邀请并积极参加他们的会议，但是我们未被列入其官方网站。我们与协会开展一些合作。协会有很多的董事会参加，他们编制的报告很好。我们在编制报告时可以学习参考。"（MA）

密歇根大学在密歇根州发起成立了大学研究走廊（University Research

---

① Snyder appoints members to Midwestern Higher Education Compact ［EB/OL］（2011-06-01）［2013-02-10］. http://michigan.gov/snyder/0, 1607, 7-277-257100-, 00.html.

第五章　个案研究 3：密歇根州州政府对州立大学治理的规范性制度分析

Corridor）。"我们联合三家大学——密歇根大学、密歇根州立大学和韦恩州立大学成立了大学研究走廊。我们不具备州政府机构的功能，主要目的是三方协作，代表全州平衡三所大学的经济优势。走廊不游说政府，但是它们提供的材料可用于游说。"（MR）此外，密歇根大学还参加了密歇根州州立大学校长理事会。各州立大学的重要职能部门的官员都参加理事会下设的 15 个委员会的会议，分别探讨各个业务模块在发展中遇到的问题，取长补短，相互学习和促进。对于共同遇到的问题，他们会呼吁校长理事会出面向州政府和议会沟通，寻求政府层面的解决策略和政策。此外，密歇根大学还积极参加全国性的学术组织，如美国大学学会（AAU）、美国公立及赠地大学协会（APLU）、美国州立学院与大学协会（AASCU）。"我们大学主要参与美国大学学会和美国公立及赠地大学协会的工作，与美国大学协会互动频繁，因为其成员都是精英中的精英，都是百里挑一的、研究型的大学。这些全国性的组织关注全国性的政策。这些协会对于大学而言类似于咨询专家。它们也会向联邦和州政府提供研究报告，但不会直接支持大学。"（MR）

从访谈内容和现场调研结果分析，密歇根州从州政府到行业协会，再到州立大学都参与学术机构的活动。这些州内的理事会或联盟对于加强州立大学与州政府的沟通有着直接的作用。这些区域性或国家级学术机构为州政府开展高等教育治理，制定宏观政策和州立大学的外部治理提供了信息、经验和政策发展的新视角，有助于州政府和州立大学借鉴他人的成功经验，从理性和学术的角度处理双方之间的关系和发展中遇到的问题。

（五）州政府与州立大学的互动路径

州政府有自身对高等教育的价值观和期望，各州立大学都有自己的使命、价值观和特点，双方的互动方式决定了密歇根州大学系统治理的效率和效能，对于全州高等教育、经济和社会的发展具有重要的作用。

1. 州长提名或任命州立大学董事

州长提名三所研究型大学（其中密歇根大学三个校区在一个董事会的治理之下）董事会成员，经过全州选举后担任三所大型研究型大学的董事。

州长任命其他 10 所州立大学的董事到对应的大学董事会任职，领导各州立大学。这些董事将会代表全州及州政府治理各州立大学，提供高质量和负担得起的高等教育。州长提名或任命董事到各个州立大学从一定程度上可以使州立大学与州的发展目标保持一致。这些董事不可避免地成为州政府与州立大学沟通的桥梁与媒介。

2. 州长召集年度教育峰会

密歇根州州长年度教育峰会（Governor's Education Summit）到 2013 年已经组织召开了 18 届，已成为密歇根州的一种传统。在每年的峰会上，州长会提出对全州教育的期望、要求，全州数百名教育专家和学校的领导共同讨论全州共同关心的问题，共议全州教育未来发展大计。州长年度教育峰会成为州政府与教育界沟通的一个平台，对州政府与州立大学加深理解，寻求问题的解决之道有着重要的价值。

3. 州长及立法机构与州立大学校长理事会沟通

州立大学校长理事会作为全州州立大学的代表，受到州政府和立法机构的重视。为了节省时间，提高效率，"州长和立法机构也通过校长理事会进行沟通，比如，学生补课、转学和退伍军人上大学等事宜。我们与州教育委员会和州教育厅也有密切的合作。我们与州政府采取电话、会谈和开会的方式开展沟通。如果州长办公室有任何问题，他们会联系我们。我们负责解答。我们也参加州教育委员会组织的会议，向他们提供建议和支持，协助解决教育问题。"（MA）密歇根州州议会在审查预算、制定政策前会邀请大学相关人员参加听证。"校长理事会会组织大学校长到议会参加听证，与议员们直接沟通。"（MA）

4. 州立大学校长理事会和州立大学游说州政府

密歇根州州立大学校长理事会是全州 15 所州立大学的代表。对于全州州立大学的共同利益和他们达成的共识，校长理事会会主动到州政府和州议会积极游说。"校长理事会负责培训新履职的议员，向他们介绍全州高等教育的总体状况和高等教育对于全州发展的重要性"。（MA）"对于州议会颁布的影响州立大学的政策，校长理事会会发表意见，也会从各大学搜集数据证明大学的业绩，校长理事会会集思广益，搜集资料，呈现结论。校长理事会非常实用的功能是提供呼应立法机构的核心内容。此外，他们还会提出州政府对高等教育支持的新方式。"（MR）

密歇根大学董事会的官员指出"密歇根大学与州长、州议会的沟通都是通过负责政府关系的副校长进行。"（MB）根据访谈了解到，密歇根大学负责政府关系的副校长每天都会游说州政府，都会和州长或州议会进行沟通。此外她的副手专门负责回答州长办公室和州议会的问题。

5. 州立大学校长理事会和州立大学编制年度报告

根据州政府的要求，州立大学校长理事会向州长和州议会提交报告《协作成功：合作提升公立高等教育》。"由于州政府认为州立大学独立运作，缺乏与其他大学的合作，因此要求我们组织州立大学探讨如何合作，并提交报告"（MA）。"密歇根大学准备很多报告。每年我们编制《年度财务报告》（Financial Report）说明我们取得的业绩，包括毕业学生人数、专利数目、研究项目、职员数量等。政府关系副校长根据议会的要求提交各种不同的报告。此外，我们每年还向州议会提交预算申请报告，说明如何提高入学率和可支付能力、如何削减经费、颁发哪些学位等。"（MB）

在州政府与州立大学的互动路径中，州长通过年度教育峰会呼吁教育界共同研讨教育问题。互动中发挥主要作用的是州立大学校长理事会的游说与沟通。民间协会在州政府与大学沟通中发挥着重要的桥梁作用。

三、特征：关系系统在秩序基础上表现出微弱的约束性期待

在关系系统中，州级高等教育治理体现为一种扁平化的平面式结构。州政府、行业协会和州立大学董事会三者透过市场机制形成州级高等教育治理的共同体，三者地位平等，相互协作。由于州宪法赋予州立大学自治权，因而密歇根州没有法定的、成体系、成建制的高等教育治理机构。州教育委员会的设置属于州教育治理的顶层设计，经过宪法批准，以州法律的形式传播社会，内部机构设置简单，主要针对基础教育服务。由此，其制度设计具有

合法性，在扩散机制上具有规范性，对于全州的基础教育具有约束性，对州立大学在秩序基础上没有约束性期待。由于州立大学自主治理，州教育委员会对州立大学的协调职能曾经引起州立大学的愤怒和起诉，结果是州高等法院宣布州教育委员会无权干涉州立大学，此后基本上双方"井水不犯河水"，相安无事。

该州的州级高等教育治理机构由州立大学参与的行业协会——州立大学校长理事会"越俎代庖"。行业协会站在行业的角度根据社会市场需求协调州立大学之间、州立大学与州政府、州立大学与基础教育等之间的关系。校长理事会的架构设计类似于行业协会，以功能划分下设的15个委员会，分类清晰，具有很强的实用性。校长理事会是州立大学根据自身发展的需要和为了更好地履行社会责任，自发协调全州州立大学的发展而成立的，具有制度设计与建立的合法性与自发性，对州立大学行为具有秩序的约束性期待和行为的规范性。州立大学会自觉审视和判断自身行为与理事会要求的一致性和适当性。

密歇根大学具有明确的政府关系组织架构图，四条业务主线划分清楚，人员配置较为完备。由于大学高度自治，因此从机构设置和人员配置上可以看出密歇根大学的政府关系更倾向于地方的社区服务和联邦政府沟通，对州政府的配置相对较少。这种配置反映了州立大学充分了解州政府的职能和对州立大学的影响力，因而把州政府关系放在较为次要的地位。

州政府、州立大学校长理事会和密歇根大学都参加了相应的学术权威机构，可以从不同层面了解高等教育外部治理的经验、惯例、制度与发展前沿。学术权威机构自动成为各方的咨询机构和智库，为州政府和州立大学提供技术支持和保障，有利于各方理性思考，科学谋划和决策，提升高等教育外部治理的效率和效能。学术权威机构可以使各方了解自身的社会责任，其推荐的标准、惯例等资料仅能对州政府、州立大学的行为提供适当性和规范性的判断依据。密歇根州州政府与州立大学的互动以州立大学校长理事会为主，具有多种路径，沟通畅顺，有利于问题的解决和新政策的研究与出台。

第四节　密歇根州州立大学校长理事会及密歇根大学的使命与角色

在密歇根州，根据州宪法，州级高等教育治理组织是密歇根州教育委员会，但是法院的判例已经否决了其规划协调权力，实际上密歇根州州立大学校长理事会在对各州立大学发挥一定的协调职能，因此本节将分析密歇根州州立大学校长理事会以及密歇根大学的使命、角色与职能。

一、存在形式：民间行会网页、认证报告

密歇根州州政府对州立大学治理的规范性制度中惯例的存在形式主要包括：州立大学校长理事会网站中"使命"网页、《密歇根大学认证报告》（2010 年）、密歇根大学网站"大学使命"网页等。

二、内涵：民间行会主导州级高等教育的协作与沟通

（一）密歇根州州立大学校长理事会的使命、角色与职能

根据密歇根州宪法，州立大学享受自治，因此，严格来讲密歇根州没有州级高等教育治理组织。州立大学校长理事会作为民间行会组织，具有一定的协调和沟通职能，一定程度上在履行州高等教育治理机构的职能，由此，本节主要分析州立大学校长理事会的使命、角色与职能。

1. 州立大学校长理事会的使命

根据密歇根州州立大学校长理事会的官方网站，该理事会的主要使命是"倡导人们将高等教育视为公共福祉（Public Good），提升高等教育的综合价值，以服务公共利益和密歇根州"。[①] 这个使命看起来很简单，其内涵却很丰富。首先，州立大学校长理事会会做宣传工作，游说和呼吁州政府、立法机构、商业机构和全州公民理解高等教育的内涵和价值。其次，作为全州

---

① Mission statement. President's council [EB/OL]. [2013-02-10]. http://pcsum.org/aboutthecouncil/ourmission.

州立大学的代表，应该发挥行业协会的作用，协调和促进高等教育机构的协作，实现共赢，提升整个高等教育的价值，更好地服务密歇根州的工商企业和社会大众，为密歇根州的社会发展提供支持和保障。

2. 州立大学校长理事会的角色定位

密歇根州的州立大学享有宪法赋予的自治权，拒绝州教育委员会的规划与协调，但是州立大学之间、州立大学与社区学院之间、高等教育与基础教育之间不可避免地出现摩擦与问题，这些大学也会面临共同的发展难题。密歇根15所州立大学自发组织成立的"州立大学校长理事会"应运而生，因此它首先具有行业协会的角色和性质。在访谈中，州立大学校长理事会的官员认为校长理事会不是政府机构，但是对高等教育机构在履行一定的政府机构的组织和协调职能。换句话说就是民间机构担当一定的政府机构的角色。密歇根大学的政府关系官员在访谈中认为校长理事会是接近于15所州立大学代表的机构，其隐含的意思是密歇根州各州立大学享有宪法赋予的自治权，每所大学高度自治，各有各的利益诉求，没有一家政府或民间机构可以完全代表它。同时各个州立大学又有一些共同利益和共同诉求，校长理事会就是各州立大学共同利益与诉求的代表。

3. 州立大学校长理事会的职能

根据州立大学校长理事会的官方网页的内容，可以发现州立大学校长理事会的主要职能。在15所州立大学校长的集体领导下，州立大学校长理事会为完成自己的使命，将开展如下工作：（1）宣传州立大学如何通过教育、社会和经济发展服务提供公共产品；（2）提供研究和信息服务，满足州立大学的政策与资源需要；（3）提升州立大学综合实力，提高州立大学运行、自主治理和公共问责的效能；（4）为各利益相关方搭建论坛，提高对高等教育公共投资价值的共同认知，加深人们对高等教育贡献社会的价值理解。

在访谈中，密歇根大学的政府关系官员认为州立大学校长理事会的职能包括两个方面："一是对影响大部分州立大学的问题或利益进行高密度的游说，二是在州立大学之间、州立大学与社区学院之间以及大学与中学之间开

第五章　个案研究3：密歇根州州政府对州立大学治理的规范性制度分析

展一定的协调工作，但是这种协调不是正式的协调，不是强制执行的"。（MR）

这些职能总结起来包括两个方面：其一，宣传州立大学和高等教育的社会价值，赢得州政府和社会大众对高等教育的理解与支持；其二，为州立大学搭建平台，使其相互协作和协调，促进州立大学共同和谐发展。

（二）州立大学的使命、角色与职能

密歇根州各州立大学的大学使命是由各大学董事会自行决定的，不受州政府或州教育委员会的干预和指导。现以密歇根大学为例分析密歇根州州立大学的使命、角色和职能。

1. 密歇根州立大学的使命

根据密歇根州立大学官方网站校长网页和《密歇根大学认证报告》（2010），密歇根大学的使命为"通过知识、艺术和学术价值的创造、传播、保存与运用，培养挑战当下和开创未来的领导者与公民，服务密歇根州和世界人民"[1]。密歇根大学的使命并没有突出大学的办学类型，非常简明，但却反映出大学的复杂性。密歇根大学由于具有学术分权的传统，也有对基础设施、服务等统一治理的传统，两者相互平衡的结果就造成密歇根大学的使命非常宽泛。密歇根大学宽泛的使命可以包容不同的专业目标与目的。它传递出这样一种理念："每个教学单位的教师都是本单位学术使命的维护者"[2]。

在对大学使命的认识上，密歇根大学认为密歇根大学对密歇根州的责任主要是教育，特别是提供高质量的本科教育，以及影响政策的研究，为本州社会和经济发展服务。密歇根大学把为密歇根州和世界人民服务作为自己的使命，既反映了密大对大学与社会关系的认识，也表明了大学应该具有的战

---

[1] Mission Statement. University of Michigan [EB/OL]. [2013-02-05]. http://www.president.umich.edu/mission.php.

[2] The Regents of the University of Michigan. Report to the Higher Learning Commission of the North Central Association of Colleges and Schools [R]. Ann Arbor: The University of Michigan, 2010: 11.

略眼光。在密歇根大学看来，大学有责任为州的经济发展作贡献，尤其是作为一所公立的研究型大学，更是责无旁贷。因为大学对经济发展所做出的贡献，可以为大学赢得更多的政府支持以及更高的社会认可度。

2. 密歇根州立大学的角色

密歇根大学创建于1817年，是美国公认的第一所州立大学，也是美国第一家获得州宪法自治地位的大学。密歇根大学在密歇根州有三个校区，分别是安娜堡、迪尔本和弗林特校区。密歇根大学设有19个学院：建筑与城市规划学院、艺术设计学院、商学院、牙医学院、教育学院、工程学院、拉克哈姆研究生院、信息与图书馆研究学院、法学院、文理学院、医学院、音乐戏剧学院、自然资源学院、护理学院、药学院、运动学院、公共卫生学院、公共政策学院、社会工作学院。全校学生总数5.2万人，教职员工有3.8万名，开设588个专业，开设3000多门本科课程。密大建校以来，在各学科领域中成就卓著，多项调查显示密歇根大学超过75%的专业排在全美前10名，被誉为"公立常春藤"，与伯克莱加州大学以及威斯康星大学麦迪逊分校素有"公立大学典范"之称。

3. 密歇根州立大学的职能

密歇根大学的大学使命比较简明，其中没有明确其属于哪种类型的大学。尽管从其他文献了解到密歇根大学属于研究型大学，但是大学使命中几个关键词——"知识与艺术、服务、良好的公民素质、领导力"可以使我们对大学的职能有一个基本的认知。密歇根大学2010年的认证报告认为密歇根大学的使命反映了密歇根大学的主要职能活动——研究与创新、教育与服务。尽管作为研究型大学密歇根大学非常重视创新和研究，但是其教育水平之高和服务社会之广也是人所共知的。

三、特征：行会组织的角色与职能在扩散机制上具有规范性

在惯例方面，密歇根州州立大学校长理事会作为州立大学自发成立的行业协会组织，以民间机构的身份履行州级高等教育治理机构的职能，并得到州政府、州议会、州立大学和社会机构的广泛认可，其身份具有合法性，其

第五章　个案研究3：密歇根州州政府对州立大学治理的规范性制度分析

对于州政府的游说具有合法性，在扩散机制上对州立大学具有规范性，其使命和职责由州立大学自发制定，表明其社会责任，对州立大学具有明确的遵守基础。其对于州立大学的协调是州立大学自发达成，在秩序基础上对州立大学形成一定的约束性期待。由于属于行业协会性质，其运作程序和运行惯例由州立大学参与制定并响应和遵守，在逻辑关系上具有适切性。

密歇根大学的使命简明，反映出大学的办学复杂性。密歇根大学学术分权，治理统一，因此很难使大学使命具体化。由于密歇根大学办学历史悠久，其角色和职能已经得到密歇根州和全美乃至世界的认可。密歇根大学的使命、角色和职能已经变成惯例，变成标签，已经内化为密歇根大学的社会责任，得到全体师生的遵守，已经成为校内教职员工共同遵守的规范性制度，在秩序基础上具有约束性期待。州立大学的使命和职责是根据社会发展需要和董事会对大学的定位自主制定的，具有制度建立的合法性，对州立大学办学具有自我约束性和规范性。

第五节　密歇根州高等教育政策与大学的管理发展

密歇根州的州立大学享有州宪法赋予的高度自治权。各州立大学分别制定自己的政策。州政府没有州级职能部门制定统一的高等教育政策，但是州长的政府预算，州长提出的教育改革计划和州教育委员会向州长提出的预算建议中对全州高等教育提出的一些要求、预算计算公式和规定，对州立大学的预算拨款和发展具有奖惩和导向作用，可以理解为政府政策。根据州宪法，密歇根州没有州级机构负责制定全州的高等教育发展规划。由于各个州立大学高度自治，即使制定了全州的高等教育发展规划或议程，未必会得到州立大学的响应。州立大学参加的两个行业协会吸收了州立大学的思想，经过集思广益推出的协作规划和全州转型规划对州立大学具有一定的约束性。

一、存在形式：州预算、州发展规划

密歇根州州政府对州立大学治理的规范性制度中人工器物的存在形式包

括：《密歇根州 2013—2014 财政年度执行预算》、州长提出的《密歇根州教育改革计划》、州立大学校长理事会提出的《协作成功：合作提升公立高等教育》、密歇根州商界领袖组织提出的《密歇根州转型计划》、密歇根大学 2010 年的《认证报告》等。

二、内涵：缺乏州级高等教育政策，行会自发引导规划

（一）州政府对州立大学的政策

1. 州政府的预算政策

密歇根州州长代表州政府每两年编制一次密歇根州两年度执行预算（Executive Budget）。其中有专门的"高等教育"章节说明高等教育拨款的划分依据和奖惩标准，这种预算是州政府对州立大学治理的重要政策。例如，在《密歇根州 2013—2014 财政年度执行预算》中，州长提出："今年增加的 3% 的经费将根据绩效公式计算后下拨。绩效计算是基于四个量度：获取学士学位毕业生的增幅、本科生形成核心能力（critical skill）的人数、本科生中获得佩尔助学金的学生人数、服从学费控制要求。控制学费工作出色的大学获得更多的拨款"[①]。这里明显给出两个政策导向，其一是政府拨款部分采用绩效拨款的形式下拨，四个维度就是要求州立大学注重大学绩效，提高教学质量，培养更多的优秀学生。其二是对学生学费的控制，控制得力将得到更多的预算拨款。

2. 州长的教育改革计划

2011 年 4 月密歇根州州长辛德向州议会提出了《密歇根州教育改革计划》（A Special Message from Governor Rick Snyder：Education Reform）。其中提出基于绩效的学校系统（Performance-Based System of Schools）、基于绩效的教学（Performance-Based Teaching），说明现任州长重视学校和教师的绩效，重视问责，其拨款政策将以绩效为重要依据。此外，他还提到创建一个

---

① Rick Synder. Executive Budget Fiscal Years 2013 and 2014 [M]. Lasing：State of Michigan，2012：B-27，28.

第五章 个案研究3：密歇根州州政府对州立大学治理的规范性制度分析

基础教育和高等教育无缝对接的"学位教育"（Degrees Matter）体系。这些改革计划的部分内容已经在后续的年度预算中得到体现，州立大学应该主动加强绩效管理，主动与基础教育对接，为学位教育的无缝对接体系建设创造条件，一方面可以获得州政府政策的支持，另一方面也为自己的可持续发展提供源源不断的生源。

（二）行业协会的发展建议和规划

1. 州立大学校长理事会的协作建议

州立大学校长理事会根据州政府的要求连续三年每年提交《协作成功：合作提升公立高等教育》报告。2012年的报告分两部分。第一部分提出成立密歇根州大学保险公司、密歇根州大学健康联盟等项目。第二部分提出专业审查、创业大学、高等教育招生联盟、高等教育入学网络、高等教育转学网络等项目。这份报告是全州州立大学的建议，也是对全州的承诺，类似于州立大学协作的共同发展规划，对州立大学的未来合作发展具有一定的约束性。

2. 商界领袖组织的《密歇根州转型计划》

密歇根州商界领袖组织的成员包括密歇根大学等众多州立大学。该组织根据密歇根州未来经济发展的形势提出了《密歇根州转型计划》（2012）。其中第四步特别提到为满足未来全州经济发展对人才的需求，州立大学应从规模和速度上加强人才的培养，州政府应加强对高等教育的投资力度。由于州立大学参与了转型计划的数据分析等准备工作，其中表达了州立大学的一些诉求和期望，符合州立大学与全州的社会发展利益，理应得到州立大学的响应。

（三）州立大学的发展规划

经过文献研究和访谈发现，密歇根大学没有成文的发展规划。"大学董事会帮助我们形成一些战略规划。董事们积极参与规划的确定。他们会通过与校长的合作确定发展规划。密歇根大学是个很大、很复杂的大学。大学很大，权力很分散，很多权力已经分解到学院等教学或研究单位，因此没有一个全校统一的战略规划。"（MB）通过密歇根大学的发展愿景，可以窥见密歇根大学对未来发展的一些设想。

根据密歇根大学官方网站的校长网页和密歇根大学2010年的认证报告，可以发现密歇根大学的发展愿景与一般大学的表达方式不同。密歇根大学用了十个方面来说明其大学的愿景，其中包括：我们要建成学习共同体；我们支持和促进多方位的创新研究；我们利用研究和经验培养学生的领导力；我们赞赏和促进各种形式的多元化，寻求特别的生命体验所带来的理解与观点；我们给学生提供国际化的教学经历，使他们适应快速变化的全球化社会；我们通过发现和实践促进健康体系建设；我们促进密歇根州和其他区域的经济发展；我们努力成为雇主典范，在社会建设中发挥积极影响；我们以道德的思维和负责任的态度致力于保护财政的、物理的和环境的资源；我们愿意接受挑战，迎接发展机遇。这些愿景比较具体，有些像发展规划的压缩版，因此通过理解其愿景可以看到密歇根大学对未来的一些规划。

（四）州立大学认证机构的认证标准

密歇根州州立大学的认证都是由美国中北部院校协会（North Central Association of Colleges and Schools）下设的认证机构—高等教育委员会（Higher Learning Commission）进行的，一般每隔十年进行一次再认证。高等教育委员会依据五项评估标准对大学进行评估认证。这五项标准包括：大学使命（Mission），诚信：符合伦理的负责任的行为（Integrity：Ethical and Responsible Conduct），教学：质量、资源和支持（Teaching and Learning：Quality，Resources，and Support），教学：评估与提升（Teaching and Learning：Evaluation and Improvement），资源、规划和大学效能（Resources，Planning，and Institutional Effectiveness）。[①]"密歇根大学除了全校接受高等教育委员会的评估认证之外，各教学单位还要接受专业机构的评估。比如，商

---

① Higher Learning Commission. Criteria for Accreditation [EB/OL]. (2012-02) [2013-07-16]. http://policy.ncahlc.org/Policies/criteria-for-accreditation.html.

第五章 个案研究3：密歇根州州政府对州立大学治理的规范性制度分析

学院、医学院都要接受本行业专业机构的评估。各教学单位需要满足相应的职业标准才能通过评估。密歇根州所有的州立大学都接受认证。这是密歇根州高等教育的传统。大学接受评估的目的在于提供一定程度的问责和透明度。政府预算不考虑认证结果，州议会也不考虑认证结果，认证是为了公众利益或者为了得到公众的理解与认可，并非为了政府关系。学生父母会将认证当作一种衡量工具，来预判学生未来是否有可能成功。"（MR）

通过对密歇根州州政府对州立大学治理中的人工器物分析发现：州政府制定的预算和学生学费政策是由州政府通过预算文件做出的。行业协会向州政府提交的建议或者全州的转型计划，由于加入了州立大学的参与和贡献，得到其认可，因而具有一定的约束性。大学认证机构的认证标准在高等教育界得到普遍认可，达到认证标准已经成为一种传统和惯例，也是向社会展示大学办学绩效，提供问责与透明度的一种机制。如果密歇根州的大学达不到认证标准，在情感上会有耻辱感，也会受到州预算等的约束。密歇根大学虽然没有成文的发展规划，其大学愿景和使命对全校各个教学与研究单位具有长期的指导作用，由此衍生的二级学院或单位制定的发展规划，是对密歇根大学发展规划的具体化和实践，表明各自的社会责任和对社会的承诺，对自身具有一定的约束性。

三、特征：人工器物在扩散机制上具有一定规范性

在人工器物方面，密歇根州全州没有系统的高等教育政策，也没有官方的全州高等教育发展规划或议程。州政府通过执行预算或者通过州长的教育改革计划变相地推出高等教育的政策，这种政策随着政治党派的变更具有一定的不稳定性和随机性。州预算是州政府对州立大学治理的一项重要政策。由于预算中设计了大学绩效计算的维度和计算公式，其结果关系到州立大学得到预算的比重和额度，因而在秩序基础上对州立大学具有较强的约束性期待，在制度扩散与执行上具有规范性。

密歇根州州立大学校长理事会和密歇根州商界领袖组织的规划或协调建议是自下而上自发制定的，已经经过数据分析和可行性的论证或讨论，在遵

守基础上强化了州立大学的社会责任，在秩序基础上对州立大学具有一定的约束性期待，在制度扩散上具有规范性。

密歇根大学由于学校规模较大，学术分权，难以制定全校的发展规划，但是其发展愿景中有十项具体内容，表明了大学的社会责任，为全校各教育与研究单位提供方向和指导，对整个大学办学具有一定的规范性。

总之，在密歇根州州政府对州立大学治理的规范性制度中，州政府没有州高等教育的治理权，全州没有官方的、正式的高等教育治理机构，其符号系统、关系系统、惯例和人工器物方面的规范性制度较为松散。州政府没有制定系统的高等教育治理政策和规划。州政府对州立大学的政策随着州长和州内执政党的更替而变化，具有不稳定性。全州州立大学的协调与规划由州立大学参加的行业协会主导，通过市场化的手段实施。行业协会成为州政府和州立大学、州立大学之间、州立大学与社会沟通的媒介。州政府对州立大学的治理最小化，州立大学董事会对州立大学的治理具有自主化，市场内的民间机构主导州立大学、州政府和市场的协调关系，确定州级州立大学协调的政策与规划。这种小政府、大市场和自我理性经济人的运行规范充分体现以市场为主导和手段的新自由主义治理特点。

第六章 三个个案规范性制度的比较分析

美国各州由于经济条件、法律制度、拨款机制、人口规模、高校数量和高校治理传统不一，形成了多元的美国州级高等教育治理组织与模式。本研究选择三种典型模式和三个典型州及三所典型的州立大学，代表美国 50 个州的高等教育外部治理模式。三种治理模式样本在经济地位、地理区位、州立大学规模、州政府拨款额度和学费水平等方面具有相近性和相似性。同时，三个州和州立大学在规范性制度的象征符号系统、关系系统、惯例和人工器物方面又具有差异性。经过相似性和差异性的比较与分析可以帮助辨识三个样本州州政府对州立大学治理的规范性制度的独特性，厘清规范性制度载体与治理模式的内在关系，寻求规范性制度与治理模式的对应关系。

第一节 三种规范性制度的并置比较

并置比较从美国的贝雷迪的四步法开始，已经在比较教育中得到应用。本节主要是将三个案例中州政府对州立大学治理的规范性制度四个载体的存在形式、内涵和特征的主要内容进行并置。通过并置，发现四个载体在存在形式、内涵和制度特征方面的异同，为后续分析规范性制度与州级高等教育治理模式的内在关系提供理论依据。本节的并置主要关注州政府和州级高等教育治理、协调和规划机构的规范性制度。通过并置比较之后，在本章后

表 6-1 三个样本州政府对州立大学治理的规范性制度对比表

样本州 制度载体		威斯康星州	俄亥俄州	密歇根州
存在形式		州法令中《威斯康星大学系统使命》、州预算、威斯康星大学系统的《威斯康星州发展议程》	州长的《州情咨文》、州预算、《高等教育战略规划 2008—2017》、《俄亥俄州大学学业完成计划》	州长竞选纲领、州预算
符号系统	内涵	价值观：1. 将社会服务延伸到大学之外。2. 追求真理。 期待：提高毕业率、学生保持率、学位发放数量；招收本地学生，办好高等教育；培养更多人才，创造更多就业机会；建设更强社区等。	价值观：1. 促进全州的经济发展。2. 提高人口素质和生活水平。3. 重视绩效，加强问责。4. 协作提升高等教育的政策水平和水准。 期待：注重业绩效、提升质量、保障毕业；提升竞争优势、强化能力；吸引最聪明的学子到州内上学和工作，培养非传统学生和边缘学生；保证学生负担得起大学费。	价值观：1. 提高居民素质。2. 加强问责，提高效率和效能。3. 提供居民负担得起的教育服务。 期待：教学内容要有实用性；控制学费增长，加强绩效管理，提高学生的毕业率、提升居民素质；提供人才保障，助推全州经济发展；加强同责，控制成本。
	制度特征	价值观和期待以州法律自上而下强制传递，体现在大学系统使命中，变为社会责任，其秩序基础具有强烈的约束性期待，扩散具有强制规范性。	价值观以州预算等呈现，在秩序基础上具有强烈的约束性规划。州高等教育董事会主席以规划传递价值观，具有制度扩散的规范性。	价值观和期待以州预算等表述，对州立大学在秩序基础上具有强烈约束性期待，制度扩散基础上具有规范性。

180

第六章 三个个案规范性制度的比较分析

续表

样本州 制度载体		威斯康星州	俄亥俄州	密歇根州
关系系统	存在形式	1. 威斯康星州州级高等教育治理关系图（图3-2）。 2. 威斯康星州法令第36章。 3. 威斯康星州大学系统组织架构图（附录15）。 4. 威斯康星州大学系统行政管理组织架构图（附录16）。	1. 俄亥俄州州级高等教育治理关系结构图（图4-2）。 2. 俄亥俄州法令第3333章"俄亥俄州高等教育"。 3. 俄亥俄州高等教育董事会主席管理结构图（附录18）。	1. 密歇根州州级高等教育治理关系结构图（图5-2）。 2. 密歇根州宪法中有关州教育委员会和州立大学的条款。
	内涵	1. 治理关系：从州政府到大学系统，大学系统主席及其行政机构再到大学系统各个分校分层治理。 2. 治理架构：自上而下垂线型。 3. 州级高等教育治理机构制度设计严密，部门和人员众多。	1. 治理关系：州政府、州高等教育董事会主席和州立大学三个层次形成由上而下的强势协调；州立大学业内协调，统一游说。 2. 治理架构：纵横交叉型。 3. 州高等教育董事会主席和行政机构部门和人员较多。	1. 治理关系：州政府拨款和立法，州立大学董事会治理，行业协会通过市场机制规划，三方关系平等。三方在州级高等教育治理中形成协调、协作共同体。 2. 治理架构：平面扁平化型。 3. 没有州级高等教育治理机构。
	制度特征	主要的治理相关方在三个层次，自上而下在秩序基础上具有强势的约束性期待，其社会责任由政府授权和法律规定，具有强烈的强制规范性和遵守约束力。	全州高等教育协调权授予一人之身，具有集权性，在秩序基础上具有强烈的约束性期待，其社会责任由政府授权和法律规定，具有强制度扩散的强制规范性和遵守基础。	关系架构明确，各方习惯于市场化的社会角色和角色定位，各安其位，具有遵守和规范性等待，在责任基础上具有规范性，在制度扩散基础上具有自我规范性和秩序基础上具有自约束性。

续表

样本州 制度载体	威斯康星州	俄亥俄州	密歇根州
存在形式	州级高等教育治理机构无明确使命，体现在州法令《威斯康星大学使命》和"威斯康星大学系统董事会"。	州法令第3333章"俄亥俄高等教育董事会"；州《高等教育发展规划 2008—2017》	密歇根州州立大学校长理事会网站中"使命"网页。
内涵举例	1. 使命：培养人才；发现和传播知识；将知识传递和应用到校园之外；通过培养学生高尚智能、高度的文化和人文意识，培养科学、专业和技术的素养以及目标意识，以服务社会，促进社会发展。 2. 角色：州法令确定身份，是全州大学系统的法人和唯一的董事会，具有治理权、预算分配权、政策制定权。 3. 职责：州法律确定的13项内容，包括校长任命、预算拨款、授予学位等州立大学治理的各个方面。	1. 使命：州高等教育董事会主席的使命随州长而定，无明文内容。 2. 角色：州高等教育董事会主席由州法律确定身份，由州长聘任，是州长内阁成员，拥有全州高等教育的协调权。 3. 职责：州法令确定的共22项职责，包括制定全州大学发展规划、审查州立大学位申请等。	1. 使命：倡导人们将高等教育视为公共福祉，提升高等教育的综合价值，以服务公共利益和密歇根州。 2. 角色：州立大学校长理事会属于民间行会组织，具有州法律准许的治理权和协调权，对州立大学无实际的治理的游说权。 3. 职责：行业协会内定职责，共四条，包括为州立大学提供公共宣传、信息服务和搭建论坛等。
制度特征	使命和职责通过法律赋予，具有明确的社会责任，具有扎实的遵守基础，在秩序基础上对州立大学具有较强的约束性期待，在扩散机制上具有强制规范性。	经州法令确定个人对全州高等教育协调权，社会责任明确，具有扎实的遵守规范性，具有制度扩散的规范性，在秩序基础上对州立大学具有强烈的约束性期待。	使命、职责具有自发性，自我约束性和规范性，在扩散机制上具有自我规范性。

第六章 三个个案规范性制度的比较分析

续表

制度载体	样本州	威斯康星州	俄亥俄州	密歇根州
人工器物	存在形式	1.《威斯康星州2013—2015年度政府预算》。 2.《威斯康星大学系统的政策》、《威斯康星大学发展议程》。	1.《俄亥俄州2014—2015财政年度执行预算》； 2.《俄亥俄州2008—2017高等教育成就规划》、《俄亥俄州完成大学学业》。	1.《密歇根州2013—2014财政年度执行预算》。 2. 州立大学校长理事会的《协作成功：合作推进公立高等教育》、密歇根州商界领袖组织的《密歇根州转型计划》。
	内涵	1. 州政府政策：州预算中提出"保持和提高学位授予的数量，增加招生人数，增加大学一、二年级学生的保持率和毕业率"。 2. 州级治理机构政策：全州立大学的治理政策共33部分，涉及州立大学治理的方向等方面，《威斯康星大学发展议程》中提出全州立大学的三大战略。	1. 州政府政策：《2014—2015财政年度执行预算》中提出"高等教育治理的新模式和俄亥俄高等教育拨款模式，以及大学拨款公式的变革"等高等教育政策。 2. 州级治理机构：州高等教育董事会主席没有权力制定全州的高等教育政策。获得特殊授权制定的《俄亥俄州完成大学学业》从毕业率上对各大学提出要求。	1. 州政府预算：在州执行预算中说明高等教育拨款的划分依据和奖惩标准，要求州重视绩效，控制学生学费。这种预算是州政府对州立大学治理的重要政策。 2. 州级治理机构政策：两个行业机构编制的《协作成功：合作推进公立高等教育》和《密歇根州转型计划》对全州立大学的协作与发展规划提出措施和规划。
	制度特征	1. 州政府预算政策和系统、全面的州大学系统政策以法规的形式发布，在秩序基础上对执行上具有强烈约束性。	1. 州政府预算政策对州立大学的办学具有约束性期待和强制规范性。 2. 州高等教育董事会主席无系统政策与发展规划，更多地表现出州长决策的人为性，随机性和集权性。	1. 州政府预算政策对州立大学的办学具有约束性期待和规范性。 2. 行业协会无系统的州级高等教育政策与规划。其政策表现为市场性和自我约束性和自发性，具有规范性和自我约束性。

183

续章节中将分析每个制度载体在存在形式、内涵及制度特征方面的相似性和差异性。

第二节 符号系统的比较分析

斯科特认为在新制度主义理论中，规范性制度的重要象征符号是价值观和期待。强调规范性制度要素的理论家们强调行为导向的共同价值观和规范性期待的重要性。州政府与社会行业协会等机构对州立大学的价值观与期待，具有行为导向作用，可以规范州立大学的办学行为，对州立大学的发展具有一定的引领和导向作用。

一、州政府对高等教育价值观的比较

（一）存在形式的比较

从价值观的存在形式上看，威斯康星州是以州法令形式存在，而俄亥俄州和密歇根州主要是以州财政政策和州长报告形式存在。三个州基本都采用了州法令或政策的形式表达价值观。

（二）内涵的比较

三个州州政府对高等教育具有的共同价值观是：高等教育要服务当地的经济发展和提高人口素质。此外，俄亥俄州和威斯康星州都提出了高等教育要加强问责，提高办学效率和成果，保证高等教育的质量，保证学生完成学业。威斯康星州特别提到追求真理，俄亥俄州特别提到高等教育机构与州政府之间的协作可以提升高等教育的政策水平和水准。密歇根州特别提到高等教育要提供居民负担得起的教育服务。

（三）制度特征的比较

经过对比发现，三个州的制度有着较为一致的特征，即制度强调了州立大学开展高等教育的社会责任，具有扎实的遵守基础。在秩序基础上以法规强化，因而具有强烈的约束性期待。在扩散机制上通过法规实施具有强制规范性。

二、州政府对州立大学期待的比较

（一）存在形式的比较

三个州都采用州预算表达对高等教育发展的期待。此外，威斯康星州使用了《威斯康星州发展议程》表达对高等教育的期待，俄亥俄州使用高等教育战略规划表达期待，密歇根州借用民间机构的全州转型计划表达期待。威斯康星州特别采用了州法令中的《威斯康星大学系统使命》表达期待。

（二）内涵的比较

三个州的州政府都期待州立大学提高毕业率，培养更多人才，提升高等教育质量，促进全州经济发展。俄亥俄州和密歇根州都提出控制学费，保证本州居民能够上得起大学。密歇根州特别提出加强教学内容的实用性和加强州立大学问责与成本控制。

（三）制度特征的比较

州财政预算作为州政府的政策以经济为手段对州立大学提出期待，在扩散机制上具有强制规范性，在秩序基础上具有强烈的约束性期待。威斯康星州和俄亥俄州除了州政府表达对州立大学的期待外，州级治理机构也以不同的方式传递期待。密歇根州则缺乏州级治理机构的期待，但是却加入了社会行业机构的自我期待，表现出密歇根州州级高等教育治理的市场化的特点。

小结：三个个案在符号系统上表现出趋同性。三个个案的州政府高等教育价值观与期望都通过州法令、州预算这种政府政策的形式传递。在价值观的内涵上都包括"高等教育要服务当地的经济发展和提高人口素质"。在期待的内涵上都包括"期待州立大学提高毕业率，培养更多人才，提升高等教育质量，促进全州经济发展"。三个个案的符号系统的制度特征都包括：价值观和期待均在扩散机制上具有强制规范性，对州立大学办学均具有高度的约束性期待。符号系统的一致性说明三个个案在州高等教育的价值取向和对州立大学发展方面的预期是一样的。

第三节 关系系统的比较分析

根据新制度主义理论,制度也可以由关系系统来传递。这种关系系统的载体,要依赖于与社会位置相联系的网络即角色系统的互动。规范性制度主义的理论家们,往往认为关系系统是一种"治理系统",强调这些结构的规范性(权威)层面或强制性(权力)层面。这样的治理系统被视为在创造和实施律令、规范和规则,在监督与制裁参与者的各种活动。[①] 关系系统在本研究中体现为三个样本州州级高等教育治理关系结构、州高等教育治理组织内部架构、州立大学政府关系组织架构、学术权威系统和州政府与州立大学的互动路径分析。

一、州级高等教育治理关系结构的比较

（一）存在形式的比较

三个州的州级高等教育治理关系结构都有州宪法或法令的依据。此外,威斯康星州和俄亥俄州的州级高等教育治理、协调机构的信息还列在州高等教育执行官协会（SHEEO）官方网站会员信息版块,但是该网站未将俄亥俄州高等教育董事会主席的全州高等教育协调角色列入其中。

（二）内涵的比较

根据威斯康星州、俄亥俄州和密歇根州的高等教育治理关系结构图分析,威斯康星州、俄亥俄州和密歇根州州政府对州立大学的治理关系图分别为自上而下分层垂线型、纵横交叉型和扁平化平面型,三方治理关系结构图的复杂程度也是由简单到复杂。威斯康星州和俄亥俄州在关系图的垂直维度上都有自上而下的决策强势,俄亥俄州和密歇根州都有横向的州立大学自治与行业协会的协调。从威斯康星州、俄亥俄州到密歇根州,州政府对州立大

---

① W. 理查德·斯科特. 制度与组织——思想观念与物质利益 [M]. 北京：中国人民大学出版社, 2010: 91.

学的治理力度呈递减的趋势，分别呈现出州级的治理、协调和放任的职能表现。

在州立大学层次的治理上，三个州也表现出差异性：威斯康星州大学系统的各个分校不设大学董事会，州立大学的治理权上移到州大学系统董事会。俄亥俄州和密歇根州的州立大学设有大学董事会，负责大学的内部治理。总体而言，威斯康星州的治理关系架构像一部设计精密的运行机器。俄亥俄州的治理关系像一个拥有至高无上地位的酋长领导下的一个大族群。密歇根州的治理关系架构更像是一个市场规则主导下的自由市场。

（三）制度特征的比较

威斯康星州和俄亥俄州都有垂直维度的分层治理架构，上层对下层在秩序基础上具有强烈的约束性期待。俄亥俄州和密歇根州在水平层面都有州立大学的自治和行业协会的协调，在行业内部形成惯例，对州立大学具有行为的规范性，州立大学会依据协会制度判定自身行为的适切性，在制度扩散上具有自我的规范性。

二、州高等教育治理组织内部架构的比较

（一）存在形式的比较

三个州均有州级高等教育治理组织设计或架构图。威斯康星州和俄亥俄州的州级高等教育治理机构均在州高等教育执行官协会网站中"会员信息"网页公布。

（二）内涵的比较

在组织设计上，威斯康星州由州法令授权一个大学系统董事会治理全州州立大学；俄亥俄州州长聘用州高等教育董事会主席为内阁成员，全权协调全州高等教育。密歇根州没有正式的州级高等教育治理机构。在管理人员配备上，威斯康星州大学系统行政部门和行政人员配备最多，俄亥俄州高等教育董事会主席的行政机构的人员配备较少，仅为威斯康星州的1/3。密歇根州没有正式的州级高等教育治理机构，州立大学校长理事会仅有3名工作

人员。

由上述比较分析发现，威斯康星州的州级高等教育治理机构制度设计严密，层次分明，部门和人员配置较多。俄亥俄州的州级高等教育治理机构制度突显了州高等教育董事会主席的强势，表面上有三个层次，实质上是董事会主席一手包揽。密歇根州没有州级高等教育治理机构，主要依托民间机构自发协调。

（三）制度特征的比较

威斯康星州和俄亥俄州的州级高等教育治理组织都是根据州法令设置的，具有合法性依据，在制度扩散上具有强制规范性，对州立大学具有强烈的约束性期待。密歇根州由全州州立大学自发成立的行业协会内部协调，在秩序基础上对州立大学具有一定的约束性期待，在扩散机制上具有规范性。

三、州立大学政府关系组织架构的比较

（一）存在形式的比较

威斯康星大学麦迪逊分校没有明确的政府关系组织架构图。俄亥俄州和密歇根州的两个州立大学都有明确的政府关系组织架构图。

（二）内涵的比较

从三个样本州三个典型的州立大学政府关系组织架构和人员配备分析可以发现，俄亥俄州州立大学对州政府关系最为重视，人员配备最多。威斯康星州和密歇根州州立大学对州政府关系重视不足，其背后的原因是在威斯康星州州政府过于强势，将州立大学争取自己利益的空间压缩到很小，没有多少可以运作的空间。而密歇根州州立大学高度自治，州政府没有权力治理州立大学，州立大学将更多精力投入到市场化的运作中去争取其他的利益。

（三）制度特征的比较

三个个案对州立大学内部政府关系部门的设置和人员配置是对州政府治理的应对制度。这些制度对于州立大学而言便于明确自身的社会责任，在秩序基础上具有自我的约束性期待，可以使州立大学根据全州的政策环境考虑

自身的定位与配置，在逻辑上具有适切性。

四、学术权威系统的比较

三个州的高等教育治理机构和州立大学参加的学术机构主要是提供数据、案例等技术支持，有助于州政府和州立大学借鉴他人的成功经验，从理性和学术的角度处理双方之间的关系和发展中遇到的问题。学术权威机构提供的惯例、标准成为州立大学的规范，虽然这些规范约束性不强，但可以指导州立大学的办学和政策开发，增强州立大学的社会责任感，使州立大学易于判断自己行为的适切性。俄亥俄州和密歇根州的州立大学参加的州内行业协会组织可以协调州立大学之间、州立大学与政府之间、州立大学与中等教育机构、州立大学与企业等的关系，有利于强化州立大学的社会责任，其管理制度和惯例对州立大学行为具有规范性，对州立大学办学具有一定的约束性。

小结：三个个案在全州高等教育治理关系架构的制度形式上具有一致性，在内涵上具有明显差异性。威斯康星州的州级高等教育治理关系架构分层次呈自上而下的垂线型强势治理。俄亥俄州州级高等教育的治理关系在纵向上自上而下呈垂线型强势协调，在横向上呈平等协作，由此产生纵横交叉的关系架构图式。密歇根州州级高等教育治理关系各相关方平等合作，呈平面扁平化图式。三个州的治理关系也是由单一维度向网络化转变，由简单到复杂。三个个案在制度特征上具有部分差异性，个案1和个案2对州立大学都有制度扩散的强制规范性和秩序基础的高度约束性，个案3对州立大学具有自发约束性。

三个个案在州高等教育治理机构的内部关系系统的存在形式上具有一致性，在内涵上具有明显差异性，在制度特征上具有部分差异性。其治理关系复杂程度从个案1到个案3由繁杂到简单，在行政人员配备上由多到少。州立大学的政府关系部门的关系系统在存在形式上具有相似性，在内涵上具有明显差异性，威斯康星州和密歇根州人员配备较少，俄亥俄州政府关系人员配置最全。三所州立大学在制度特征上具有一致性。这种差异表明，俄亥俄州州政府关系对于州立大学来讲更为重要，反映出州级集权给州立大学带来的影响。

总之，三个个案在关系系统的内涵与特征上表现出明显的差异性。

第四节 惯例的比较分析

根据新制度主义，惯例作为制度的载体，有赖于模式化的行动，而这种行动反映了行动者的意会性知识，即以不能明言的知识和信念为基础的、深层的、根深蒂固的习惯与程序。惯例是组织的"基因"，其范围包括"硬的"（各种被编码并进入技术性活动的）与"软的"（诸如飞行观察或快餐程序等）组织惯例，但是所有惯例都涉及"重复性的活动模式"[1]。根据新制度主义理论，规范性要素的惯例包括工作、角色、遵守义务。本研究与之相对应的是州高等教育治理组织的职能与运作程序，州立大学的使命、角色、职责等内容。以下根据第三、四、五章的个案研究和本章第一节的并置比较对威斯康星州、俄亥俄州和密歇根州三个州的惯例进行比较分析。

一、州级高等教育治理机构使命、角色与职责的比较

威斯康星州、俄亥俄州和密歇根州三个州的高等教育治理机构分别为威斯康星大学系统董事会、俄亥俄州高等教育董事会主席和密歇根州州立大学校长理事会。这些机构或个体由于州高等教育治理环境与模式不同，因而产生了各具特点的使命、角色与职能。

（一）存在形式的比较

威斯康星州和俄亥俄州高等教育治理机构的使命、角色和职责都是由州法令规定的。密歇根州州立大学校长理事会为民间机构，其官方网站反映其"身份"特征。

---

[1] W. 理查德·斯科特. 制度与组织——思想观念与物质利益 [M]. 北京：中国人民大学出版社，2010：91-92.

第六章 三个个案规范性制度的比较分析

（二）内涵的比较

1. 使命的比较

三个个案的州高等教育治理机构的使命各不相同，有着明显的差异性。威斯康星州大学系统董事会的使命实际上就是威斯康星大学系统的使命，是经过州法令固化下来的，经过几十年的历史沉淀，内容丰富，已经变成了惯例。其核心内容是：培养人才，服务社会。俄亥俄州高等教育董事会主席执行州长对全州高等教育的指令与政策，因此一定程度上他的使命是由州长根据自己的执政理念和对高等教育发展的认知与预期确定和随机调整的，具有一定的个别性和随机性。密歇根州州立大学校长理事会作为民间机构，其使命主要是提升高等教育的价值，服务当地社会发展。

2. 角色的比较

三个个案的州级高等教育治理组织的角色有着明显的差异性。威斯康星大学系统董事会是由州法令确定的全州大学系统的法人和治理机构。俄亥俄州高等教育董事会主席是州长聘用的内阁成员，协调全州高等教育发展。密歇根州由州立大学自发成立的民间行业协会组织协调州立大学。

三个州的高等教育治理机构的角色特色鲜明，威斯康星州由法律确定庞大机构负责治理，俄亥俄州法定专人集权协调，密歇根州靠民间机构自发协调。

3. 职责的比较

三个个案的治理组织的职责也有着明显的差异。威斯康星大学系统董事会的职责共13项，涉及州立大学治理的各个方面。俄亥俄州高等教育董事会主席的职责共22项，涉及全州高等教育协调的各个方面。密歇根州州立大学校长理事会的职责共4条，没有实际的控制权和协调权，主要搭建沟通平台等。威斯康星州、俄亥俄州和密歇根州州级高等教育治理机构的职责中治理的实际权力和职能呈递减趋势。

（三）制度特征的比较

三个个案的角色、使命与职责在制度特征上具有明显差异性。威斯康星州州级高等教育治理组织的使命、角色和职责以及俄亥俄州高等教育董事会主席的角色与职责都是由州法令确定的，在制度扩散上具有强制规范性，在秩序基础上对州立大学具有强烈的约束性期待，治理组织的社会责任明确，因而对州立大学而言具有遵守基础和服从的适切性。俄亥俄州高等教育董事会主席的使命由州长确定，凸显了该州州级高等教育治理的集权性。密歇根州州立大学校长理事会的使命、角色与职责在秩序基础上对州立大学具有较弱的约束性期待，其内涵反映了州立大学的社会责任，具有遵守基础，在扩散上具有一定规范性。

二、州立大学使命、角色与职责的比较

（一）存在形式的比较

三个个案中州立大学使命、角色与职责的存在形式具有相似性。三所大学的网站和认证报告中均有说明，其中只有威斯康星大学麦迪逊分校的大学使命是由州大学系统的政策确定的。

（二）内涵的比较

1. 使命的比较

从上述三个大学使命的内容看，威斯康星大学麦迪逊分校的使命最为具体，内容最为丰富，而俄亥俄州立大学和密歇根大学的使命较为宏观。

2. 角色的比较

三所大学的角色具有较多的相似性。威斯康星大学麦迪逊分校、俄亥俄州立大学和密歇根大学分别是三个州的旗舰大学，都是研究型大学，都是美国高校十大联盟的成员，在全美公立大学的排名中名列前茅。三所大学除了开展教学之外，科研业绩都很突出，而且都很重视服务社会，对本州和美国的经济与社会发展都发挥着重要的作用。

3. 职责的比较

三所州立大学在职责上具有较大差异性。威斯康星大学麦迪逊分校的职责有明文规定，一共有8项，涉及校内治理的方方面面。俄亥俄州立大学没有明确的、成文的大学职责，密歇根大学没有学校层面的明确具体的职责，仅能从侧面反映。

（三）制度特征的比较

三所州立大学使命、角色与职责方面的制度特征有着一定的差异性。威斯康星大学麦迪逊分校的大学使命、角色与职责以政策或规定发布，明确了自身的社会职责，具有遵守基础，在制度的扩散机制上具有高度的规范性，在秩序基础上具有高度的约束性期待，在逻辑类型上可以判断办学行为的适切性。

俄亥俄州立大学和密歇根大学的使命、角色和职责，是经过多年的发展沉淀，由大学董事会以制度形式固化下来的惯例，就会形成社会责任，形成自我自愿的约束性。但是与威斯康星州的同类制度比较，其约束性期待、扩散的规范性相对较弱。

小结：三个个案州级高等教育治理机构在惯例上表现出明显差异性。威斯康星州州级高等教育治理机构的使命、角色、职责依法确定，系统完整，在制度扩散上具有强制规范性，在秩序基础上具有强烈的约束性期待。俄亥俄州州级高等教育协调机构角色和职责根据州法律确定，由州长任命个体担当并确定使命，具有集权性和约束性。密歇根州的州级高等教育治理机构的使命、角色、职责由市场行会自主承担，具有自我约束性和规范性。

三个个案的州立大学的惯例在形式上具有相似性，在内涵和特征上具有部分相似性。三所州立大学的使命、角色和职责的相似性是由当代州立大学的社会责任决定的，与州级高等教育治理制度关系不大。

第五节 人工器物的比较分析

在本研究中与之相对应的是州高等教育政策、议程或总体规划、认证标准。以下根据第三、四、五章的研究和本章的并置比较对三个州的人工器物要素进行比较分析。

一、州政府对州立大学的政策比较

（一）存在形式的比较

三个个案中州政府对州立大学治理政策的存在形式具有相似性，三者都将州预算作为一项重要的政策控制引导或强制州立大学按州政府的期望发展。此外，密歇根州还有州长提出的《密歇根州教育改革计划》。

（二）内涵的比较

三个个案在州政府对州立大学的政策上具有一定相似性。三个州的州政府都通过州预算要求州立大学重视绩效、强化问责、控制学费。三个州的州长在最新预算中都特别强调加强绩效问责和加大基于绩效的拨款额度。此外威斯康星州州政府对于大学系统的物品采购和建筑施工具有硬性的政策要求。俄亥俄州要求州立大学按照州政府的政策和程序办理聘用和退休等相关手续。

威斯康星州和俄亥俄州的州立大学尽管在身份上是独立的，都不属于州政府的附属机构，但是州政府要求对政府机关的采购、退休等政策同样适用于州立大学。这种制度安排体现了威斯康星州和俄亥俄州州政府对州立大学治理的强势地位。

（三）制度特征的比较

三个个案在州政府对州立大学的政策的制度特征上具有相似性。三个州的州政府预算以经济作为调控杠杆，通过州议会审查后面向社会公布，对州立大学而言，在扩散机制上具有强制规范性，在秩序基础上具有强烈的约束性期待。

二、州级高等教育治理机构的政策与议程

（一）存在形式的比较

三个个案在州高等教育治理机构的政策与议程的存在形式上具有明显差异性。威斯康星州大学系统董事会的政策最为系统齐全；俄亥俄州只有一份早期制定的发展规划，没有及时制定新政策。俄亥俄州的州高等教育政策主

要由州长制定，由州高等教育董事会主席负责执行。密歇根州没有正式的州级高等教育治理机构的政策，仅有民间机构按市场需要确定的少量政策。

（二）内涵的比较

三个个案中州高等教育治理组织的政策内涵具有明显的差异性。威斯康星州的政策系统全面，涉及州立大学治理的方方面面。俄亥俄州的政策主要靠州长对高等教育的个人认知和指令，最近主要关注大学毕业率。密歇根州民间机构提出了合作提升公立高等教育的计划和全州经济转型计划，引领州立大学发展。

（三）制度特征的比较

三个个案在制度特征上具有明显差异性。威斯康星州的政策与法规的效力相近，其扩散机制具有强制规范性，对州立大学在秩序基础上具有高度的约束性期待。俄亥俄州的高等教育治理政策和发展规划，更多地表现出州长的集权性、人为性和随机性。密歇根州的高等教育治理政策和发展规划表现为市场性和自发性，对州立大学的规范性和约束性期待不强，仅具有一定的导向性。

三、州立大学的发展规划的比较

（一）存在形式的比较

三个个案在州立大学发展规划的存在形式上具有部分差异性。进入21世纪以来，威斯康星大学麦迪逊分校先后制定了五个战略规划，俄亥俄州立大学先后制定了大学学术规划、框架规划和战略规划，但是密歇根大学由于实行学术分权，全校没有统一的战略规划，全校的发展规划仅能通过其发展愿景简单表述。

（二）内涵的比较

三个个案的州立大学的发展规划在内涵上具有部分相似性。威斯康星大学麦迪逊分校近期提出的优先发展目标主要包括：提高教育质量，继续服务社会，保证研究先进性和监护资源等。俄亥俄州立大学确定了明确的发展愿景，从"教学与学习、研究与创新、社会服务、资源监护"方面提出了四大核心战略目标。密歇根大学在其认证报告中列举了该大学的十个愿景，主要包括：建设学习共同体、培养学生领导力、促进创新研究、服务当地经济、保护资源等。

（三）制度特征的比较

威斯康星州和俄亥俄州州立大学具有明确的发展愿景和战略目标，明确了大学未来的社会责任，以学校制度发布，其扩散具有规范性和导向性。由于学校相关方面参与制定发展规划，该制度对州立大学各单位具有自我约束性。

密歇根大学的宏观愿景指出了大学的社会责任和发展方向，对整个大学办学具有一定的规范性和导向性。

四、州立大学认证机构的认证标准的比较

三所州立大学在认证标准上具有一致性。根据美国高校认证机构的区域划分，威斯康星州、俄亥俄州和密歇根州所有州立大学的认证都是由美国中北部院校协会的高等教育委员会负责。高等教育委员会在开展大学认证评估时均采用统一的五项标准——大学使命，诚信：符合伦理的负责任的行为，教学：质量、资源和支持，教学：评估与提升，资源、规划和大学效能。[1]这种大学认证评估已经成为美国高校的一种传统和惯例，是大学向社会展示绩效和问责的一种透明化手段。威斯康星州、俄亥俄州和密歇根州尽管对高等教育的治理模式不同，但是州立大学接受认证的标准和程序是一样的。这种认证评估作为一种制度，更多的是体现了大学的一种社会责任和保证大学办学的质量底线。是否通过认证决定大学是否有办学资格，也就决定大学是否会得到州政府的拨款支持。

大学认证标准是第三方机构从侧面对州立大学治理提供的制度文件，获

---

[1] Higher Learning Commission. Criteria for Accreditation [EB/OL]. (2012-02) [2013-07-16]. http://policy.ncahlc.org/Policies/criteria-for-accreditation.html.

得认证是大学开门办学的基础,因此该制度具有遵守的自觉性和自我约束性,在扩散上具有规范性,在衡量大学办学水平上具有适当性。

小结:三个个案在人工器物上表现出部分差异性。三个个案的州政府对州立大学的政策在形式、内容和特征上具有相似性。三个个案在州高等教育治理机构的政策和议程的形式、内涵和特征上存在明显差异性。威斯康星州的州级高等教育治理机构的政策最为系统、全面,而且具有强制规范性。俄亥俄州的州级高等教育协调人无权出台政策。密歇根州的民间行会自发制定政策,具有民间自发性,在业内具有自我约束性和规范性。三个个案在州立大学发展规划的内涵和特征上具有相似性,说明三所州立大学在未来发展定位上具有一致性。

第七章 研究结论与思考

第一节 个案研究揭示的州级高等教育治理模式

本研究所选取的三个样本州分别属于麦克吉尼斯对美国州级高等教育治理以功能分类的统一治理、协调和规划三种治理模式的代表。在开展本研究时，随着访谈进展和第一手资料的增多，笔者逐渐发现所借鉴的美国教育专家前期的有关俄亥俄州和密歇根州的治理模式的研究成果与现实差别很大。一方面可能是个案州现在的美国州政府对州立大学的治理已经发生了变化，与当时的研究成果出现偏差。另一方面可能是当时没有采取实证研究的方法，对各州州级高等教育治理缺乏深入了解和研究。经过在美国的访谈、观察和文献研究发现，俄亥俄州和密歇根州的州级高等教育治理的规范性制度具有崭新的特点。这些特点足以使这两个州呈现两种新的州级高等教育治理模式——个人集权化协调模式和新自由主义治理模式。由此，研究的三个样本州威斯康星州、俄亥俄州和密歇根州分别揭示出三种不同的治理模式——统一治理模式、个人集权化协调模式和新自由主义治理模式。新模式的发现挑战了美国州级高等教育治理的功能分类模式的已有研究成果，从中可以看到美国州级高等教育治理模式的多样性和动态性。两种新模式补充和丰富了埃姆斯·麦克吉尼斯根据功能对美国州级高等教育治理的分类模式，使其分类由三种增加为五种，使按功能对治理模式的分类更为准确和完整。如果开

第七章 研究结论与思考

展深入的实证研究和个案研究，可能还会发现更多的州级高等教育治理模式。

一、统一治理模式

根据埃姆斯·麦克吉尼斯的研究（2003），威斯康星州州政府对州立大学的治理采用的是统一治理模式。经过访谈和个案研究证实威斯康星州州政府对州立大学的治理确实采用了州级高等教育治理机构统一治理全州的州立大学的治理模式。下面对该模式的三个构成部分——治理架构、运行程序和信息协作做简要分析：

（一）治理架构

通过分析威斯康星州州政府对州立大学治理的规范性制度的关系系统，可以厘清和概括出州高等教育统一治理模式下的治理架构。这个治理架构图的原型来源于威斯康星州的个案研究，但是该治理架构图是从理论的高度从样本州规范性制度之关系系统中抽象出来的，以反映统一治理模式下的州政府与州立大学之间的治理关系。

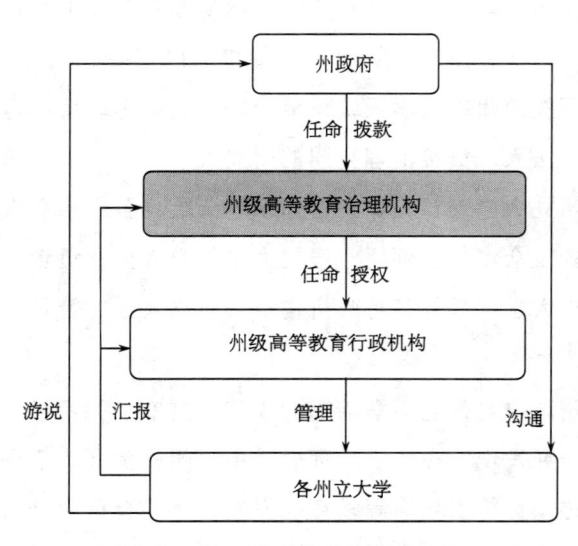

图 7-1 统一治理模式治理架构图

在该模式中，州政府、州级高等教育治理机构、州级高等教育行政机构和各个州立大学行政机构形成了自上而下四个层级的治理架构。在这种治理架构中全州仅有一个州级高等教育治理机构，经过州政府任命和授权治理州立大学，各州立大学没有独立的大学董事会负责内部治理，仅有大学行政机构开展内部管理。在该治理架构中，州高等教育治理委员会是州政府法律授权的治理机构，属于州立大学的最重要的治理主体。由上述图式（图7-1）可以看出，统一治理模式下的治理架构图呈自上而下分层垂线型架构。

（二）运行程序

根据个案研究的惯例和关系系统分析，在统一治理模式中，州长、州议会、州级高等教育治理机构及其行政机构的职责以及州级大学董事会的角色、使命都是通过州法律明文规定的。州级高等教育治理机构面向州立大学建立了完善的政策体系，各州立大学的使命都有明确的界定。这些政策为全州州立大学治理提供了运行规范，可以保证各项治理和管理工作有序进行。在这种治理模式中，由州政府到州立大学的治理实行分级向下的逐层治理的制度规范，自上而下实行分级授权。汇报制度是自下而上层层上报。州长在征得州议会批准后任命州级高等教育治理机构的董事，州长制定财政预算，经议会审批后下拨给州级大学系统董事会。州级高等教育治理机构作为全州州立大学的唯一法人，负责治理全州的州立大学，负责任命州高等教育管理行政机构和各州立大学校长，负责将州预算分配到各个州立大学。州级高等教育行政机构内设众多行政部门，雇用大量行政人员，负责州级高等教育的日常管理。州立大学校长及其行政机构负责州立大学的管理与运行。

（三）信息协作

根据个案州政府对州立大学治理的规范性制度中关系系统、惯例和人工器物的分析和研究发现，在统一治理模式中，州长负责确定全州高等教育发展方向，并通过预算等引导高等教育的发展，州议会负责全州高等教育的立法和拨款审批，收集全州州立大学的绩效数据。州高等教育治理机构负责全州州立大学治理政策的决策，在全州的高等教育治理中发挥着举足轻重的作用。州级大学系统行政机构在州立大学的日常管理中和政府沟通中发挥着上传下达的重要作用。州政府、州级高等教育治理机构与州立大学之间具有多种互动路径。州立大学可以单独，也可以与其他州立大学一起游说州长和州议会，表达诉求、争取利益，州级大学系统和州立大学也会邀请州长、州议会议员到大学考察，了解高等教育现状和需求。

二、个人集权化协调模式

根据埃姆斯·麦克吉尼斯的研究（2003），俄亥俄州州政府对州立大学的治理是由一个州级协调委员会进行，由其统一协调全州高等教育机构，俄亥俄州级高等教育治理属于协调模式。经过访谈、观察和个案分析发现：该州真正的高等教育治理机构是州高等教育董事会主席，而不是州高等教育董事会。俄亥俄州州级高等教育协调机构的权力转移到个人身上的制度设计非常独特，在美国州高等教育执行官协会（SHEEO）[①] 的官方网站所列的各州州级高等教育治理机构中独树一帜，这已经超出了人们一般认知中州级高等教育协调机构的"协调模式"，因此俄亥俄州的高等教育治理模式可以独成一体，形成"个人集权化协调模式"。建构新的治理模式，需要从现实中抽象出理论化的治理架构、运行程序和信息协作三个治理模式的构成要件。本研究从俄亥俄州个案的规范性制度的关系系统抽象出该模式的治理架构，从关系系统和惯例这两个载体抽象出该模式的运行程序，从四个载体中抽象出该模式的信息协作。

（一）治理架构

根据俄亥俄州个案分析的关系系统分析发现，在个人集权化的协调模式中，治理架构呈纵横两条线，在纵向上州政府（州长和州议会）、州高等教育董事会主席和州立大学实行三级分层治理，州长任命和授权州高等教育协调委员会主席全权协调全州州立大学的发展。在横向上，各州立大学的董事

[①] 美国州高等教育执行官协会（SHEEO）会员包括美国所有的州级高等教育治理机构。其官方网站提供的各州高等教育治理的数据更新较快，具有较高的权威性。

会负责大学的内部治理，州立大学协会负责州立大学之间的内部沟通与协作。在该模式中，州长和州高等教育协调委员会主席是全州高等教育协调的主体。两位政府官员以个人的身份行使州高等教育协调机构的职能，在治理权力上具有集权性。个人集权化协调模式的治理架构呈现在纵向上州政府集权协调，在横向上州立大学内部自治和相互协作的纵横交叉型架构。

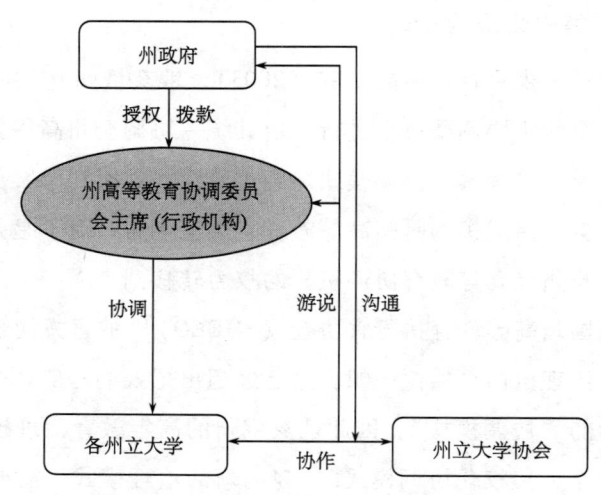

图 7-2 个人集权化协调模式治理架构图

（二）运行程序

根据对该个案的惯例和关系系统两个规范性制度载体分析发现，州法令对州高等教育协调委员会主席和州立大学董事会的角色、职能都有明确规定。全州没有系统、规范的高等教育治理的政策和发展规划。州长作为全州的最高行政长官有权组织和协调州议会、州高等教育协调委员会主席、州立大学协会和所有州立大学的大学董事会及大学校长等组织开展全州高等教育的规范和发展。州议会作为州政府的一部分，负责立法确定州高等教育协调委员会主席角色和职责，对州立大学的运营与发展绩效进行问责。州长聘任州高等教育协调委员会主席作为州长内阁成员，依据法律代表州政府协调全州高等教育的政策与发展，可自行或通过其聘请的行政人员与各州立大学直接沟通和协调。州高等教育协调委员会属于委员会主席的咨询机构，没有决策权。州立大学协会是各州立大学自发组织的民间机构，代表各州立大学游说政府、州高等教育董事会主席和州高等教育董事会，并代表各大学对公众开展宣传。

(三) 信息协作

根据对个案的规范性制度四个载体的分析发现，州长通过预算和州情咨文等推出高等教育的理念、期望和政策。州议会负责州高等教育法律的制定和各州立大学问责报告的搜集与分析。州高等教育协调委员会主席负责向州政府汇报全州州立大学的数据和绩效。各州立大学向州高等教育协调委员会递交年度报告。各州立大学制定各自的发展规划和内部治理制度。州立大学协会负责就州立大学共同关心的议题搜集资料，游说州政府和州高等教育协调委员会主席。各州立大学配备了足够数量的专职政府关系人员负责准备资料并游说州政府和州高等教育协调委员会主席。

三、新自由主义治理模式

根据埃姆斯·麦克吉尼斯的研究 (2003)，密歇根州州政府对州立大学的治理是由一个州级规划/规制机构负责，该机构统一规划全州高等教育发展。经过访谈、观察和文本分析发现密歇根州没有州级高等教育治理机构统一治理、协调或规划高等教育的发展，州政府对高等教育的发展干预很小。密歇根州州立大学校长理事会和商界领袖组织作为行会组织，采用市场化手段自发协调州立大学之间、州立大学与州政府之间、州立大学与社区学院之间、高等教育与基础教育之间、高等教育与产业发展之间的关系，处理出现的相关问题。州立大学各自的大学董事会独立于州政府之外，享有对州立大学高度的自治权。从市场作用、政府职能和州立大学自我治理三个角度看，密歇根州的高等教育治理都符合新自由主义的三个基本特征[1]：推崇自由市

---

[1] Saunders, Daniel B. Neoliberal Ideology and Public Higher Education in the United States [J]. Journal for Critical Education Policy Studies, Aug 2010: 41-77.

场，国家（或政府）对经济的干预最小化，个体（或机构）成为理性经济人。由此可以得出结论，美国州级高等教育的治理已经出现了新的模式——新自由主义模式。

（一）治理架构

根据个案研究中规范性制度的关系系统分析，我们抽象出新自由主义治理模式的治理架构。在该治理架构中没有官方法律授权或批准的州级高等教育治理机构。州政府（州长和州议会）、州立大学董事会和行业协会组织处于平等的地位。州立大学董事会对各自的州立大学行使治理权。在该模式中利益相关方——州长、州议会、州立大学董事会和州立大学参加的行业协会组织——相互之间在州立大学的州级高等教育治理中是相互协作的关系。各利益相关方各司其职，协同努力，促进全州高等教育的发展，以促进全州经济和社会的进步。在新自由主义治理模式的治理架构中没有纵向或横向的治理架构，州级高等教育治理的各相关方的关系呈现三方互动的网络化布局。从图7-3可以看出，新自由主义治理模式的治理架构呈现扁平化的平面治理架构。

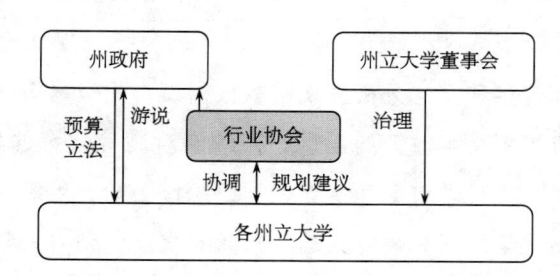

图 7-3 新自由主义模式治理架构图

（二）运行程序

州宪法对州长、州议会和州立大学董事会的职责具有明确界定。由于没有州级高等教育治理、协调或规划机构，全州没有州级的高等教育治理政策，也没有官方的高等教育发展规划或议程。

第七章 研究结论与思考

　　州长负责制定两年度预算，得到州议会批准后，拨款给各个州立大学。在预算中州长会提出对高等教育的期望，以经济手段引导高等教育发展。州长负责提名研究型大学的大学董事会董事，提名的董事经过全州选民选举通过后任职。州长任命普通州立大学的大学董事会。州议会负责对州两年度预算的审查和高等教育立法工作。根据宪法，州立大学董事会是州立大学的法人，享有对州立大学完全的自治权力。州立大学参加的州立大学协会和商界领袖组织等民间机构会根据全州经济发展需要与州立大学进行沟通和协调，甚至提出全州经济发展计划，其中也会为全州高等教育的发展提出规划建议。他们也会代表州立大学向州长和州议会游说，表达州立大学的诉求，为州立大学发展寻求支持。作为民间组织的州立大学协会虽然没有官方授权，但是其对州立大学的协调经过多年的运作已经形成惯例，得到州立大学、州政府和社会的广泛认可。在新自由主义的治理模式中，行业协会发挥着全州高等教育协调的主要执行者的角色。

　　（三）信息协作

　　根据对个案的规范性制度载体的研究发现，在新自由主义的治理模式中，州长通过州预算和教育发展计划提出州政府的高等教育价值观、期望和政策，引领全州高等教育的发展。州立大学负责向州政府递交年度报告，说明大学办学业绩，争取获得更大份额的政府预算。州立大学协会负责汇总本州各州立大学共同关心的问题，在准备资料后对州长和州议会游说。州商界组织自发制定全州经济发展规划。各州立大学就自己的办学问题可以直接向州长和州议会游说。在新自由主义模式下州级高等教育治理各相关方，出于各自经济利益的考量，互相沟通，平等协作。

　　经过在美国这三个州的访谈、观察与文献研究，我们发现了两种新的美国州级高等教育治理模式——个人集权化协调模式和新自由主义治理模式。这些新发现表明美国州级高等教育治理的模式具有多样性。这两个新的治理模式不是对埃姆斯·麦克吉尼斯的模式功能分类的颠覆，而是对其分类模式的挑战、补充和完善。

第二节　州政府对州立大学治理的规范性制度的内涵与特征

经过对三个治理个案在规范性制度的四个载体和四个维度上的研究和比较分析，本研究揭示了三种州级高等教育治理模式的规范性制度的内涵与特征。

一、统一治理模式的规范性制度的内涵与特征

（一）内涵

统一治理模式下的规范性制度是以系统全面的州法规为存在形式，以分层垂线型治理关系为治理架构，以州级高等教育治理机构为治理主体，以统一治理作为州级治理的功能工具，以州立大学为治理对象，以服务社会、提高绩效作为治理期望的治理制度。

统一治理模式的规范性制度包括符号系统、关系系统、惯例和人工器物四个载体。统一治理模式下的符号系统以"威斯康星思想"作为高等教育价值观，对州立大学提出高效率和高效能的期望。其关系系统具有单维度自上而下的层次治理架构。在惯例载体上，州级高等教育治理机构具有法律授予全州州立大学的法人地位和治理权。在人工器物载体上，法定的政策和议程系统全面，为统一治理提供了强有力的制度工具。统一治理模式下规范性制度的四个载体都是经过精心设计，并以法令或政策形式推广实施，为州立大学的统一治理提供了强有力的制度保障。

（二）特征

1. *存在形式呈现法规化*

统一治理模式下的规范性制度的四个载体分别以州法令、州预算政策、州高等教育治理组织政策的形式存在，而且分层清晰、系统全面，其存在形式呈现出法规化的特征。

2. 关系系统呈现垂线型

统一治理模式下的规范性制度关系系统的授权顺序和决策流程呈现自上而下分层设置的垂线型架构。自上而下显示出上层对下层的权力约束和制度强势。这种治理关系架构有别于其他治理模式的规范性制度，呈现了统一治理模式的一个独特性。

3. 制度在扩散机制上呈现规范性

根据制度理论，"扩散机制"维度反映的是制度对社会角色发生作用的途径与方法。在规范性制度中，"扩散机制"是"规范"，即规范性制度的扩散机制是规范社会角色的行为。法律和法令作为一种刚性的社会制度，在扩散机制上对社会成员具有强制规范性。统一治理模式的符号系统和关系系统载体都是经过州法令或州政策确定的，州高等教育价值观和期待通过州财政预算传递和引导，由于加入了经济手段，对州立大学的办学行为具有强制规范性，州级高等教育治理机构的分层治理架构传递出自上而下的强势规范。其惯例载体以法规呈现明确了州高等教育治理机构的合法性和权威性。其人工器物载体以州法令或董事会政策的形式呈现制度。四个载体大都采用了法令或州政策强势推行，因此在扩散机制上表现出强制规范性。

二、个人集权化协调模式的规范性制度的内涵与特征

（一）内涵

个人集权化协调模式是以州长全权授权的个人作为关系系统的权力中心，以纵横交叉的立体化关系作为治理架构，以州长和其授权的个人作为全州高等教育协调的主体，以协调作为州级治理的功能工具，以州立大学为治理对象，以加强问责和提高效能为治理期望的治理制度。

个人集权化协调模式包括符号系统、关系系统、惯例和人工器物四个方面。个人集权化协调模式下的符号系统认为高等教育是全州发展的重要资源和保障，对州立大学的期待是加强问责，提高效率和质量。其关系系统呈现出以州高等教育协调委员会主席为核心的强势协调机制。在惯例载体上，州

法令确定了州高等教育董事会主席的角色与职能，为协调全州高等教育提供了法律依据。在人工器物载体上缺乏全州高等教育政策的制定机制，仅有部分州级高等教育政策与规划。在四个载体中，关系系统和惯例的内容构成了个人集权化协调模式规范性制度的核心。

（二）特征

1. 关系系统的授权呈现权力集中化

在个人集权化协调模式中，州长将全州的高等教育协调权授权给一个人，而不是机构。而且这种授权制度得到了州法令的强化，就决定了该州高等教育协调的集权和专权，因此该规范性制度的关系系统的授权具有权力集中化的特征。

2. 关系系统的架构纵横交叉

个人集权化协调模式下的关系系统治理关系纵横交叉。在纵向上州政府透过州高等教育协调委员会主席自上而下强势协调，在横向上州立大学董事会开展大学自治并通过州立大学协会开展内部协调和协作。

3. 制度在秩序基础上表现出高度的约束性期待

根据新制度主义理论，"秩序基础"维度反映的是在社会环境中角色的关系。社会角色期待互相之间遵守共同的价值观或社会标准。社会角色之间的期待是有约束性的。这种"约束性期待"就是规范性制度中"秩序基础"维度的内涵。个人集权化模式中规范性制度的符号系统载体之州高等教育价值观、期待和惯例载体中州高等教育协调委员会主席的角色和作用通过州政策和州法律的形式强势推行，对州立大学具有高度的约束性期待。由于在人工器物上没有系统完善的州级高等教育治理政策，政策和指令下达更多的是体现州长意志，具有随意性和人为性，在秩序基础方面对州立大学具有高度的约束性期待。规范性制度的符号系统、关系系统和惯例在秩序基础上都表现出高度的约束性期待。

三、新自由主义治理模式的规范性制度内涵与特征

（一）内涵

新自由主义治理模式的规范性制度是以市场调节作为关系系统的运行机制，以扁平化的平面型关系系统作为治理架构，以州立大学董事会为治理主体，以州政府、州立大学和民间行会共同协作为治理功能工具，以州立大学为治理对象，以加强问责、提高效率和提供负担得起的教育服务作为治理期望的治理制度。

新自由主义治理模式的规范性制度包括符号系统、关系系统、惯例和人工器物四个方面。其符号系统认为高等教育是促进经济发展的重要资源，期待州立大学应加强问责，提高效率，提供负担得起的教育服务。其关系系统显示，高等教育治理的利益相关方地位平等，各司其职，靠市场机制形成协作共同体。在惯例载体上，民间机构对高等教育治理的主导角色与职能得到各利益相关方的认可。在人工器物载体上，没有正式的州级高等教育政策与规划，只有民间自发制定的非官方的发展规划。该治理模式的关系系统和惯例这两个载体界定了民间机构在州立大学的州级治理中的角色和职能，决定了新自由主义治理制度的格局。

（二）特征

1. 关系系统的运行机制具有新自由主义的属性

在新自由主义治理模式下，州政府仅负责拨款，具有小政府的特点，行业协会成为州立大学之间、州立大学与州政府和州立大学与市场的沟通平台，并且对州立大学发挥协调和规划建议的作用，呈现出大市场的特点。州立大学董事会根据自身对社会发展和需要的判断进行自我治理，表现出理性经济人的特点。小政府、大市场、理性经济人三者结合起来就形成新自由主义的属性特征。

2. 关系系统治理关系架构呈扁平化

在新自由主义治理模式下，三个主要的治理相关方——州政府、州立大

学和市场力量（行业协会）处于平等的地位，三方没有授权关系。三方都可以直接沟通，更多是通过行业协会协调与沟通。三方形成扁平化和平面型的治理架构。

3. 制度在扩散机制上表现出自我规范性

新自由主义治理模式下的规范性制度的关系系统载体采用扁平化的平面结构，各治理相关方地位平等，各司其职，因此关系系统载体对州立大学表现出自我规范性。其惯例对行会组织的定位得到州高等教育治理相关方的认可，由于州立大学参与行会，认可其使命、角色与职责，在扩散机制上具有自发规范性。其人工器物以州立大学参与的行会组织自主政策为主，对于协会成员州立大学在扩散机制上具有自我规范性。由于新自由主义治理模式下的关系系统、惯例和人工器物载体多是以州立大学参加的行业协会为主的市场力量主导的，州立大学参与了制度的制定和执行，因此在扩散机制上表现出自我规范性。

第三节 治理模式与规范性制度的关系

不同的制度载体和维度的组合形成不同的治理制度。在新制度主义理论中规范性制度具有四个载体。在本研究中，规范性制度的四个载体和治理模式之间存在怎样的内在联系，这也是本研究关注的主要问题之一。经过比较分析发现，三个治理模式的规范性制度在有的载体上具有相似性，在某些载体上具有明显差异。规范性制度在载体上的差异更能突显每种治理模式的独特性，这也是州高等教育治理模式与规范性制度关系的核心所在。

一、规范性制度四个载体之间的关系

经过第3-5章的个案分析和第6章的比较分析发现，美国州政府对州立大学治理的规范性制度的四个载体之间具有一定的相互关系。

（一）惯例是在关系系统中产生和维持的

根据斯科特的观点，惯例是组织的"基因"，为很多组织行为的稳定性

提供了基础，决定了很多组织行为的绩效。本研究中的惯例是指州高等教育治理机构和州立大学的使命、角色与职责。经过个案分析发现所有惯例的内容都是由关系系统的治理关系架构决定的。治理关系决定了州高等教育治理机构和州立大学的角色与职责，所以惯例是在关系系统中产生的。这些惯例也是关系系统不同治理的相关方经过多年磨合而产生和固化下来的，同时治理关系会以州法令、州高等教育治理机构的制度将惯例的内容固化下来，可以使惯例载体的采用得以维持。

（二）人工器物是由关系系统和惯例决定和产生的

美国州政府对州立大学治理的规范性制度的人工器物指的是州高等教育的政策、议程、总体规划和认证标准等。人工器物能够体现和表达特定的思想。这些政策、议程和总体规划的出台是由关系系统的授权关系决定的，也是惯例中的使命、角色和职能决定的。有什么样的关系系统和惯例就会有什么样的人工器物。三种模式在州高等教育治理机构的人工器物载体上表现出的明显差异，正是三种模式在关系系统和惯例上差异的体现。

（三）符号系统是由人工器物来体现的

根据个案分析，三种模式下的符号系统中州高等教育价值观都是由人工器物中的州法令和政策体现的，三种模式下符号系统中的期待都是由人工器物中的州预算体现的。符号系统和人工器物之间是内涵与外延的关系。符号系统是内涵，人工器物是外延。内涵通过外延表达出来。

通过上述（一）到（三）的分析可以看出，关系系统产生和维持了惯例，关系系统和惯例决定和产生了人工器物，人工器物又表述了符号系统，由此推断本研究的规范性制度的四个载体中，关系系统载体在其他三个载体产生和传递上发挥着重要作用，是规范性制度中具有决定性作用的载体。

二、治理模式与规范性制度四个载体之间的关系

（一）符号系统不影响治理模式的独特性

根据个案研究和比较分析发现：统一治理模式、个人集权化协调模式和

新自由主义治理模式彰显一致的符号系统。虽然表述方式不同，但是三种模式下州高等教育的价值观不约而同地认为高等教育是全州经济发展的重要资源和保障，三种模式下的州政府都期待提出了要求州立大学提高效率和效能，提升高等教育质量和培养更多的优秀人才。

一个多世纪以来，美国州政府对州立大学治理的发展先后经历了州级高等教育治理组织的创建、州级大学治理的强化、州政府主导高等教育发展、绩效指标控制和公共问责的5个发展阶段的发展。当今的美国高等教育利用全国的数据平台以汇报卡的形式对全国的高等教育机构的绩效进行横向比较，为各州提供高等教育的决策依据和改革参考，因此在美国各州对高等教育的作用和评价标准已经达成共识。无论哪个州，采取哪种州级高等教育治理模式，都脱不开时代赋予的高等教育使命和社会发展对高等教育的期望。正是时代的使命决定了高等教育的价值取向，对高等教育的期望与要求也是社会发展的时代需要，与各州州政府对州立大学的治理模式关系不大，由此符号系统不影响治理模式的独特性。

（二）关系系统和惯例决定治理模式的构成

经过个案研究和比较分析发现，与三种治理模式在符号系统表现出的一致性相反，三者在关系系统和惯例两个载体上表现出明显的差异性。关系系统决定了各个治理模式下的治理架构、信息协作的通道和部分运行程序。惯例部分决定了治理模式的治理架构中的治理主体和州高等教育治理机构的运行程序。关系系统可以确定州级高等教育治理架构中的决策机制和授权机制，后者可以明确全州高等教育治理的主要角色，即以谁为主导开展全州高等教育治理。三种模式在关系系统中分别采用了垂线型分层治理架构、纵横交叉的治理架构和扁平化平面型的治理架构，三者明显代表了三种不同的决策和授权机制。垂线型分层治理架构表达自上而下的授权治理，是统一治理模式的典型代表。纵横交叉的架构表明在治理中有纵向的协调授权和横向的治理与自我协调，二者相结合代表州级协调和州立大学自我治理的协调型模式。扁平化和平面型治理架构传达出州级高等教育治理相关方的地位平等，没有相互授权，只有协作治理的市场化自主运营模式。三个模式在惯例上分别界定了各州的州级高等教育治理机构的使命、角色和职能，也就确定了全州高等教育治理的主导者。统一治理模式中以州大学系统董事会为法人和主导，个人集权化协调模式以州高等教育董事会主席个人为主导，新自由主义治理模式则是以民间行会为主导开展高等教育的治理。州级高等教育治理机构身份及职能的确定基本可以按功能确定其治理模式的类别。因此，规范性制度中的关系系统和惯例结合在一起就可以决定治理模式的治理架构、运行程序和信息协作的大部分内容，也就决定了治理模式的构成。

（三）人工器物体现治理模式的类型特征

在本研究中，人工器物主要指州级高等教育的治理政策和发展规划与议程。在关系系统和惯例载体确定后，这些政策和规划的出台机制也就确定了，所以人工器物不是治理模式的决定性因素，而是治理模式的表象和外显。通过人工器物的构成和多寡可以判断治理模式的类型特征。

在本研究的三个个案中，威斯康星州的人工器物大都通过法律或政策确定，设计严密，体系完整，数量丰富，因此可以判定是统一治理模式下强势治理产生的制度结果。俄亥俄州的人工器物中州级高等教育治理政策和规划不成体系，州高等教育董事会主席无权制定州级高等教育治理政策，其政策制定是随州长的意志和当时社会发展需要临时而定，数量较少，由此可以判断为数不多的政策或规划是个人集权化协调模式中的人工器物。在密歇根州的治理模式下，没有州级高等教育治理的正式的、官方的人工器物，仅有为数较少的民间行会组织制定的非正式的、不具约束性的文件。这种人工器物则反映了新自由主义治理模式的特质——政府干预最小化和充分发挥市场主导的作用。由此判断，人工器物只是治理模式的表象和外显，可以反映治理模式的本质。

根据以上的分析可以发现，在规范性制度的四个载体中，关系系统和惯例与治理模式的三个构成要件具有对应关系，决定治理模式的构成，是治理模式中规范性制度的决定性因素。人工器物可以体现治理模式的类型特征，是治理模式的表象与外显。符号系统受时代高等教育的价值取向支配，与治理模式没有相关性。

三、州政府与州立大学的治理关系及其规范性制度属性

美国州政府与州立大学的治理关系体现在不同的州级高等教育治理模式中。州级高等教育治理模式的治理架构可以体现州政府、州高等教育治理机构和州立大学之间的授权关系，其运行机制体现州政府和州立大学之间的互动关系，其信息协作体现州政府与州立大学的沟通路径。

不同的规范性制度载体的组合形成不同的州级高等教育治理模式。经过比较研究发现，三种治理模式的符号系统表现出一致性，但是关系系统和惯例具有明显的差异性，人工器物也有部分差异。此外，关系系统和惯例载体与治理模式的构成要素形成对应关系。由此，不同的规范性制度载体的组合形成不同的治理模式。

不同的州级高等教育治理模式下的规范性制度属性集中体现在关系系统载体。经过比较三种治理模式下规范性制度的特征可以发现三者的制度属性都体现在关系系统载体。

附　　录

附录1. 威斯康星大学系统董事会官员（WG）访谈录音资料

1. 请问威斯康星大学系统（University of Wisconsin System）董事会的身份、职能和架构是怎样的？它平时是如何运作的？

WG：我们认为我们不是政府机构，因此威斯康星大学系统的领导不是现任州长的内阁成员。回答第一个问题的最佳方式是说明我们治理委员会的身份。威斯康星大学系统得到州法律的授权。威斯康星州州法典第三十六章授权成立威斯康星大学系统。这是一个相对较新的机构。现在的威斯康星大学系统是在1971年开始创立的。在此之前，有一家威斯康星大学（University of Wisconsin）和一个威斯康星州州立大学系统（Wisconsin State University System）。当时是两个系统。另外，还有威斯康星技术学院（Wisconsin Technical Colleges），它们的治理方式与我们不同。威斯康星大学系统作为一个机构，是由18人组成的董事会治理的。其中两人为当然成员。他们因为其所任公职的缘故自动成为董事会成员。其中之一是州公共教育部（Department of Public Instruction）的领导，即学监（State Superintendent of the Schools）。公共教育部真正负责威斯康星州幼儿园到高中阶段（K3-12）教育。它与其他州的教育厅（Department of Education）是一样的。因此该机构的领导是公选产生的官员，以学监的身份管理全州相关事务。学监在任期间，他既是公共教育部的领导，也自动成为大学系统董事会成员。另一位当然成员是威斯康星技术学院系统委员会（Board of Wisconsin Technical College

System)的主席，因此他也是自动进入我们董事会。剩下的 16 位成员都是由威斯康星州州长任命的。虽然我们不是内阁机构，但是州长还是任命我们的董事会成员。这些成员分批交错任命，任期七年。因此一定数量的成员被任命在这七年履职，一年后另一批成员被任命任期七年。七年的任期比州长任职的时间还长。州长的任期通常是四年。该系统设计了过渡机制，因此当新州长来的时候，他或她不能完全取代我们整个董事会。当老董事七年任期届满后，州长可以任命新的董事。董事会成员中有 14 位是被分批交错任命的，还有两位成员是来自威斯康星大学系统的学生，分批交错任命，任期两年。董事会共有 18 位成员，两位是当然成员，包括技术学院董事会主席和公共教育部学监。两位是学生，任期两年。其中一位是传统学生（traditional student），即年龄在 18-25 岁的四年制本科生。另一个是年龄超过 25 岁的非传统学生（nontraditional student）。因此，其中有一位在读的非传统学生。这就是我们董事会的架构。在董事会之下，我们还有组织架构。董事会下设委员会。各委员会服从我们董事会的治理。董事们作为董事会成员提供无偿服务。我们这些在威斯康星大学系统行政机构工作的人员是他们的职员。因此，我们有一位大学系统的主席。他是我们的首席执行官，由董事会任命。他与我们大学系统每所分校的校长任命是一样的，比如，威斯康星大学麦迪逊分校校长、密尔沃基分校校长，等等。所有分校加起来一共 26 所。所有两年制的分校由一位校长负责，即我们所称的威斯康星大学系统的学院（UW Colleges）校长。董事会成员没有薪水，他们是社会人士。大部分董事服务七年，制定政策和有关高等教育的重大决策，任命系统主席和分校校长。这应该是他们对这份权威乐此不疲的原因。你会注意到常设委员会。其中有四个委员会很突出，它们是商务、财务与审计委员会（Business, Finance, and Audit Committee）、资本规划与预算委员会（Capital Planning and Budget Committee）、教育委员会（Education Committee）和研究、经济发展与创新委员会（Research, Economic Development, and Innovation Committee）。这四个委员会完成大部分的审批工作。比如，商务、财务与审计委员会审批主要的合同、采购，以及我们员工上报的各种会计和财务报告。资本规划与预算委员会审批所有重要的建筑和项目。教育委员会审批各分校上报的新的专业方案。研究、经济发展与创新委员会是一个全新的委员会。尚不清楚他们负责何种审批。他们负责监管跨分校的技术转移活动。这就是有关我们治理董事会身份的内容。对于威斯康星大学系统的身份，从人们对系统的使用角度看，有点难以把握。大部分人来上大学、从大学毕业甚至捐款或者发生其他关系时大都看不到我们的治理架构，看不到大学系统的身份。对于普通人来讲，其身份几乎是隐形的。大部分人只知道个别的分校。如果你是威斯康星大学史蒂文分校的毕业生，那你可能就知道这所大学。你或许知道它与威斯康星大学的其他分校有关系。对于大部分人来讲，他们不知道在大学系统背后还有一个治理架构。有些立法人员了解这些。州长当然知道这些。其他一些对大学新系统运作了然于心的人也知道这些。事实上，我们是一个完整的系统，每个分校没有单独的治理机构。董事会聘用每个分校的校长和大学系统的主席。相比之下，威斯康星技术学院，大部分州都叫它们社区学院。它们是独立运营的，是由当地的治理委员会治理的。而威斯康星技术学院系统全州办公室只是一个很小的机构，其身份更多是一个协调委员会，而不是治理委员会，没有我们大学系统所具有的统一的治理架构。两者的特点不同。一个显著区别是每个学院有个当地委员会，因此麦迪逊地区技术学院有它自己的委员会。事实上，该委员会甚至有征税的权力。他们可以直接征税，权力巨大。我们则必须向州立法机构申请得到州拨款，从州税收中要钱。技术学院有权力对本区域的物业单独征税。像我住在这里——麦迪逊，我有一栋房子。我的部分物业税，一小部分，大约700美金，交给了麦迪逊地区技术学院委员会（Madison Area Technical College Board）以支持本社区技术学院的技术和校园发展。如果我住在密尔沃基，我在那里的物业税税费与这里的不同，就会交到密尔沃基地区技术学院，等等。这里的大学依赖的州税收不是房地产税，而是收入所得税和销售税。这些税进到州账户，然后分配到大学、交通部、自然资源部等机构。自然资源部仅仅负责与自然资源相关的教育。他们不管理学校，只是做与生命教育、自然教育和公众意识相关的公共宣传服务。我觉得他们不会把自己定格为教育机构的。高等教育资助委员会（The Higher Education Aids Board）是一家独立机构，管理面向学校、技术学院和私立学校的所有财政资助。该资助用于帮助低收入学生上大学。你可能熟悉联邦政府的佩尔助学金（Pell Grant），那是联邦政府用于资助低收入学生、贫困学生的政府项目。威斯康星州现在也有一个高等教育助学金。这个资助委员会负责批准和监管助学金。教育审批委员会（The Educational Approval Board）是一家颁证机构，颁发给营利性私立大学，比如凤凰城大学（University of Phoenix）。教育宣传委员会（The Educational Communications Board）是一家很小的机构，负责州内的一些广播网络，旨在开展不同的教育。威斯康星历史学会（Wisconsin Historical Society）只是负责管理威斯康星州的历史档案和雕像。有些机构设在麦迪逊校园里，但那不是威斯康星大学系统的内设机构。我不了解环境教育委员会（Environmental Education Board）。合作教育服务机构（Cooperative Educational Service Agencies）负责幼儿园到高中（K12）事务。

问题：请问你们怎样与这些机构打交道？

WG：他们都是兄弟机构，不是大学系统的内部机构，也不在大学之上。我们与公共教育部（DPI）有直接的沟通。他们的学监在我们的治理董事会中。我们在这里有很多合作。这些机构与我们是平行的关系，既不在我们之上，也不隶属于我们。两者都不是。因此你看这里列出的高等教育资助委员会。它们通过任命成为州政府机构之一。我们董事会的一位或两位董事在高等教育资助委员会的理事会任职。因此，你看在治理架构中有很多的交糅。所以我们董事会有人来自技术学院，我们也有人在技术学院董事会中任职。我们董事会也有人在高等教育资助委员会中，还有人在教育宣传委员会。这是很复杂的。我们还有一些临时的委员会，比如教学优秀奖评审委员会（Teaching Excellence Award Committee）。这个委员会一年集中一到两次，从威斯康星大学评选获奖者。教学优秀奖评审委员会是系统之内的，从全部

26个分校中评选2到3名教授，表彰他们的优秀教学。这也是个委员会，管理范围有限。这个委员会的组成人员都是来自董事会成员。多样性奖项评委会（Diversity Awards Committee）和学术人员优秀奖评委会（Academic Staff Excellence Awards）也是一样的。它们没有常规性的会议，只是选拔获奖者。这种小的委员会一年集中1到2次，但是重要的委员会一年要集中开会8到10次。在医院权威委员会（Hospital Authority Board）中仅有一位董事。那是一个准公立的权威机构。某种程度上来讲，医院是独立的。我们有一个医学院，它是医院的一部分。医院是一个公立权威机构，提供临床护理服务。因此医院的医生也是医学院的教师。他们有两个老板。医院附属于大学系统，但是其财务是独立的。我完全相信密歇根大学的医院运营也是用相同的模式。密歇根大学的治理是一个完全不同的模式。密歇根大学是根据密歇根州法令建立的。该大学独成一体。然而威斯康星大学系统是一个系统，也是根据法令建立的。因此密歇根大学完全独立于密歇根州立大学系统。密歇根州立大学（Michigan State University）和韦恩州立大学（Wayne State University）是密歇根州立大学系统的一部分，与密歇根大学是完全分开的。威斯康星教育宣传委员会是一家小型机构，经营着许多公共广播网络。我们有位董事在该委员会任职。这儿有一种理解方式。假如，你是一个威斯康星州的公民。州长给你电话说：杨先生，我想聘请你担任威斯康星大学系统董事会的董事。你问要做什么？他说董事会一年开8到10次会议。你得做一些重大决策，确定学费标准。顺便说一句，你还得在高等教育资助委员会、医院委员会或者一些附属的委员会中工作。或者要求你在一个常设的分委员会中工作。还有可能在一些临时的委员会中工作。这样你在董事会中无偿尽7年的义务。其中包括难以想象的大量的工作。那是一份巨大的责任。下面我给一个量化的概念来进行说明。当我们董事会召开常规会议时，仅仅是我们系统董事会的会议。两天会议的日程安排文件通常达到200到400页。同样，我们要求你在委员会无偿奉献。一年8次，我们给你送400页的议程。在两天会议召开之前，你得仔细研读文件。然后我们安排你去另一个委员会，他们也会给你资料。他们会要求你领会文件并要求你在下次需要时向我们的委员会报告。在常规的董事会会议之间，学校会召集委员会会议，要求你帮助聘用一位威斯康星大学奥克莱尔分校（Wisconsin-Eau Claire）的校长。我们会请您审查几十份奥克莱尔分校下任校长候选人的简历。他们会请你参加校长招聘面试。因此董事有很多责任。每位董事都是在他们感兴趣的领域中工作。但是那可是巨大的责任，你知道的。威斯康星大学奥克莱尔分校校长遴选专门委员会和威斯康星大学麦迪逊分校校长遴选专门委员会是用来寻找和挑选校长的。因此当奥克莱尔分校和麦迪逊分校校长有空缺时，我们安排临时校长负责。但是我们需要聘请校长，这就是董事会的职责。最终，董事会必须批准每位校长的任命。有一小部分董事参与委员会的工作。威斯康星伙伴关系计划（Wisconsin Partnership Program）非常复杂。它的主要功用是把蓝十字保险公司（Blue Cross）的资金分配给那些由公立非营利机构向私立营利机构转型的公司。我们有一个委员会负责监管用于医学院的资金。与治理委员会协会（Association of Governing Boards）的联络就是与全国高等教育治理委员会协会沟通联系。该协会是一家私营协会。我们董事会有人负责与治理委员会协会沟通联络。

  行政管理办公室是我们的日常事务办公室。我们所有的办公室职员都认为我们是董事会的办事人员。同时，我们也是各分校领导的支持网络。这些办公室的职能是为董事会提供支持，并执行他们的决策，同时也为威斯康星大学麦迪逊分校、密尔沃基分校、河瀑分校（UW- River Falls）等所有的分校提供支持。在威斯康星大学系统的组织架构图中，各分校位于系统之下。但是把这种架构视觉化的更好的方式是威斯康星大学系统居中，周围有点像是一个带辐条的轮子。我们不一定把自己的位置置于各分校之上，而是把自己看作全州工作的轴心。在政府关系部门（Government Relations），我们设有州政府关系和联邦政府关系业务人员。两者都很重要。我们有两个职员主要负责与州立法机构联络。我们安排一个人专门负责联邦议会的联络。理解政府关系的关键是了解我们还有很多其他人在不同层次开展联邦和州政府关系工作，既包括我们这里也包括各个分校。当然我们的职员对这些活动会发挥主要的协调职能。社区关系不在我们办事部门的业务范围。那是每个分校具体负责。比如，威斯康星大学麦迪逊分校确实有一个社区关系办公室。我觉得你在所有的分校都会找到这样的机构。或许，它们的名称不是社区关系部（Community Relations）。但是会有人负责那个业务。既然那是纯粹的地方工作，肯定需要对社区关系开展全州性的协调工作。我主要处理联邦和州政府关系工作。我们有两三个人在开展这个业务，人数看怎么算。此外，我们还有一个团队帮助开展此项业务。在每所分校，都有指定的专人负责联络州政府。这些人员的职位从副校长，到中层领导，具体要看学校的规模和组织架构。

2. 从州政府的角度看，你们对州立大学有什么期望和目标？

WG：有人说我们在州政府和大学之间充当缓冲器。我们设法向州领导人宣传我们的大学。有不好的事情发生时，我们充当缓冲器。这样，注意力会集中到我们身上，而不是各个分校。至于期望，可以这样解释一下。我们这里的办公室要做的一项事情是编制《年度问责报告》，其中包括颁发学位的数量、4年或6年毕业的毕业生数量、毕业率等各种高等教育的矩阵数据。之后，确保问责报告送到每个议员的办公室，使他们了解我们工作效率的情况、达成目的的情况、实现目标的程度，以及我们哪里还需要资源，我们在哪些方面更加高效和成功。其中包含很多有益的信息。我们将报告也送给州政府的领导们。我们将其看作一种领导方式，而不是监督。我认为这两份报告有助于回答你的问题。问责报告是对照目标编制的年度绩效报告。比方说，我们要求每个分校达到某个毕业率或者保持率（Retention Rates），或者是颁发学位的数量。问责报告会被送到州政府，每个分校会汇报明年的目标或期望。我们编制一个汇总版的问责报告，是整个大学系统一起的。一共18万学生，其中2万今年获得学位毕业。然后，我们还提供每个分校的问责报告。在18万学生中，有4万是威斯康星大学麦迪逊分校的学生。这一本就是我们的主问责报告。这里我们确定了服务社区的目标。我们的收入、职员多元化都达到了目标。这里我们达到了目标，这里我们的结果有点混杂，但是我们送学生出国，送更多的学生到中国、欧洲和日本没达到目标。这就是我们的主问责报告。这是另一个版本的问责报告，更漂亮一些。那是个不同的数据矩阵。立法机构最近要求我们做出报告。这是一本不同的出版物。我们称其为《现状数据手册》（Fact Book）。从书名可以感觉得到，这本书提供的就是一些原始数据。不是目的和绩效指标矩阵。比如，这里有一些我们的历史。这儿有我们组织架构和董事会的信息，像谁是系统主席。我们每年更新一次。这是我们的治理机构、校长们、各分校的近照和校历。没有总结和分析，只是一些数据和历史趋势。或许这些资料对你有用。每个分校的绩效目标实际上是在协商的基础上确定的，不是我们强加在各分校头上的。但是我们大家对我们能够实现什么达成了共识。比方说，威斯康星大学麦迪逊分校是最好的分校，因此毕业率很高，这是因为进来的学生个个都是天资聪慧。而其他分校则稍差一些。它们对学生更具开放性。学生可能就不是那么聪明。它们的毕业率期望值也就会低一些。我们了解这些情况。我们并没有期望它们达到与威斯康星大学麦迪逊分校一样的目标，因此我们与威斯康星大学帕克赛德分校（UW-Parkside）的校长协商，制定他们分校的办学目标。它们的目标不同于我们在这里与麦迪逊分校校长制定的目标。麦迪逊分校有研究的使命，要开展大量的研究工作，需要制定与之相关的一整套目标。这些目标不适合威斯康星大学普拉特维尔分校（UW-Platteville），因为它的整体研究规模要小得多。因此可以这样理解，这些目标是通过我们管理人员、董事们和各个分校的管理层协作和协商之后制定的。每所分校还有自己的教师治理架构。因此，每所分校的教授们在学术发展方面拥有很多的领导责任，但不是财务方面，比如关于每所分校准备开办哪些新专业，颁发哪些新学位，大学会采取哪些举措提升入学率和毕业率。很多这样的事情是由教授们主导的。所以即使是在分校层次，很多战略规划和战略目标的制定也是一个有机产生的过程。在学校层次，那也是通过协商和达成一致才能实现的。那是一个自下而上，最后到系统的过程。

问题：在进行预算分配时，会附加一些期望吗？

WG：是的。他们（政府）通常会把期望放在预算中。特定项目的新批资金，我们称作"专项资金"，表示政府设定资金并决定用途，告诉你用资金具体做什么。比如，我给你100万美元，要求你们建立一个工程研究或农业研究中心。你们得把钱花在项目上。如果没有成立中心，你们得把钱退回来。这就是专项资金的含义。议员们告诉我们汇报的内容。他们告诉我们汇报毕业率，但是没有告诉我们毕业率将会是多少，或者应该是多少。但是我想很快他们就会提出来。对于"专项资金"而言，意味着他们会切块，并把钱拿走。他们有两种途径这样做。他们可以把钱拿走，然后说你们必须压缩预算2亿美元，你们自己想办法筹资。你会思考到哪里找钱？最好的办法是忽略不要。或者如果他们确实不喜欢你们在做的某项事情，会把某块资金切走。就说我不喜欢劳工研究部，想把这块资金切走。这样你只能停止或中断这个项目。这种情况比较少见。在议员们编制预算之前，我们会游说他们。我们也会协调各分校开展许多游说活动。美国政府有个说法——所有的政治行为都是地方性的。这个说法大家都知道。由此，这个说法的创始人是站在联邦的角度讲的。这个说法最终传到我的邻居、我的社区，关系到他们讨厌什么和他们满意什么。每个分校可以找议员为自己学校游说。这种现象或多或少存在。真正强大的是我们可以组织所有26个分校在当地共同游说。所以威斯康星州沃基肖（Waukesha）人从沃基肖找议员说：如果你想为沃基肖当地的人们做点重要的事情，请为大学预算投票。绿湾（Green Bay）当地人也做同样的事情。这样，我们可以在我的办公室组织协调游说活动。那样的话，所有的议员从当地的选民那里听到相同的内容，比如，大学很重要，所有的大学教师需要涨工资。而不是我们需要涨工资，别给麦迪逊涨。或者我们需要涨工资，别给密尔沃基涨，而是我们威斯康星大学系统的教授们需要涨工资。请给我们资金来涨工资。

3. 请问你们在与哪些认证机构合作？你们之间如何合作？它们对州立大学具有哪些影响？

WG：每个分校都是单独认证的，因此系统没有对认证进行总体协调。26个分校自己组织自己的认证。同样，如果一个分校被延期认证，或者被警告，那只会影响一个分校。每个分校独立完成评估认证。这个归高等教育委员会（HLC, High Learning Commission）负责。实话实说，我不熟悉认证的事情。

我的印象是认证是在当地进行的。大学和认证机构之间存在互动。我认为我们得到相关信息，但是不直接参与。如果认证查到问题，我们肯定会使用相关信息。我们会与分校合作，解决问题。它们会报送认证报告给我们这里的学术办公室。据我所知，我们大学系统和认证机构没有合作，认证不是由我们系统的办公室组织的。但是教务长与认证机构具有紧密的合作关系。

4. 你们与哪些学术机构或地方的学术协会合作？他们对州立大学具有哪些影响？

WG：我们参加了所有的国家级的学术协会。比如说，美国教育理事会（American Council on Education），这是最大的协会。美国教育理事会是联邦层次的协会。美国教育委员会（ACE）、美国大专院校协会（AACU）、美国大学协会（AAU）、美国州立学院与大学协会（AASCU）、美国公立及赠地大学协会（APLU），它们都是国家级的组织。我们作为大学系统参加了所有这些国家级协会。然后分校参加了其中一些协会。两所授予博士学位的大学，密尔沃基和威斯康星分校，都参加了美国公立及赠地大学协会。所有的其他四年制大学都加入了美国州立学院与大学协会。只有威斯康星大学麦迪逊分校加入了美国大学协会。还有另外一个全国性的组织，叫中西部高等教育联盟（MHEC：Midwest Higher Education Compact）。我们州加入了这个联盟。还有另外一个有别于所有其他协会的国家级协会，叫做"完成美国大学教育（CCA）"。我可能落了许多其他的协会。我们未必参加协会的很多工作，但是我们加入了这些组织。我们参加协会的会议，接受它们的培训。我们订购它们的出版物，为出版提供资金，等等。它们为我们系统地提供最佳实践。一定程度上，它们是我们的智库。

5. 关于州立大学的治理，你们出台了哪些政策？制定政策的目的是什么？政策产生了哪些效果？从你们的网站，我找到了"董事会政策文件（Regent Policy Documents）"。我还找到了你们董事会的使命，但是没找到发展愿景和价值观的描述。此外，我在网站上还找到了不同分校的使命描述。他们的使命是董事会规定、审查或者批准的吗？你们大学系统的发展是否有战略规划？

WG：我不能说这些文件是我们对全州制定的政策。这里我们现在面对大的政策问题，我们称之为"灵活性"。这是重大的政策转向。我们希望重新定义大学与州政府的关系。到目前为止，虽然我们不认为我们是州政府机构，但是却一直被当作政府机构对待。我们或多或少被当作政府机构。比如，采购新计算机时，我们得执行与管理监狱工作的狱政局（Department of Corrections）和管理公路业务的交通局（Department of Transportation）一样的采购程序。尽管我们用于物理研究的计算机软硬件的类型与监狱系统使用的软硬件系统完全不同，但是我们必须面对相同的销售商，执行相同的采购程序。盖楼时，我们盖新的科学实验室和州政府建造监狱都是使用相同的采购程序，面对相同的销售商。我们想方设法争取更大的独立性。我们认为大学有着独特的使命，有着独特的需求，这与州政府的其他部门差别很大。监狱系统与交通系统具有更多的相似性。我们跟它们任何一个都没有多少相似性。我们与它们的区别比它们之间的区别大得多。州政府对州公园、州监狱、州高速公路和其他州政府机构的采购制定一套采购程序是可以的。我们认为大学是教育和研究机构，在采购上应该享有一定的灵活性。像我们如何管理资金、建筑、采购和工资都应该有灵活性。所以这或许是我们向州政府提出的最大的政策问题。除了寻求拨款之外，我认为我们竭力呼吁的最大的要求是更大的灵活性和独立性。我们得到一部分这样的待遇。在如何使用资金和部分采购项目中，我们已获得一定的灵活性。但是我们在呼吁更多的变革。

问题：请问你们对各个分校有政策规定吗？

WG：有的。那就是你在我们网站上看到的董事会政策文件。比如，董事会制定了新生招生文件，就是我们招收新生的程序文件。该政策确定了审查入学申请时应该遵守的大致原则，其中并未具体阐述审查的程序，但是阐述了审查时应该和不应该考虑的内容。在董事会制定的宽泛的政策之下，各大学分校制定了自己审查申请和招收学生的程序。他们必须在董事会制定的政策的宽泛框架内操作。董事会制定的政策必须符合州法令。州法令更加宽泛，层次更高。我们的政策似乎就是指导原则和范围界限。我们尽量不把政策定到审查申请的特定程序层面。政策划定一个大的范围。最高的权威来自于州法令。你可以按层级结构去理解政策。州法令是最宽泛的，同时也是最有效力的。违反法令而免予惩罚是不可能的。政策的范围要小一些，稍微具体一些。它具有一定的权威性，但是比不上法令。其下是程序和方法。因此设想一下结构，就更容易理解了。

我们威斯康星大学系统有使命陈述，董事会有使命陈述，大学系统管理机构也有使命陈述，这些陈述中有些价值观的内容。威斯康星大学系统管理机构的使命是系统主席和其员工的使命。我们的使命包括威斯康星大学系统管理机构与董事会一道领导并服务于威斯康星大学系统的大学。这就是我们对自己的角色定位。在美国高等教育和美国哲学中有"仆人式领导（Servant Leadership）"这个理论。因为我们的中心办公室既领导，又服务于各个分校，因此根据我们的使命陈述我们有点像仆人式领导。因此，这种管理不是自上而下的领导。我们也不是协会，按会员的要求办事。我们有点两头都做。这是一种平衡，是阴和阳的关系。

所有26个分校的使命都是由董事会制定的。我们还有整个大学系统和系统管理机构的使命。然后，我们还有核心使命（Core Mission）。那是两所具有博士学位授予权的研究型大学——麦迪逊分校和密尔沃基分校的大学使命。对于没有博士学位授予权的四年制大学群（University Cluster），我们还有另一个使命陈述。在大学群的使命之下，每所大学分校还有自己的使命。但是所有分校的使命都服从于整个大学系统的集体使命。整个大学系统的使命是由州法令确定的。你在州法律中可以找到我们的使命。你会在法律中找到威斯康星大学系统使命。因此作为大学系统，我们不能单方面改变我们的使命，其改变的前提是州议员和州长批准修改法律。在系统使命范围内，我们作为治理机构可以授权每所分校制定新的使命或变更使命。随着时间的推移，你会发现他们会大幅度地变更使命。随着时代的变迁，每一代人都愿意用不同的方式诠释和宣传他们的使命。

关于发展战略，我们正在更新《威斯康星州发展议程》（A Growth Agenda for Wisconsin）。那是威斯康星大学系统对威斯康星州制定的发展议程（UW System's Growth Agenda for Wisconsin）。其核心的发展战略是一样的。发展战略包括三部分——更多毕业生，更多就业机会和更强的社区。这是我们的发展议程。这是一个很高层次的概览。在发展战略中包括培养更多毕业生。对每所大学分校，我们制定了很详细的招生与毕业的目标、标准和规划。我们没有制定五年或十年规划。

附录 2. 威斯康星大学麦迪逊分校政府关系官员（WR）访谈录音资料

1. 请问贵校的大学使命、愿景和价值观是什么？

WR：威斯康星大学系统董事会为整个大学系统和每所分校制定了使命。这是一种抗争。其目的是为了迎合州政府，但是州政府仅为大学提供16%的办学资金。对我们而言，这是一大挑战。我把这本书给你。这本书并没有列出我们的核心价值观和使命。但是看一看预算，你就会发现我们的状况。所以，你看一下资源部分，州税收拨款用于专项用途的资金占6%，州税收拨款用于一般用途的资金占9%，加起来一共是15%。再看看我们从联邦政府得到的资金，那是很有竞争优势的。那是一大笔钱，但是只能用于专门用途，研究特定的项目。这项资金（捐赠和助学金）是私人捐款。所以这是我们从私人基金会的发展基金中拿到的钱，实际上是筹集的资金。州实验室是在校园内设置的营利性的实验室。他们负责自己的运营费用。学费当然是我们从学生那里收取的费用。辅助性业务是我们在校园提供的服务，我们也用由此获得的收入支持我们的运营。这部分收入占我们预算的13%。同样，运营收入与之类似。那是我们在校园通过其他努力得到的收入。那是我们生产产品或提供服务得到的收入，不是他人捐赠的。威斯康星大学系统仅控制州税收部分的拨款，其他的资金我们说了算。有时有些倒退，因为大学系统有点做不了主。对于我们划分资金的比例他们有发言权。那是对州政府给予大学系统的大部分资金而言。这是我们拿走的那一块资金。现在资金分配是基于很多不同的因素，公式中参考了学生数量和教职员工数量。这是决定我们划拨资金的计算方式。看一下整个预算，我们的部分占了这些分校所有预算的38%。对于密歇根大学，他们是直接得到拨款。我们是通过威斯康星大学系统得到拨款，比十大联盟高校（Big Ten）的平均水平高出15、16或17个百分点。你从俄亥俄州立大学会得到相同的信息。它们有着非常相似的预算模式。由此，我认为我们的愿景、使命和价值观都是正确的。我想从我的角度补充我是如何向议会推介大学的内容。我认为我们的使命把威斯康星思想（Wisconsin Idea）发扬光大了，这是显而易见的。这是通过向大众提供本科教学和开展基础研究实现的。不管这些大众是当地的、州内的、全国的还是世界的，我们的研究使命对于丰富知识是非常重要的。知识的扩展都是得益于我们的研究。更为重要的是它还扩大了参与研究的本科生和研究生的知识。而我们大学的价值就是将威斯康星思想发扬光大。我们相信校园里创造的知识是不受校园的边界所限制的。这些知识应该与全州、全国甚至全世界分享。

问：价值观和原则有哪些区别？

WR：其区别在于价值观持续时间更长。价值观一般用于大千世界，将我们的价值观念传递到全州，将我们的价值观念通过我们的贡献传递到全世界。战略原则更加注重微观层面，关注我们正在做的事情。举个例子吧。看一看我们20世纪60、70年代的战略规划，当时我们是主要提供教学的本科大学，而不强调我们的研究使命。因此研究的使命随着时间的推移在增强。我们也增强了本科教育部分。因此当我们研究用什么来实现使命要素的时候，我们制定了战略原则，即完成使命的指导原则。价值观是不会变化的。我们想践行价值观，意思是说我们在大学创造的知识传递到全世界。我们非常笃定地认为威斯康星思想就是我们的价值观。但是为了践行威斯康星思想，我们要保证战略原则指导我们应对研究中的变化因素、我们教育学生的变化因素和指导研究者开展工作。准确地说，这些"枝杈"每年都会再生。有时你砍掉一根枝子，好让树生长。所以如果审视一下这些战略原则，你会发现现在执行的原则只有4、5年的历史。回顾以往，你会发现不同的原则在指导大学开展工作。这就是我们有时与议会出现分歧的地方。因为议会有时认为我们的工作就是提供一个地方，让威斯康星州的中学毕业生或孩子们得到四年的教育而已。那是议会有时认为我们应该做的事情。但是作为旗舰型大学，作为首屈一指的大学，大家都想上这样的大学，就像你们深圳一样。但是你知道，为了成为最大的，我们需要多样化的思想和教学，两个因素都要有。大学应既是研究机构，又提供本科教育。所有这些在全世界范围提升了大学的层次和水准。从威斯康星州内部看，他们不是十分欣赏我们在市场上的地位。议会告诉我们你们就是威斯康星州的大学。我们真的不想听到你们从纽约、得克萨斯、中国、德国招收什么学生。我们不喜欢这样。因为这样就挤走了我的孩子，我邻居的孩子，使他们上不了这所大学。所以你们要明白这不应该是你们的使命。他们不明白其实两者是共存的。一个存在是因为另一个，反之亦然。我们有大量的本科生，在这儿有28000名学生。他们在实验室工作。有些学生去现场实习，有些学生需要那些协助教授工作的研究生做老师开展教学。因此，这里将学生放在知识产生的环境中，这是非研究型大学无法提供的。所以这要看如何平衡。你必须得引进一些不住在你们地区的"狐狸"。在威斯康星，我们没有开设林学专业。为了得到本地区这个专业和医学专业最好最聪明的人才，有时我们得从威斯康星州外面引进。我们应当给威斯康星州想学生物学的学生创造一个适当的环境，但是如果没有更好地服务全州500万人的话，只能把我们引到州外去。但是给我们拨款的人不会完全明白这些。尽管仅出资15%，他们即想要85%，甚至100%的控制权。我给你举个典型的例子。最近要求我们学生总数的25%以内可以招收外地的学生。这就意味着75%的学生必须是威斯康星州的学生。这个外地学生的比例是相当低的。大学系统就此给了我们明确的指示。议会同意这种指示。两个月前，我们想改变这个比例。因为我们看到威斯康星州以外的学生在增长，其中有很多来自中国，还有很多来自东西海岸。我们一共收到了30000份申请，而我们仅招收14000人，所以这意味着申请人数大大超过了招收人数。这14000个申请者，他们在其他地方也投了申请，最后仅有6000学生报到。所以你可以理解录取的过程。这样就把25%的比例推高了。超过25%，我们得去审批，要求达到27.5%。但是议会要求我们所做的几乎是相同的。他们说我们不想让你们招收更多州外的学生来挤掉本州的学生。所以这是一个我们时常见到的拉锯的过程。他们不理解一个研究型大学是如何运作的。十大联盟的高校中没有一个有我们这样的牢笼。它们招收州外学生的比例从7%到42%不等，都是按实录取的。这是那些州和大学所尊重的价值。这些价值观未必会传到威斯康星州。这里他们希望对大学施加更多的控制。我认为这已经构成挑战。所以这就是在我们州内履行使命、践行价值观和实现愿景的过程中遇到的挑战。从州外的视角看，你可能非常欣赏威斯康星大学。或许在威斯康星州内的一些居民把我们看作一支橄榄球队，一支让孩子们拿到学位的橄榄球队，这就是我们的身份。但是他们不认为我们是一家世界闻名的研究型大学。他们不关心这个。我的意思是说这就是我们的挑战。使命和愿景都是由威斯康星大学系统董事会制定的。这个有点像法律。他们确实有很多的控制权。这和中国的做法有很多相似性。

2. 请问贵校最新的战略规划是什么？在编制发展规划时你们会考虑政府和大众的哪些要求？

WR：《威斯康星大学麦迪逊分校2009—2014战略框架》（Strategic Framework for the University of Wisconsin - Madison 2009—2014）是我们最新的战略规划。大学在整合战略规划时要做的事情之一就是看一下大学内不同身份人员的需求，并与所有的外部客户进行沟通。那么他们要做的就是看一看客户对议会关注什么，对当地社区关注什么。然后他们会关照父母们的需求和中学生的需求。这样你就会知道他们怎么看待大学，他们希望从大学得到什么。他们得到所有这些信息后把他们融入到他们的战略框架中。这就会使我们的愿景更能切合所在的大学，使其更加有针对性，更加切近我们完成使命所做的事情。这是愿景和大学系统无法做到的。大学系统通用的愿景必须与不同大学的使命结合起来。各大学分校的使命也要与总愿景相匹配。我们的愿景不仅是教育学生。我们的使命还要将本大学的研究通过多种方式和形式推广到世界不同地区。我们的战略框架不仅要反映出人们从大学得到什么，而且要反映出我们在使命范围内除了本科教育外还向全州提供了什么。

我们的大学委员会（University Committee）参与制定战略规划的过程。大学校长会关注这个委员会，分校的校长会关注委员会。还有不同部门的领导也参加。我们有教务部门、管理部门、研究部门。他们所做的事情就是与分院院长和分校的领导从包括我在内的教职员工中获得反馈，然后把信息汇报给大学校长。议会你都知道了，大学应该就是这个样子。他们认为这就是我们应该遵循的价值观。所以信息采集有许多不同的方式。我所做的就是对议员进行一下调查，了解一下他们对大学的想法、构想和看法。还有他们认为我们哪些方面做得好，哪些做得不好。我们把信息汇总到委员会，然后评估如何宣传和推进战略规划。这些工作是在不同层级进行的。在我这个层面，就是直接面对州政府，了解他们对大学的期望，因为这个非常重要。我们对商业团体的服务方式对我们而言非常重要，因为我们不是简单地提供劳力，我们还提供理念和研究帮助给他们，提供很多他们无法得到的东西。我们也和企业建立关系。它们与我们的教师合作，和一些公司形成联营的关系。然后我们把这种合作融入到大学的战略框架中。这个大学有一个突出的特点，就是我们与社区直接合作。我们在上海设了校区，这是我们战略框架得到实践的典型范例。那个校区是在本框架完成后启动的，因为我们重视我们使命中包含的与商界合作的因素。你会了解不是威斯康星大学系统的每所大学都开展那个层次的协作。回到核心的事情——政府关系，我们在这里做的事情，不是每所其他大学都会做的。它们与我们有着不同的需求。另一个大学或许没有。这个有时候挺令人困惑的。出于礼貌，我们把我们的战略计划汇报给威斯康星大学系统。那不是强制性的。实际上，每个大学都应制定战略框架。有些大学比其他大学做得更加详细、具体。大学系统董事会和大学系统对我们的战略框架和使命的内涵有个深刻的理解非常重要，因为他们需要为大学宣传。我们希望他们的宣传能够反映我们的价值观。因为系统董事们确实能够代表我们所有的大学分校，如果认为只有我们自己可以代表我们的分校，那是很愚蠢的。这点你知道的。我肯定在中国教育部没有这么多不同的事情。有人知道你们学校是龙头老大，所以你们肯定理解将你们送上这个位置的战略框架是什么。这也是我们构建框架的原委。然后，我会把战略框架呈递给州议会。所以我要做的事情就是和这些人沟通，说根据你们对大学的期望，我们编制了战略框架，这就是我们的作品。我们有几种不同的方式开展沟通。我们准备一份战略框架，我们也编写年度报告，那基本上是问责报告。这是我们经过与议会协商实实在在挑选出来的我们认为这个分校应该负责的内容，而不仅仅是毕业率。我们在审视大学的经历和学生的经历，我们会关注学生入学和大学的可负担程度。这些都是大众应该了解的大学的所有情况。我们把这些内容编辑成册，可以给人们看到具体的内容，看到我们应该负责的内容，还有一些更宽泛的内容。我们对所有的内容都做得很扎实。对我们所做的这些事情，也有一些批评的声音。比如，我们过去护理证书的获取率在90%，他们或许会说为什么不达到100%。你们应该达到95%吧？有时我们给出一定环境下的数字，他们和我们数人头，还问为什么不做得更好一些呢？全国平均水平在87%的话，为什么我们达不到95%呢？所以这种问责有时以几种不同的方式呈现。在我们给他们提供数字之前，他们并不知情。他们不知道数字是多少。我们是公立大学，不能不透明。我们必须列出数字，也许有些数字不是那么漂亮。大学系统把整个系统的数据汇总在一起。他们所做的就是从这份报告中挑选一些数字，不需要一份包罗万象的报告，因为我们会做这样的报告。然而，他们会报告主要的内容，像颁发学位的数量，他们只关注颁发学位的总数。他们会跟我们要这个数字。他们不会提供所有的细节，因为他们不需要这样做。我们提供背景，他们提供总体的数字。他们也许按分校把数字分解开，但是在他们汇报时，他们只提供这个数字。他们不会呈现所有这些细节。大学系统将编制一份总报告和各个分校的分报告。根据我的看法，对议员们来说报告有点太多了，但是他们又要报告。我敢说他们只会读前面几页。我会给他们指出一些内容。大学系统对此很为难。有26个分校需要汇报。在短时间内传递大量的内容，还要容易理解，容易消化，那确实是个巨大的挑战。我们在想如何用一种议员们想要的模板更好地向他们传递同样大量的数据，还要让他们喜欢。这是我们在尝试的程序之一。对此，我得到了一些反馈。我编了一本册子，几周内我会把它送给这里的议会。我们到了节点，我们需要确定，多少是太多，多少是不足。以哪种方式呈递报告是大众不太感兴趣的，因为他们关心他们自己的需求。我的孩子怎样上大学？我能负担得起学费吗？毕业能找到工作吗？这些是他们想看到的数据。我们正在想方设法通过毕业生调查到这些信息，或者用更加结构化的方式审视数据。我认为所有的高等教育都是这样。

3. 请问贵校是否建立了专门的机构负责与州政府、州议会和州高等教育治理机构沟通？如是，他们的组织架构和职能是什么？

WR：我们没有建立专门的机构与他们沟通。我们的做法是与州内的兄弟院校密切合作。我们设法找到可以合作的范围，并就特定问题的解决找到有力的类似信息。举个例子，我们大学是威斯康星州同类大学中唯一的一所。我们是研究型大学。所以我们有时得与私立学院合作，比如位于密尔沃基的马凯特大学，那是一所研究型私立大学。但是他们比我们小多了，他们有研究的特色。有时我们会发现一些共同感兴趣的问题，但是往往我们得努力找寻我们与州内其他大学的合作范围，这样就可以找到大家共同关心的一些基本问题。不只是研究问题，还有整个学生事务，共同的劳动力问题，比如教师和职员，就业和薪水。这些在所有分校中都是一样平等的。我们唯一的一个专门机构就是与大学系统相关的。我所做的事情就是努力找到高等教育之外的感兴趣的机构，与我们一道去做宣传。比如说商业团体，我们实际上与商业团体有很多协作。所以我会与它们的说客合作，找到对双方有益的事情。这对于我们的商业机构都是很重要的。好事也会落到我们头上，反之亦然。他们有个问题，就是为他们的雇员提供教育，然后可以获得免税待遇。我们认为这是个好想法。他们可以成为我们的学生，所以我们重视他们重视的事情。我们可以帮助他们在议会宣传，争取一个议员的位置，那对他们是很有利的。但是总体上来讲对我们还是有好处的，我们找到那些主要对我们有利的事情。但是商业机构将会受益，我们将努力增加商学院和工学院的招生数量，所以我们需要更多的资源和更多的钱来做这件事。那么，谁会从中受益呢？所有雇用我们毕业生的企业都会受益。这些学院毕业生的就业率是很高的。所以我们就可以找到个别公司或几组公司出资，参与议会的事情。我们认为这是一种很好的合作伙伴关系。我们可以到一起商定一个信息，然后向议员们游说。这对于我们大家都是有益的。我们设法采取积极有效的行动。我们发现越来越多的事情，这是非常有效的。议员们想看到我们的产品，我们的本科生和研究生在就业方面如何影响经济。所以我们自己还想成为就业机会的创造者。

问题：请问你是否在分管大学对外关系的副校长办公室工作？你的主要职责是处理州政府关系吗？有其他人为你提供支持吗？

WR：我有行政管理的支持。有人管理日程安排，对预算提供支持。我还有领导的支持，我上面有领导，管理大学日常运作的领导。比如说，如果我到市中心的州议会，如果有决策和会议，需要开展州政府关系工作，需要一些院长、校长或者副校长帮忙，我的主管领导会把事情定下来，说这是州政府关系可以处理或不能处理，然后就可以执行了，因为我的领导可以驾驭问题的性质。他负责监督我们这一块的业务。我会尽全力做好工作。按规定要做的就是将与州政府关系相关的活动向全校22000名教职员工宣传，以便他们能够理解州政府关系工作的任务，以及州政府关系对大学本身的影响。我们州政府关系网页的主要功能是向人们传递信息。有时就是事件报道，有时用来传递信息，用于向州议会解释某项行动。这就是我工作的主要目的，主要是让议员们处理问题时对我们有益，对我们使命、愿景和战略规划的实现有益。我会直接游说议员。我私下也与他们接触，因为我做这份工作，因为我在州议会前后工作了8年。我与议会的工作人员和议员们都有私交，而且我知道他们优先解决的问题是什么，是什么驱使他们做出决策，然后我把这些信息传递给我们大学的副校长、院长和其他人员。所以当他们给我下令去游说的时候，他们知道议员们在想些什么。我去市中心向议员们解释大学领导层在想什么、他们如何做出决策、他们在考虑哪些问题。我会一直邀请他们到校园里来，以便他们能够近距离看到我们的使命，亲眼目睹并且理解它，因为回到我前面说的话，有些议员只是把我们当作颁发学位的机构，仅此而已。好像我们不想做其他事情似的。他们不理解其他事情的价值。有这么个例子。我们校园中有个奶制品厂，主要生产牛奶和冰激凌。我们校园里还有奶牛，实际上下周我们会把奶牛带到校园里，因为还没修好它们的牛舍。我知道一些议员，他们不理解奶制品研究。这个研究对于威斯康星州很重要。那就是我们在做的事情。我们有奶酪。这个州的奶酪很有名。我最近要做的事情就是把议员们请来参观奶制品设施，以便让他们看到我们在做的研究，像奶酪、冰激凌、酸奶、牛奶和其他类似制品。让他们看到这个研究对全州、对农场主、对商业、对在现场实习和工作的学生的益处。这就是我们把他们请到这里的初衷。最好的方式就是把他们请过来，给他们看我们的工作。这就是我想做的事情。那是让他们理解大学的最好方式。

问题：请问你们如何与州长沟通呢？

WR：我确实与州长保持沟通。从上大学起，我和他就有私交。我们认识好长时间了，但是重要的是理解他的动机是什么，以及理解他对大学的看法。然后设法与他沟通，使他的做法能够与我们的愿景、架构和战略框架相契合，因为他若能理解到他们的决策对于大学而言影响巨大是非常重要的。

4. 请问哪些认证机构评估你们的大学？它们的评价标准是什么？它们如何影响你们的运作、绩效和发展？

WR：与其他大学一样，每隔十年，我们大学必须要经过再次评估。这对于大学实实在在的存在是非常重要的。但是我们将评估作为一种契机，使我们能够审视自己在战略框架中的表现，这也是评估机构所要检查的内容。比如，我们想看一下开设专业的运行状况。这里有很多问责的东西，我们会深入理解是什么创造了这些数字。我们是否能做得更好呢？在评估人员进驻校园，说好我们要这个那个文件之前，认证实际上是一种自我检查的过程。首先我们进行自查，确保我们在做的事情是我们应该做的事情，以便每十年能够准备好一份评估报告。现在离评估已经过了一半了。我们大概五六年前评估过。上次的评估报告是2009年完成的。

评估是在每个分校单独进行的。所有的26个分校都有学位授予权。为了授予学位，给予学分，每所分校都要接受认证机构的认证，因此认证过程并没有大学系统的统一控制。这个是在每个大学分校校内进行的。现在认证评估的信息要向上汇报至大学系统，以便于他们知道各分校办学方式与成果，这样才能登记招生和颁发学位。但是认证评估只是在各个分校进行。我们的认证评估只是关注我们在这里的办学绩效。那是一家外面的机构，不是大学系统组织认证。该机构进驻检查并颁发证书，证明我们是获得认证的大学。在认证报告的封面页，你会发现认证机构的名称。具体的名字我不记得了。

州政府同意我们获得认证后可以继续开办大学。那是一种公认的承诺。如果我们不能通过认证，那会影响我们的财政预算。所以我们非常重视我们的认证结果。但是对于州政府层次，他们只是想知道你们是否通过认证。通过还是没通过，那是他们关心的事情。所以我们利用认证开展自我检查，以审视我们的办学绩效。政府利用认证结果来判定我们是否通过认证。如果没有通过认证，他们不会给我们拨款的。那对我们就太糟糕了。但是我们进行自查，确保永远不要走到那个地步。

5. 请问贵校加入了哪些学术性组织或区域性组织？它们会向大学提供什么支持？它们如何协调你们与州政府的关系，以及你们与州高等教育治理机构的关系？

WR：我们参加了好多。我们是好几家协会的会员。比如，美国公立及赠地大学协会（简称 APLU）、美国州立学院和大学协会（简称 AASCU）、美国大学协会（简称 AAU）。毫无疑问我们是这些组织的成员。院校合作委员会（简称 CIC）包括所有十大联盟高校，我认为还有芝加哥大学。那是院校合作委员会。我认为联邦政府认为最重要的协会是院校合作委员会和美国大学协会。那是最重要的协会，我们是其会员。他们选择会员是非常严格的。他们可以代表我们的价值观。美国州立学院和大学协会（AASCU）和美国公立及赠地大学协会（APLU）是参与广泛的、大型的机构。我与它们的交往很多，但是我们与这些协会合作什么呢？我们肯定会协调大学与联邦政府的关系。我们经常与这些协会一起去找联邦政府。与美国大学协会和院校合作委员会一起去是很平常的事情。在处理与州政府关系方面，这些机构为我们提供支持和发展方向以及其他大学出现过的问题。因此成为这些机构的会员，我们对于其他州其他大学正在发生的事情很了解，我们还可以从其他州的大学所发生的事情中学到好的做法和教训。这对于我们来讲很重要，因为我们没必要重复别人的工作。他们会代表会员们向联邦政府写信。如果我们请他们代表我们向州政府写信的话，他们也会做的，因为我们是会员，有共同的价值观和使命。他们都是国家级的协会。我从没要求他们向州政府提供信息，因为他们不能代表州内所有的院校。但是参加协会对于我们来说很重要，我们是独一无二的。我们是这个类别院校中的唯一一所，我们有协会沟通和提供信息服务。通过他们的服务，我们可以开发我们自己的产品，提供给州政府。我做了很多类似的事情。我提供我们的产品，他们想听取我们的意见。他们不想听协会的意见。联邦政府有时会听取协会的意见。这样比较好，因为协会太多。我沟通的对象不多，但是我不知道他们有什么信息，所以我利用所有协会的信息。但是我也向他们提供资料。比方说，美国州立学院和大学协会，我们是其会员，或许是其最大的会员。因为这个协会中有很多小的学校，但是我们是一家大学校，所以我在其会议的筹备委员会中。通过委员会，我可以向他们提供研究型大学的概况。其他成员会提供社区学院的概况和技术学院的概况。所以我们怎么做呢？我们与其他类似的院校集中在一起。当我们开会时（我们最近刚在迈阿密开了一个会），我们主导讨论研究型大学的最佳做法，了解其发展形势，使那些没机会了解研究型大学的人们得到信息。那会给人们一些视角，比如说，我每天都在从事此类工作。我的工作就是每天去州议会。但是还有一些比我们学校大的大学，议会的事情对他们而言同样重要。但是政府关系官员同时还做2或3件事情。所以他们未必有时间按顺序实施战略规划，那他们又能怎样战略性地开展工作呢？所以开展工作时，我每天都做。我能够展示这是我们做的工作，这是最好的做法。我们给出的都是我们实实在在做过的例证。我把所有议员和他们的职员、办公电话号码等都放在一个大的数据库中。我有同事，他没时间

附　录

做这些事情。我像学生一样做研究。我们向他们提供信息，以便他们能够像我们一样与议员开展有效的沟通，只是他们没有时间把这些信息集中在一起。我们把这些信息与他们分享，以便他们能够找到更好的办法与议员们沟通。我们在分享最好的做法、基本的理解这些有效的东西。有时，我们也分享信息。

附录3. 威斯康星大学麦迪逊分校大学委员会官员（WC）访谈录音资料

1. 请问威斯康星大学麦迪逊分校大学委员会的使命、愿景、职能和组织架构是怎样的？你们委员会与大学董事会有哪些异同？

WC：大学委员会解决校园里的各种问题。校长是大学的领导，经常变动。大学委员会给校长提供指导，以决定将来做什么和不做什么。这个大学有着非常强有力的教师治理。大学委员会主席是排名第二的实权人物。当然，校长有最终的决策权，但校长不愿意做出冒犯教师们的决策。大学委员会组成15人的小组（包括教研人员、学生和管理人员）寻找大学校长人选并提供三个候选人给大学系统董事会主席。董事会主席与董事会成员一道最后挑选出校长。大学委员会类似于教师评议会（Faculty Senate）的常务委员会。在大学委员会之下，还有很多的委员会。我们校长的真正老板是大学委员会。他会听取有关学术工作人员的真正的学术问题，但是学术工作人员对教师的事务没有发言权。麦迪逊分校学生联合会（ASM）是威斯康星大学麦迪逊分校官方的学生组织。他们权力很大。系统董事会对我们的管理架构没有决定权。州长给我们大学提供15%的预算，但是他们却控制了大学。学费也是州政府控制的。渐渐地，州政府的支持在下降，学生的学费在上升。学校资金总体持平。在过去两年中，州长说要减少对我们的拨款，但是我们不能涨学费。州长迫使我们裁员。州长可以到大学来，然后从大学把钱拿走。我们有自己的说客。有时我们与大学系统的说客合作，游说州政府。

2. 根据您的观点，贵校的大学使命、愿景和价值观是什么？

WC：这所大学与众不同的一点是其威斯康星思想（Wisconsin Idea）。另外一个不太清晰的价值观就是所有权。这里说的是知识产权的所有权。所有的教师、职员和学生都拥有自己的知识产权。但它们都不属于大学，包括专利和版权。这些都属于个人。在校内创造的任何东西都属于个人。这是一种很特别的价值观。大部分老师带给学校的财富要高于他们的工资。大部分教师不需要学院的资金。大学不介入知识产权是我们长期以来的传统。

3. 请问你们是否设有专门机构与州政府、州议会和州高等教育治理机

构沟通？如是，其组织架构和职能是什么？

WC：我们有教师评议会的公共代表组织（PROFS）负责游说。PROFS 是一家由威斯康星大学麦迪逊分校教师组建的自愿性、非营利会员组织，由教师评议会成立于 1976 年。会员通过每月扣除年薪的千分之一做经费支持教师评议会的公共代表组织。该组织不是工会，但是代表威斯康星大学的教师们向州议员、州长、大学系统董事会、国会议员和公众开展宣传工作。

教师评议会的公共代表组织代表教师们保护和提升：具有竞争性的补贴、教师治理、聘期保护、州政府对大学运行预算的支持、新建建筑和维护、联邦政府对研究的支持、退休金。

教师评议会的公共代表组织关注影响麦迪逊分校教师的州议会和联邦事务，在州议会的委员会中发表声明，安排与州议员在其办公室会面，向州长和其他政府官员写信沟通。

大学委员会担当董事会的角色，作为指导委员会监督教师评议会的公共代表组织的活动，决定该组织的立场和对相关事件的行动。指导委员会包括原大学委员会成员和教师评议会的成员。全部会员的花名册在左侧。该组织的细则在这里。

公共代表组织聘请了一位说客杰克·奥米拉。杰克在威斯康星州议会和国会两地做了大量的工作。有时他到联邦政府开展工作。他可以根据教师的任何需求开展游说。教师们不能直接游说。

4. 请问哪些认证机构评估你们大学？它们的评价标准是什么？它们如何影响你们大学的运作与发展？

WC：我对此不清楚。我们获得外部机构的认证。对于大学的认证评估，我们建立了组织架构。我们必须保证我们所开展的工作可以被接受，以满足特定的标准。

5. 请问你们加入了哪些学会或地区性的协会？它们为大学提供哪些帮助？它们如何协调你们与州政府以及与州高等教育治理机构的关系？

WC：我们每所分校都有一个系统代表（System Representatives），参加威斯康星大学系统学术职员代表委员会（ASRC）（UW System Academic Staff Representative Council）。它们每月召开一次会议，讨论系统内的大事。我们也是其成员。院校合作委员会是十大联盟高校和芝加哥等原来会议成员组成的学术联盟。我们还是全国大学体育协会（NCAA）（National Collegiate Athletic Association）的成员。体育在教育中非常重要，可以传授终身运动的价值。

附录 4. 俄亥俄州高等教育董事会行政官员（OG1，OG2）访谈录音资料

1. 请问俄亥俄州高等教育董事会（Ohio Board of Regents）的身份、使命、愿景、职能和架构是什么？你们的主要利益相关方是谁？根据麦克吉尼斯先生提出的治理模式分类，你们属于协调型治理模式。你们如何协调公立大学和学院？

OG1：麦克吉尼斯提出的这个模式架构图并非 100% 正确，对于俄亥俄模式不是 100% 正确。我们确实是有州一级这个层次，有一个州级协调委员会。但是正如我在邮件中对你的答复所说，协调的权力或权威不在州级委员会。州级委员会现在是其主席的一个咨询机构。这个委员会 2007 年之前曾经有协调权。委员会曾被赋予权力，法律赋予其协调大学的权力，这项权力有点演变成个人治理权力，而在大学里这项权力还是董事会的。是的。董事会。所有的州立大学都有董事会，社区学院也有。他们有单独的、独立的董事会。所以在 2007 年，俄亥俄州高等教育董事会变成了州长内阁机构。在此之前，我们不是政府的内阁机构。那就意味着州长没有聘用州高等教育董事会主席，即负责监管俄亥俄州高等教育董事会的人。2007 年之前，董事会主席是由董事会聘用。所以在 2007 年这项权力被取代之后，董事会主席直接由州长聘用。董事会主席是内阁架构中的一部分。这就是蹊跷的地方，因为九个成员组成的董事会与俄亥俄州高等教育董事会（Ohio Board of Regents）名称一样。2007 年之前的机构通常是支持董事会的运作——9 人组成的董事会。现在他们仍然是 9 人董事会，但是却没有了权威，仅有有限的权力。董事会不再具有任何协调职能，但是董事会主席管理的机构在负责协调工作。所有的职能都集中到了董事会主席的手中。董事会已经变成董事会主席的支持机构，而不是州政府的支持机构。因此该机构在支持董事会主席。他是由州长聘用的。

问题：那就意味着在州这一层级，没有机构在开展高等教育的协调工作，而只是一个人承担了这项工作？

OG1：董事会主席是俄亥俄州高等教育董事会这个机构的首席运营官。有关协调的所有权力都被授权到俄亥俄州高等教育董事会主席的头上。他再向下授权给办事机构，开展协调工作。从结构上来看，我们董事会分成了好几个运作部门。我们这里有技术部（Technology Division）、高等教育学术部、劳力部，以及类似的机构。所以我们这里还有技术学院部。所有这些部都是由董事会主席管控的。董事会主席在此特定机构内决定政策。大家在这里都是为董事会主席工作的，都是董事会主席的雇员。州政府为这里的员工发薪水。现在我们是内阁机构，像其他内阁机构一样，像交通部、商务部、就业与家庭服务部一样。这些都是内阁机构。董事会就像其他的内阁机构一样，在机构领导的管理下运作。在2007年之前，我们不是内阁机构。

问题：请问你们有没有文件记录2007年的变革？

OG1：你可以找到法令，修订版的成文法令。那是你需要的参考资料，其中写明了董事会主席的权力。那是修订稿，所以你可以看到有关董事会主席的历史文献。所以如果你展开董事会的权力，在2007年之前，其中所有的语言都会讲董事会有权开展甲、乙和丙工作。到2007年，董事会主席有权管理与高等教育相关的业务。因此，2007年之前，是由董事会聘用董事会主席。他们通过猎头公司在全国寻找董事会主席。他们把候选人请来，对其面试。有时他们与州长联合开展遴选工作。但是他们可以不用这样做。他们设定董事会主席遴选的条件和条款。这些是董事会制定的。但是自2007年之后，所有的工作都上了层次。州长聘用了一些人。董事会主席是按州长的意愿行事的。

你也许看到我们网站上有关于优先发展策略的信息。有关使命和职能等的优先策略是很重要的，也都在网站上。

问题：请问谁是董事会现在的利益相关方呢？

OG1：我认为主要的利益相关方是大学和学院的校长们，但是我们与整个高等教育界各个节点都有接触，所以我们有人负责大学和学院的教师们的业务。我们有人负责基础教育。因此在高等教育和基础教育之间有个无缝连接。所以我认为我们的利益相关方包括所有这些人。

OG2：我们也管私立教育。

OG1：对于基础教育，我们主要与俄亥俄州教育部合作。我们没有完整的计划来针对每个学校。负责基础教育的州治理机构确保在教育由一个层次向上一个层次转移时我们的许多政策可以实现无缝对接。

问题：请问州高等教育董事会主席如何协调高等教育？

OG2：实际上董事会没有开展协调工作。董事会仅仅是其主席的咨询机构。

OG1：董事会主席通过办事机构内的各个部门开展工作。比如，戴维逊博士是负责学术事务的副主席。她的业务对象有校长们、教务长们和类似与大学或学院学术架构相关的人物。

OG2：因为我们的业务包括批准学位，批准专业申请等。我们监督和保障课程的衔接以及学分的转换。我们就是做这些工作。我们向董事会主席提出建议。他做最后的决策。由他来签发决定。

OG1：他就是指挥办事机构，我们按他的指示工作。他划分每个部门的业务范围，确定政策。我们按其指示开展工作，执行政策，实现其愿景。

OG1：董事会根据董事会主席的安排开会。所以董事会主席的政策就是指示他们按月召开会议。董事会会议的目的就是讨论问题并就其职责范围内事务提出建议。所以那不是一个按月召开，主要讨论在全州如何贯彻高等教育政策的会议，因为他们已经没有这个权力了。他们从严格意义上来说只是董事会主席的咨询委员会，只是讨论董事会主席授权他们审查的事务。所以他们所拥有的只是咨询的职能。很奇特的是，制定政策并决定如何发布和执行政策成为了董事会主席的权力。他转达州长的指示，因为他是内阁成员。所以有关高等教育的大致政策实际上是由州长办公室决定的。董事会主席根据州长的指示行事，是州长聘用了他。董事会主席负责宣传愿景，实现州长对高等教育的愿景。

问题：请问你们会把大学召集到一起协调他们的专业发展事务吗？

OG1：是的。那要看政策和计划是什么？在制定面向州内大学的拨款政策时，我们得召集一些人来开会。曾经有过几个这样的案例。州长和董事会主席把大学校长召集到一起讨论全州的发展计划，比如州政府对高等教育机构未来的拨款规划是什么？对于一般性拨款，他们会召集会议。对基建投资，他们一样召开会议。所以根据政策的特点，董事会主席与州长一道有权召集整个大学和学院开会解决问题。

2. 请问从州政府的视角，你们对州立大学有哪些期望？

OG1：我们州现在还没有法定计划，还未对每所大学提出特定的要求。因为我们的学院和大学办学形式多样，大家都很自主。它们都有自己的治理架构和校长。所以当我们努力创造一个系统时，不仅要关注大学的需要，而且还要关注全州的优先发展战略。这不是州的法定规划，而是每所大学的特定使命。既然这样说，州高等教育董事会主席和州长努力营造一种团体氛围，在这个氛围之下大学和学院对全州的优先发展策略非常敏感。所以，你看，这里有几个例子。州长为高等教育的发展规划出优先发展策略，这些策略与产品的商业化和类似的东西有关。我们如何通过现成劳动力的教育以及类似的工作促进我们的经济发展？所以他与董事会主席一起为大学和学院的校长们规划州的优先发展策略，并确定高等教育的焦点工作。由于州长对州议会具有很大的影响力，可以引导拨款以支持大学发展，所以我们的大学和学院对州长确定的优先发展策略和计划积极反应。我们有一些独立性，可以按他们的要求开展工作。

问题：当州长有一些优先发展策略或计划时，他会要求州高等教育董事会主席向大学或学院传达信息吗？如何传达？是口头还是书面形式？

OG1：当然要传达。两种方式都有。董事会主席有时会传达，州长有时也会直接传达。州长参加了州际会议，我想很快就会有一系列的教育计划。他会直接给大学和学院的校长们打电话，要求他们实现愿景。我敢肯定他会有跟进措施的，以往就是这样做的。他会与一些机构一起到市政大厅，来强化他在州级会议上提出的计划，而我们的各个大学就会做出反应。这就是传达的方式。董事会永远都有其独立的权力。这就是其运作的方式。但是州长会发出更直接的信息，大学会做出反应。我们必须通过系统，幸运的是，通过系统我们强制开展一些行动。我们有点喜欢这样的情形。一旦有关教育的一个特定愿景计划确定下来，我们的大学会尊重州长和他的计划，而它们会相应地做出反应。

问题：请问大学会对州长的计划做出积极反应吗？

OG1：我认为会的。那并不是说他们之间展开对话，州长也得尊重大学做的事情。我们州长是说到做到的，所以他会设计和提出预期，大学要做出反应。事情就做成了。

OG2：还有，有些事情是通过法令或者预算强制推行的。有些事情就是这样推进的。但是这些事情，肯定是有关拨款和学费以及保障转学。

OG1：学费必须得到州议会的批准。他们确定学费的上限和收费路径。我们还不知道这次会怎样，因为州预算还未发布。但是你知道，需要很多管理性的工作。

问题：我的理解是大学具有高度的自治性的。

OG2：他们有。

OG1：在设定发展方向上，他们是有很高的自治性的，但是有很多强制性的行政事务，比如你开办的专业必须得到我们的审批。

OG2：你必须确定一定数量的课程，可以保证州内的学分转移，所以有些东西是要规定的。但是大学自治性还是很高的。

问题：请问你们为各大学制定战略发展规划吗？

OG1：《高等教育战略规划2008—2017》是在上届州政府和前任州高等教育董事会主席的手上编制的，所以我认为战略规划的大部分或者部分仍然是我们机构的重点，比如说学位取得率，即要确保更多的俄亥俄公民拿到学士学位等。很多战略仍然是我们工作的一部分。我不能说那个总规划还在指导我们的日常行动。所以，我认为你不能把它当作现在的文件，认为它还在指导州高等教育董事会的日常工作。因此那是一种组合，其中有州长的计划、他的重点、下一个预算的内容以及在可预见的未来我们的方向和路径。

问题：请问对于全州的高等教育发展，你们有最新的规划吗？

OG2：我会说没有。正如查理斯所说，我们还在遵循原来战略规划确定的指导原则，我们还在遵照执行。但是，我认为你现在在我们的官方网站上找不到正式的战略规划。有一个类似的文件。如果你认可的话，那是《俄亥俄州大学学业完成计划》（Complete College Ohio）规划。这个规划是由董事会主席发布的。

OG1：你知道，州长支持这项完成大学学业的计划，但是那只是一种我们在这里所有工作的框架，所以我们需要采取一切行动，确保俄亥俄人完成高等教育。因此，如果涉及全州的战略框架，我认为这个应该是你需要的。

问题：同时，我还发现《企业大学规划》。请问这个规划是什么？

OG1：那个规划是我们重构高等教育机构的一个建议，有点像头脑风暴，主要说明我们下一步要开展的工作、一些重构大学的路径，给出一些强制的使命和类似的内容。但是后来决定，那不是州政府希望的发展方向。其中的理念是原来决定的，不是我们现在的路径。

OG2：那是州议会强制要求州高等教育董事会主席提出的一个企业计划，供决策考虑。后来他提出来了，计划得到考量，但是没有实施。

问题：那么《俄亥俄州大学学业完成计划》现在变成政策了吗？

OG1：我认为快成为政策了，但不是州政府的政策，而是各个大学的政策。

OG2：这个网站上有。

OG1：是的。这个文件已经被广泛接受，规划出全州前进的方向。

3. 请问你们在与哪些认证机构合作？如何合作？它们对州立大学有什么影响？

OG2：高等教育委员会（Higher Learning Commission）是美国中北部院校协会（North Central Association of Colleges and Schools）的分支机构。他们

开展区域性认证。我们所有的州立大学都接受高等教育委员会的认证。大部分的私立大学也接受它们的认证，但是如我们所述，我们也可以授权或批准其他机构开展其他种类的大学认证。类似地，ACICS——独立学院和学校认证委员会（Accrediting Council for Independent Colleges and Schools）是一家全国性的认证机构。还有ACCS古典及基督教学校协会（The Association of Classical and Christian Schools）。或许你已经听说过一些这样的机构。它们也得到美国教育部的认可，但是它们不是区域性认证机构，而是更加倾向于面对职业学校或技术学校，其中许多机构还是营利性的。所以我们也与它们合作评估一些营利性技术学校。在州内批准任何机构之前，我们要求它们获得认证。我们要求他们获得美国教育部认可的机构的认证。区域性认证机构都获得了教育部的认可，还有一些其他的认证机构也获得了认证。

问题：请问对州立大学的认证是强制规定吗？

OG2：是的。它们必须通过区域性认证机构的认证，必须接受认证机构对它们施加的任何限制。有时大学每十年接受一次认证，有时更短。

问题：经过认证之后，他们会向你们州高等教育董事会递交《认证报告》吗？

OG2：是的。这个有点意思。公立大学已被写入俄亥俄法律中。法律已经确立了它们存在的合法性。我们仍然要批准它们的专业设置，但是在俄亥俄的法律中它们都有自己的章节。所以所有的大学，所有的公立社区学院，它们的办学地位已经写入俄亥俄州法律。现在私立大学或者独立学院要开门办学，必须经过州高等教育董事会主席的颁证授权。因为只有经他批准，它们才能办学。学术事务部（Academic Affairs）会定期审查这些大学，以保持对它们办学的授权。这是我们要求它们接受区域性认证评估或者其他的国家级认证评估的缘由所在。所以我们的机构负责批准州内私立大学办学。如果大学想得到州政府拨款，比如，州内学生想获得经济资助的资格，认证评估的结果发挥着重要作用。认证评估的结果是通过或者不通过。有时候你会获得短时间的认证，其条件是你们必须完善一些东西。认证评估是很平常的事情。如果你想在没有认证的情况下在这个国家办学，你的学生就没有获得财政资助的资格。你们很有可能就要从行业退出，所以认证是必需的。

4. 请问你们与哪些学术协会或者区域性组织合作？它们对州立大学有什么影响？

OG2：IUC，州立大学校际教育协会（Inter-university Council）是州内所有的州立大学参与的机构。我们与它们合作。它们有点像大学的游说机构。当它们去找州长、州议会或联邦政府的时候，它们更像是大学的代表。它们不制定政策，它们没有权力批准大学或者做类似的事情。它们代表大学。

OG1：是的，它们没有为大学制定政策的特权。它们负责让大学制定其他内部的政策。在州政府治理的深层架构中，它们实际上是大学校长们的游说机构，是大学校长们成立了这个协会。设想一下，如果他们单打独斗，做自己的事情，他们不会建立这样一支机构，它可以把大学校长的信息传递出去。它们会应对重大问题，比如政府拨款和类似这样的事情。它们会协同处理一些大家共同感兴趣的问题，所以这个协会就可以宣传这些信息。它们与我们在一起，因为有时候州高等教育董事会主席和州长虽然确定了政策的方向，但是他们不会跟我们沟通。所以为了确保我们可以看到政策实际上所带来的麻烦、效果和影响，我们需要与它们合作。它们也尽力与我们合作。在政策制定的初期，我们可以展开对话来搞清楚我们心中的疑惑。有没有一些事情它们执行不了？而从我们的角度看，我们还想保护我们的利益，因为我们认为那对全州是有益的。它们（IUC）为大学校长们工作，努力地想影响我们。

OG2：它们想影响我们，它们想影响州长，它们想影响州议会得到更多的拨款。它们有时想通过报纸、社论和类似的东西影响舆论。

OG1：因为在这里，我们的大学和学院校长们分量很重，所以如果州际教育协会与校长们合作，把信息传递出去，就能认真地触及到全州的每个角落。如果它们想用集体的力量把信息传递出去，它们会利用大学校长们去宣传。那是它们真正发挥作用的地方。

OG2：实际上最好的四家协会都是一样的。最好的俄亥俄独立大学和学院协会（AICUO）是代表私立大学的协会。州际教育协会是面向公立大学的。俄亥俄社区学院协会（OACC）是面向公立社区学院的。然后还有俄亥俄职业学院和学校协会（OACCS：Ohio Association of Career Colleges and Schools），是面向营利性院校的。这些协会面向不同的院校，但他们是相似的。它们经常与这里的州高等教育董事会沟通。我们与它们都有紧密的合作。

OG2：俄亥俄大学入学网络（OCAN：Ohio College Access Network）。这个机构覆盖全州，有许多区域性的或者当地的入学组织。这些机构延伸到中学，甚至延伸到小学，以确保这些孩子们了解大学并为上大学做好准备，所以他们是一家私营机构。另外，俄亥俄大学网络（Ohio College Network）是一家全州性的组织，从一定程度上其触角延伸到所有的区域性和地方性入学网络。他们有许多私人基金，由私人基金会的资金支持他们。在这个地区凡是重视帮助学生理解如何获得经济援助才能读大学以及在中学应该修读哪些课程的人都会支持该机构。他们有时带孩子们到大学参观，以激发孩子们上大学的兴趣。他们会与孩子们一起努力，让孩子们上大学，让他们考虑上大学，考虑如何付学费和如何申请大学等类似的事情。

问题：请问人们为什么会做这样的事情？是一种公共责任吗？

OG1：确实如此。这在全州的很多社区是需要的，因为，考虑到毕业的事情，如果往回看，你会看到我们希望人们能够上大学，完成学业，获得成功，所以这些网络对于全州完成使命很重要。有时候这个特别机构会直接游说俄亥俄州议会，有时还有州计划帮助提供资金，也有一些联邦计划可以提供助学金和资助。这对这些机构具有很大的助益。

OG2：正如查理斯所说，有时在做预算时，在有富余资金的时候，它们的工作会获得公共支持，但是我认为过去几年中预算一直很紧张，它们必须更多地依赖基金会、商业机构等的私人支持。它们建立了更多的积极参与的基金会，它们提供很多资金支持此类活动。

问题：请问俄亥俄阿巴拉契亚高等教育中心（OACHE）是怎样的机构？

OG2：我一点都不知道这个机构。

OG1：实际上其使命有点像在俄亥俄人口密集区域，大都会区域的入学网络这样的机构。但是我们还有农村地区，在那里有关高等教育重要性的信息和使命也是缺乏的，所以这种机构与大学入学网络很相似。它们只是更多地工作在农村地区。它们在设法为生活在农村地区的个人开发上大学的通道。它们寻求与俄亥俄大学入学网络所寻求的同样类型的支持。有时它们直接得到州政府的支持，或者是联邦政府给予私人捐助。但是他们的使命是类似的，就是为州内生活在农村地区的个人创造大学入学机会。

问题：请问你们与哪些学术组织合作？比如美国大学协会。

OG2：那些是州内大学往往会去参加的，不是我们参加的。像那样的协会，代表全国的赠地大学。俄亥俄州立大学会是那种机构的成员。比如美国大学协会（AAU），有许多这种机构，接受不同种类的大学，但它们往往是全国性的。然而俄亥俄独立学院和大学协会（AICUO）和俄亥俄州际大学协会（IUC）只是州内机构。还有类似的国家级组织机构大学可以加入。它们可以与全国各地类似于他们的大学沟通。那些大学也可以游说。我们确实加入了一个协会——美国州高等教育执行官协会（SHEEO）。那是一个可以代表我们和我们同行的组织机构。

OG1：美国州高等教育执行官协会组织年度会议。州高等教育董事会主席与来自全国的各大学系统主席或者同类机构的领导一起参加年度会议。

OG2：美国州高等教育执行官协会举办政策讨论会，讨论全国范围内支持高等教育发展的政策。哪些是可以供高等教育执行的好政策？它听起来像一个学习型组织。那就是一种你可以去学习其他地区经验的地方。或许你可以带给俄亥俄一些信息。如果你去参加会议，有人会讨论他们各自州内发生的、不同的新东西。比如，俄亥俄在执行绩效拨款政策。其中一个领导会到美国州高等教育执行官协会向其他州做讲座，讲述相关内容以及如何实施。我们也加入了另一个组织"美国大学学业完成计划"（CCA）。我们在其中发现很多价值观。我认为现在有 30 多个州加入了该组织。

OG1：其中的很多观念，我们采用并编入了我们的完成大学计划中。这些观念源自我们参与的这些组织活动，以及我们之间的沟通。

OG2：他们有很好的网站，我们在那里讨论全国可以提高毕业率的策略和政策。他们向会员提供很多数据。他们会公布和分析数据，并定期做出报告。

5. 请问有关州立大学的治理，你们制定了哪些政策？为什么制定这些政策？这些政策的执行效果如何？

OG1：它们的组织架构差别很大。

OG2：是的。不是有关各个院校的，我们制定了我们组织内部的政策。同样，每个院校的具体政策是由他们的董事会制定的。

问题：请问你们制定了面向所有州立大学的一般性政策吗？我发现了学分转换政策，但是没找到其他政策。

OG2：有这样一个政策的原因是州议会说俄亥俄州高等教育董事会需要制定一个学分转换政策。那是我们有能力制定该政策的唯一原因。否则的话，我们没有这样的权力。

问题：所以如果你们想制定任何政策，必须得到州议会授权。否则，就不能制定。

OG1：那还得返回到我们和你讲的组织架构。在州长规划远景，确定他想要大学做哪些事情之前，他会游说州议会，将其编入俄亥俄法律修订草案。否则的话，他就用我们。作为州长他有权力宣传高等教育的规划，并要求州高等教育董事会主席执行。但是他们被要求强制执行的特定政策必须通过俄亥俄州议会的授权。

问题：我碰巧看到有一章是关于俄亥俄州高等教育董事会和俄亥俄州立大学的。

OG1：是的，是有一章。州立大学在这一章内。俄亥俄州高等教育董事会/主席的权力在俄亥俄州法令修订版的第 3333 章。你可以了解一下州高等教育董事会主席的责任。我认为你应该关注明年2月4日。到那时，州长会发布他提议的双年度预算，其中包含政策和政府架构的语言。因为州高等教育董事会是内阁机构，毫无疑问，那份文件中会有政策，告知人们州长提议的对高等教育所确定的发展方向。

问题：所以其中会有文件表明州政府的期待？

OG1：是的。请记住那只是提案。提案要经过州议会讨论批准。2月4日那就是公开的文件了。那是文件发布日期。到时，你就可以从俄亥俄州议会服务委员会（Legislature Service Commission of Ohio）那里得到文件。到2月4日，建议书就会挂在网站上，成为完整的文件。

问题：请问你们与州教育厅的关系如何？

OG1：可以这样说，是在改进。很长一段时间，我们是在唱独角戏。他们做他们的事情，我们做我们的事情。我们最近搬到同一栋楼里了。教育厅也在这栋建筑内。但是搬家的目的一定程度上是加速我们的协调，以简化政策制定流程，使孩子们为上大学做好准备，以解决高等教育的难题。在我们考虑推出新政策时也会有助于我们更好地理解基础教育的事情。

问题：所以他们主要负责基础教育，你们负责高等教育。但是相互之间会有联系。

OG2：是的，我们设法把工作做得更好，实现无缝对接。

问题：你们之间相互合作。有没有更高层的领导协调你们的工作？

OG2：没有。

OG1：这样说是很丢人的。没有。没有高层领导。州长？这问题有点复杂了。在他的内阁，在他的任期中，他聘请了一位21世纪教育主任。他在州长办公室工作，是州长的雇员。他两边的事情都管，有点像是负责协调政策的人。所以对于州高等教育董事会主席和学监而言，每个机构都有其独立的权力。这个人与州高等教育董事会主席和学监都会面。他们讨论两个机构可以有更好合作的领域。虽然我们也那样做，但是我们还要做好日常的工作。我们协作的同时，保证我们能够关注到我们的工作。这样我们才能有更好的协作。

OG2：比如说，我不给提供这个。你或许说过要这个东西。过一段时间，他做好准备后，就会与高等教育董事会主席和学监坐下来讨论，说你们看这些事情，我认为你们应该开展合作。

OG1：否则的话，会有一些间接的联系。我们这个州长绞尽脑汁，确保找到一些政策的思路。

OG2：这就是我们两家机构同在一栋建筑内的原因，就是要轻松合作，实现州长的想法。

附录 5. 俄亥俄州立大学政府关系官员（OR1，OR2）访谈录音资料

1. 请问贵校的大学使命、愿景和价值观是什么？从贵校《2000 年学术规划》（Academic Plan 2000）和《2007 年认证自查报告》（Re-accreditation Self-study Report 2007）中，我找到了贵校的愿景描述，还有价值观，但是没有发现使命描述。

OR1：你或许已经看到了，你可以去看教务处的网站，即教务长的办公机构网站。他们关注大学使命、价值观等内容。你在那里可以发现他们是负责大学战略规划的部门。这个对后续的问题很有意义。这是一个持续的过程。所以在这里，在教务处相同的网站上，他们有各学院上交的战略规划。兽医学院、医学院、艺术与科学学院等每所学院都上交它们的战略规划。他们对各学院的规划提出要求，然后负责把所有的规划整合在一起。确实如此。还有副校长办公室。所以政府关系管理部门制定一个计划，开展行政管理和规划的部门制定一个计划。但是所有的规划都是由教务处汇总在一起。他们负责协调和整合规划，然后把总规划呈交给大学董事会。最终总规划是由大学董事会审批的，即我们的大学董事会。他们会监控、评估，他们会执行而且在战略规划中他们还有计分卡。计分卡上很容易就可以看出我们在规划中的进程。这样就有了一个规划。实际上，这是我们大学董事会的职能。大学董事会要求制定一个大学战略规划，然后他们会监控和评估规划的进程。他们首先会对规划的适当性做出评判。规划是否与大学董事会提出的大学愿景相匹配？大学董事会说这是你们要做的事情。我们同意这是你们的规划。他们几乎每个月都召开会议。他们还召开委员会会议。他们作为一个单位召开 8 至 9 次会议。有些月份因为其他事情会议开不成。另外，他们有委员会，有学术事务委员会、投资委员会，以及各种事务的委员会。所以我们的大学董事会开展很多工作。他们的许多工作是通过委员会完成的。

我们的使命已经改变了。现在的使命与《2007 年认证自查报告》中的使命已经不一样了。使命是发展的。我认为 2007 对我们而言已经是很久以前了。认证评估定期举行。总的来说，我认为可以稳妥地说，作为一所赠地

附 录

学院，我们的大学使命很宽泛，包括教学、研究和社会服务，有时也叫做教学、发现和社会参与。所有的赠地大学的使命都是这个使命的某种变体。历史决定了它们是不同的大学。你或许读过有关赠地大学的历史，有关它们是如何成立的，所以它们有一个总的使命，而每所大学设定各自的使命。是这个"元"在跟随时代的进步，跟随可能的变化，跟随变化的需要。这是我们重新定义使命的缘由。这也成为我们制定的战略规划的核心。所有分规划都应该融入进来。所以，比方说，在规划阶段，有一件事情我们办公室决定了，我们不执行规划，而是由教务处执行规划。有人说我们要提升排名，在这个领域做更多的工作，所以实际的情况是一定程度上规划会随着时间演进。所以我们的使命进化了。但是大家努力跟随完成董事们认为重要的工作。他们会监控进程。我们作为一个办公室，与我们的财务部和其他部门一道，我们的主要职责在于资源。我们帮助州长保护我们的资源免受州、当地和联邦的侵占，以便大学的其余部分可以执行我们的规划。我们未必执行规划，有点像支持部门。我们把自己当作支持部门，所以工学院可能得到批准。他们计划增加工程师的培训人数和扩大研究领域，然后就是资源从哪儿来的问题。他们确定他们的规划，我们帮助他们获得资源。教务处有着巨大的责任。大学的使命大部分是有关学术的，因此所有其他的都源于学术。所以教务长在一定程度上也是大学的执行副校长。他或她负责整个大学的运作，但不是负责每个部门。他不会担心大学的供水问题。但是如果某个实验室没水了，那就变成教务长的问题了。所以教务长责任重大，有点像大学的首席执行官。校长有更大的责任，下来就是教务长。这是一所大型的大学，有很多人在管理和帮助我们。教务处在制定规划和执行规划上责任重大。我觉得在具有一定规模和重要性的美国大学里，首席执行官（校长）有很多在大学之外的外部责任。现在有些校长喜欢关注细节，但是很多校长还是有更大的视野的。我们在哪些方面与全国系统匹配，在哪些方面与州的系统匹配？比如，哪些与你们大学不同？是筹资。慈善活动也是这所大学很重要的使命。很大的一块资源用来执行使命。校长在其中发挥着重要的作用。有人想捐钱，而你们有开发办公室，你们安排人员开展这方面的工作，并且要熟悉业务。说到慷慨大方向学校捐款的人，他们都想见校长。校长需要与他们讨论如何帮助大学，所以校长有很多对外责任。我们在处理州一级事务时，我们校长会一直与州议员和州长办公室会面。这就不是让杰克（分管州政府关系的协理副校长）（Associate Vice President for State Relations）和我与重要人物会面。重要的人物也想见我们校长，所以校长忙于大量的与公共关系有关的事情。

OR2：我们游说所有的州议员和行政部门。我们现任州长有点活跃过度，所以我们现在花在行政部门的时间，比我们传统上花在议会的时间要多。随着新人的到来，所有这些或许都会变化。你肯定会看到州长的感觉和愿景。但是你有你的时间，花了时间就会针对当时当地的人发挥作用。

OR1：他一开始问为什么我们不找我们的领导——俄亥俄州高等教育董事会。问题是他在研究协调模式。我说州高等教育董事会是开展协调工作，但是我们的领导是我们的大学董事会。那是另外的事情。所以在杰克去沟通时，当我们去首都华盛顿与国会议员们沟通时，我们的校长常常与我们一起去。他是我们最好的发言人。现在最独特的就是个人魅力。重要人物想见重要人物。所以如果你遇到一个议员，他想知道"校长是怎么想的"，我们会安排州议员的活动。杰克就会去找我们校长。他是个牧羊人的角色。我认为我也是牧羊人。

2. 请问贵校（俄亥俄州立大学）的组织架构是怎样的？大学董事会的使命和职能是什么？

OR1：我想那里就有我们的组织架构图。但是你知道的，我们的组织架构图一直在变。我想按规矩说，我们有校长、教务长，有一系列的高级副校长，之下我们还有其他的副校长。如果查看学术这条线，你就到学院这边来看。院长、学院和系在这里。然后行政这边一定程度上都是独立运营。但是同样的协调工作是在教务长和校长层次，正如你所指出的。再上层就是大学董事会。那是我们的治理机构——大学董事会。校长经常与他们会谈，向他们汇报，因为是他们聘请的校长。他们可以解雇校长。因此校长与大学董事会之间有着大量的互动。所有十大联盟的大学在治理架构上都是不同的。我们是州内的附属机构。这个在州内是有规定的。我们与内阁官员不一样，但是我们是附属机构，因此我们要遵守州内聘用和退休的程序。所有这些，我们得按州政府的程序走。我们与密歇根大学是不一样的。

OR2：大学董事会是由州长任命的。同样，他们是代表州政府履行他们的职责。

OR1：他们有财务职责。保持财务平衡，预算合理的责任落在他们肩上。他们确定学费标准，对大学如何运营做出宏观决策。这些都是大学董事会负责的，不是州高等教育董事会。

OR2：所以你会看到，在学费问题方面，俄亥俄州13所公立大学的学费都是不同的，因为学费是由不同的机构确定的。

OR1：在我们州，对于州高等教育董事会，我老是听到协调委员会这个说法，因为人们认为，俄亥俄治理模式不是治理委员会，那是协调型的。他们会把我们召集到一起，然后讨论未来两年学费的走向问题。州高等教育董事会的董事们基于有些理论，希望学费较低。他们希望与大学合作，使学费保持在较低水平。他们还可以通过法律迫使我们保持低学费，但是决策权还是在大学董事会。

OR2：州高等教育董事会确实是在协调。他们协调重大问题。比如，州高等教育董事会协调学费问题，还有俄亥俄全州大学的学分转换和转学问题。那是我们相互之间接受对方的课程的权重问题。因为每所大学的课程都是他们自己的课程，但是州高等教育董事会把大学召集到一起，然后说为了共同的教育需求，所有的学生都修这些课程。他们把不同大学的人员集中到桌前，然后说我们怎么办吧。如何转换学分？所以如果你在莱特州立大学（Wright State University）修过化学课，要转学到俄亥俄州立大学的话，你必须重修化学课。不认的原因，是因为你是在别的大学修的课程。大学的教师们会坐在一起，审查彼此的课程。因此，这需要一个过程，一个协调的过程。我的意思是州董事会确实是协调性的。俄亥俄州高等教育董事会在上届任期的过去四五年，经历了巨大转变。他们过去是这样的：州长任命州高等教育董事会，州董事会挑选董事会主席。他要向州高等教育董事会汇报。那是在州政府的架构中的，但是他们有自己的独立性。差不多6年前，出现了变化，所以法律也变了。于是，州长任命了州高等教育董事会主席。州高等教育董事会的董事们没有原来的作用那么大了。我们的董事们任命校长，不是州长任命校长，但是我们的董事们是由州长任命的。所以确实是协调型的。

问题：似乎州高等教育董事会主席比以往权力更大了？

OR1：这个取决于你如何定义权力。现在加速的变化之一就是权力和任命工作。州高等教育董事会有9位成员。州长是选举产生的。州长上任的第一年取代其中一位董事。你还有8位董事由前任州长任命，只有一位是你任命的。所以你得继续，直到你获得连任，董事会中的大部分董事才能由州长任命完。所以就会感觉到这种任命方式会导致州高等教育董事会不习惯于州长行政团队。他也不会依赖他们。两者之间会有更远的距离。变革发生在6年前，州高等教育董事会主席改由州长任命。该主席成为州长内阁成员。他们希望挑选一位能够走进来，坐下来参加内阁会议的人，在州长任期内帮助州长。在他们讨论时，你会举起手说：你好，发展部长，州高等教育董事会可以合作。如果你们的工程师和劳动力短缺，我可以召集工程师学校看看我们能否做些事情。这就是变革背后的理念。那就意味着可以让州长在政治上更加可行，我则认为使他权力更大。似乎州高等教育董事会主席的位置比以往也更高了。

3. 请问贵校最新的战略规划是什么？制定规划时你们会考虑州政府和公众的哪些要求？

OR2：《框架规划》（Framework Plan）是设施规划。我的意思是那是一种看待大学如何运营的新的、不同的尝试，所以它应该是用来解决旧的模式问题。一个学院决定建一栋楼，他们执行程序，想办法如何筹钱来建楼。然后突然我们建起来了。这个意味着站在全校的高度，去考虑每个机构的需求，然后考虑我们如何把这些东西放在一起，如何去创造一个这样的东西。设想一下我们把艺术、音乐等放在一个街区。我们把化学和工程放在一起来省钱，来培养聪明的化学工程师。希望这个可以帮助更好地去开发和培养更高水平的思维，同时还要省钱。所以《框架规划》不仅仅是一个设施规划，还是一个战略规划。有什么样的整个大学的学术使命就会驱动产生什么样的设施规划。有点像跳出使命先建楼的意思。我们的使命就是提供你们需要的空间，实现学院预期的任何学术目标。

OR1：所以现在最新的战略规划是在完善中。你可以在教务处的网页上找到，而且你也可以找到各个学院的规划。所以当工学院制定规划时，他们会讨论他们需要什么、哪些建筑物、哪些空间，来与整个框架规划协调起来。工学院想在这里建一些楼，因为他们现在大体上都在这个区域，所以他们下一步需要发展的空间就是靠近他们的地方。有人进来直接建楼就可以。化学学院本身不会在那里建楼，但是带有化学工程的化学学院在那里建楼搞技术是合理的。杰克有关教师的说法是正确的，对学生也一样。学生们现在走向世界找工作。在工厂、在公司，化学工程师和化学家可以一起工作，因为公司要的就是能够解决问题的人。现在学生们一起工作的机会比以往更多了。学生们在类似或相同的实验室工作，或许会共享研究设备，所以准备更加充分的学生可以出去找到工作。化学工程师说我们很特别，我们可以做我们业务范围的任何事情。化学家则说我们是独特的。他们有很多共同之处。

问题：请问你们会参与制定战略规划吗？这样联邦、州和社区的声音就可以得到体现。

OR2：我认为确实如此。我刚开始思考这个事情时，当我们与政府打交道时，许多次我们想做的事情就是它们像任何公立机构一样，慢慢地倾向于宏观管理。很多时候我们只能妥协，这在一定程度上反映出角色的定位。如果你们想让我们解决一些问题，那么有时妥协的结果就是他们要求我们准备一份战略规划。所以州法律规定我们必须编制《基础设施6年规划》（6

Year Capital Need Facility Plan)。俄亥俄州的每所大学都要编。所以不是他们来到校园,告诉我们需要在哪里建楼房。我们确实希望你制定一个战略规划,来考虑这些事情并努力实现它。你们不能只是来找我们,不管是要什么风格的,不管你们想要什么样的建筑。所以你就明白了。就是现在,州高等教育董事会主席提议一个新的规划。所有的大学都应该有一个完成学业的战略规划,帮助更多的孩子们毕业。他要求所有的学校坐下来,讨论开展此项工作的过程。其实不是他指导我们怎么做,因为我们情况都不同。在俄亥俄州立大学行得通的也许在其他一般性大学就行不通。现在有很大一部分学术上准备不充分的学生,但是他想让每个人坐下来,完成学业。我不认为从我们的战略规划可以看出我们了解公众的需求。这些在州预算中有考虑,至少州政府应该更加清醒地意识到需要做一个。他只是想确保你能够坐下来,用你们最好的思维方式来研究这些问题。

OR1:所以这种很大规模的战略规划是分学院和办公室进行的。战略规划的过程越来越复杂和具体,所以我们现在的职责之一就是需要阅读这些规划,而且我们的成功部分归因于理解工学院打算做什么。我们可以帮助提供信息,这一点很重要。如果他们说我们想争取更多的州拨款来建设新楼房,因为我们需要培养更多的工程师毕业,那么我们就会与他们坐下来,说现在这是最具挑战性的事情。我们不知道是否可以从州政府争取更多资金。我们可以提供信息帮助他们思考。联邦政府的事情也是一样的。由于出现很多新问题,联邦政府的问题更明显,这个你是知道的。所以联邦政府提供的研究资金对于俄亥俄州和密歇根州都是非常重要的。联邦政府决定他们要支持什么研究。突然间,密歇根和俄亥俄州都很卖力,因为本届联邦政府说过制造业非常重要。我们紧跟导向。我们不用通风报信,因为我们工学院的院长们知道此事,他们需要与密歇根大学的院长们讨论。所以相关人士聚集到一起。我们提出一些建议书,同样这些建议书是竞争性建议书。政府说制造业很重要,大学可以得到资金,但是他们必须申请并在竞争中获胜,所以我们都知道政府要什么。然后我们就闻风而动。有时我们是单独行动,有时我们集体行动来解决问题。现在我们的工作就是预先判定政府动向和他们要采取的行动。制造业是很重要的。大学的工作就是投入人力,动员学者和其他人员在奥巴马政府列入议程之前开始制造业的研究。大学的相关人员要持续不断地与华盛顿的机构沟通,告知他们确实需要在制造业采取一些行动。这里有些想法。你们理解制造业的新方式吗?你们对"附加菜单"(Added Menu)了解多少?我们希望通过提供制造业的发展方向以影响他们的决策。制造业现在已经今非昔比。我们希望让人们了解研究的动向和可能性,然后政府就会决策这个可行性。我们打算开展机器人项目,因为机器人项目确实很重要。当联邦政府让其机构宣布机器人项目竞标时,那就是我们大学获胜的时机。我们需要整合一个建议书。我们有点引领政府,因为我们知道政府会把资金投在那里。

OR2:我们从州政府、州议会仅得到10%的预算。这些都在变化中。我们与州内其他大学属于不同的类别。如果你去其他大学,州政府拨款的比例要高得多。尽管拨款的额度比较小,但是占他们学校预算的百分比高多了。

OR1:我认为如果说我们以不同的方式来审视我们与州政府和联邦政府的工作关系,这是比较合理的。首先我们要确保我们从州政府得到尽可能多的资金。我们必须确保州政府知道我们在做的事情。我们的很多经费来自于州政府对学生的资助。我们总在讨论发生了什么事,大学如何对全州带来影响。我们帮助他们理解大学的重要性。我认为这是合理的。

问题:请问你们向州政府递交问责报告吗?

OR2:不是正式的报告。我们有许多报告的要求,但是没有整合成一个报告。他们更多的是以项目的形式上报,而不是从整个大学的层次上报。

OR1:我的意思是在其他问题上我们有好坏的判断。在州议会两党之间,民主党和共和党之间有着持续的政治变动。现任州长执政时,他是民主党的。每位州长都有不同的优先发展目标,所以如果要追随州长的优先发展目标,它们会变的,这要取决于谁当选执政。州议会可能出现一位很保守的人,或许你是知道的。时局在变,我们必须做出反应,但是没有长远的思路。

OR2：我给你举个有关区域性校园或者分校园的典型的例子。所以我们有点像引领一支舰队。州政府官员会说区域性校园应该成为主校园的支线船，所以你得制定计划。那就是他们的职能，他们不应该在校园内提供四年制学位，或许应该是两年制学位。他们办学的目的是提供几年的教育，然后转到主校区学习。他们有点像社区学院，近似于社区学院的使命和角色。然后来了一位新州长，他说不行，那是入学和学习的地方，所以对于那个社区的居民来说，你们作为高等教育机构，就应该提供四年制学士学位。那个地区护士短缺，你们就应该把护理学院办过去，在那个区域性校园开办护理专业。你知道我们编制战略规划，差不多准备好了，然后州长突然就变了，对于区域性校园的定位提出了完全不同的看法。旧的计划不行了，然后要制定一个新的。

4. 你们是否成立了专门机构负责与州政府、州议会和俄亥俄州高等教育董事会沟通？他们的组织架构和职能是什么？如是，你认为俄亥俄州高等教育董事会的协调职能发挥得如何？

OR1：政府关系部的建立旨在处理政府关系事务。我没见到最新的组织架构图。找到的话，我给你发一份。但是有另一页基于我们所探讨的内容，如果你去大学董事会的那一页网页，你会看到更多的内容，特别是即将召开的会议。而且你会发现一些委员会。委员会先召开会议，然后是整个董事会召开会议。你会看到其运作的方式。

问题：我想我们是在讨论你们政府关系部门的架构。我的意思是你们有组织架构吗？

OR2：有的。我们俄亥俄州的另外一件我挑出来在其他州谈论过的、有点独特的事情是，我一定程度上认为是由于协调的角色使其得到发展。俄亥俄州高等教育董事会就是如此。我们还有一个专门机构——州立大学校际教育协会，其中吸纳了13个州立大学。在校际教育协会，校长们每个月开一次会。他们讨论州议会、州高等教育董事会和州长那里出现的问题。我们努力实现的就是达成共识。

OR1：那是我们开展的协调，目的是为了用一致的口吻对州高等教育董事会发出声音。

OR2：俄亥俄州的社区学院也有他们自己的协会。他们扮演相同的角色。私立大学也有一个协会。大部分州没有这些协会。在大部分州，大学与政府直接沟通。俄亥俄州的模式有很多问题出现，问题多种多样。可以是拨款的问题、要求教师延长工作时间的问题。我们努力自己解决所有的问题。所以我们去找州政府时，我们说，俄亥俄的每所大学都不喜欢这样，都希望做出变革。这使我们在与州议会打交道时处于更有利的地位，更容易成功。

问题：似乎大学校际教育委员会也有协调职能，像俄亥俄州高等教育董事会一样？

OR1：是的。他们也开展协调工作。我们访谈中谈到的校际教育委员会很好。在州高等教育董事会的董事们开会时，董事会主席会提出一些新想法，他会召集一些会议。他会把校际教育委员会的领导叫过来。他这样做是出于几个方面的考虑。其一是那个人知道他们是由所有13所大学雇用和付薪水的。他的工作就是了解所有13所大学。否则的话，你要做的就是挑选几位大学校长过来。你可能挑选几位普通大学的校长，而他们不了解研究型大学的情况。所以，首先应该做的事情是让校际教育委员会代表我们作为沟通的第一道线。然后他可以回来找校长们说，我来告诉你们州高等教育董事会主席讲的内容。我们该如何回应，这是我的想法。然后我们通过他，再把信息传递给董事会主席，所以校际教育委员会变成了各个大学和州高等教育董事会沟通的桥梁。委员会也是我们对州议会沟通的代表。所以当我们有时遇到只有俄亥俄州立大学一家关心的一个问题时，我们就去作证。我们可以自己去游说。校际教育委员会可以为所有的大学游说。州高等教育董事会也可以游说，但是他们受到的限制较多，因为他们在为州长工作。他们不能说的话，我们可以说。他们不能与州长意见不一，我们却可以。

问题：你们的工作有三条主线：联邦政府关系、州政府关系和社区关

系。请问哪一条线更重要一些?

OR1:我认为州政府关系是第一位的。我们住在这里,这就是我们生活的地方。

OR2:州政府有能力最直接地干预我们的日常运作。我的意思是联邦政府提出大的项目,大家都可以去竞争。联邦政府的资金是通过合同和学生资助提供的。州政府的拨款划入我们的预算,我们可以用在我们想用的地方,而联邦政府的资金是绑定的,你必须得开展研究项目才能得到。我们从联邦政府得到的资金具有一定的灵活性,而州政府会过来,告诉你要变更业务。

OR2:这就是我们办公室的架构图,这些人不在这个办公室工作,但是我们与他们合作,我们分属不同的学院。他们分散在不同的学院和不同的部门。我们统一协调他们。这应该会加深你的理解。

5. 请问贵校的认证是哪家机构组织评估的?有哪些评估标准?对贵校办学有何影响?

OR2:我们是由高等教育委员会认证评估的。那是我们的认证机构。我与他们没有什么合作关系。教务处的有关人员在与他们合作。在网页上可以找到相关信息。

OR1:负责州预算的议员从未过问有关认证评估的事情。我敢说他们中的大部分人甚至不知道我们评估的事情。我认为认证对于大学来讲很重要。但是对于州政府的官员,我认为他们不了解。

OR2:如果评估不过关,我们可能就会听到他们的说法。

OR1:确实如此。

OR2:大学的声誉是非常重要的。

6. 请问贵校是否已加入大学协会、区域性协议组织或自愿性联盟?它们对你们有什么帮助或支持?它们在协调你们与州政府的关系以及你们与州高等教育治理机构的关系上有哪些作用?

OR1:从全国性的学术协会来说,我们是美国大学协会(AAU)的成员,密歇根大学和威斯康星大学也是其成员。美国公立及赠地大学协会

（APLU）是由公立赠地大学组成的。美国竞技会议（Athletic Conference）是由十大联盟组成的协会。该机构有一组人在处理政府关系事务。我们大家在这一点上同心协力，所以十大联盟对于我们来讲非常重要。十大联盟是一个真正的体育竞技会议。它们的教务长召开会议，他们的政府关系人员召开会议，互相交换信息，从彼此间得到更多的信息。另外一个协会CIC，全称是学院合作委员会，其中包含十大联盟高校和芝加哥大学。他们实际上有一种教务长领导之下的学术协作关系。教务长们会召开会议，其下属会召开会议，学生事务人员会召开会议。他们在协会中有着广泛的互动。

OR2：同样，他们也有信息交流。他们会互相帮助，分享信息。学院合作委员会（CIC）协调大家都开设的课程，比如语言课程，如果我们有这些课程，他们负责协调。如果我们开设亚洲的西藏语，而其他大学不开这类课程，我们就向十大联盟和学院合作委员会的其他大学的学生提供该课程。或者有大学开设合武道，而其他大学不开合武道。因此学院合作委员会有很多学术上的协调。他们是国家级的。还有IUC——校际教育委员会。

OR1：我们想达到的同一目标，不管是到美国公立及赠地大学协会，在一定程度上还有十大联盟，都是想得到信息。我们参加十大联盟会议时，我们可以参加有关各州发展动态的讲座。很多情况下，这个州在发生的事情，明年会出现在其他州，因为议员们也互相交流。议会有他们自己的协会。他们也会参加大会和不同的会议，取长补短。所以了解他人遇到某方面的问题是很有益处的。这事可能会发生。比如美国公立赠地大学协会会遇到一个特别的事情。所以现在，美国教育部已经开始一个州一个州地逐个调节远程教育。有些州现在还有变化。俄亥俄州不收费。如果威斯康星州想在这里开一门课程，俄亥俄州唯一的要求就是俄亥俄州高等教育董事会有人去访问威斯康星州，确认开课的大学是一家真实的大学。有些州是收费的，如果你们威斯康星州想在俄亥俄州开一门威斯康星州没有的课程，你们必须付给我们10000美元。所以现在美国公立及赠地大学协会把大家集中在一起，尽力提出面向各州的政策，或者我们彼此确认哪些是合理的政策。那是个政策问题，因为每个州都有自己的政策。这在下一次高等教育法立法时可以成为全国性的政策，但是现在还不是。那是要关注的问题之一。那可以是好政策，也可能是坏政策。宾夕法尼亚州立大学打算在远程教育方面扮演很活跃的角色。他们有很多强项。据我所知，他们已经花出去30万美元，用于申请执照，已获得所有其他他们想运营的所在州的许可。那是一笔不小的资金。他们只是提供课程，但那是他们现在的运行方式。每个州都说如果你们想在这里开设课程，即使是通过远程教育，你们也必须付费。所以那是人们需要制定政策的地方。他们共同合作。如果我们想找到更好的解决方案，那是我们需要帮助的地方。如果我们想改变系统，这种作为一所大学的系统，我们没有多少发言权。但是如果有更多的声音加入，比如，如果俄亥俄州的大学对威斯康星州和明尼苏达州的大学说，我们开设课程吧，我们就会有更多发言权。

问题：请问你们与俄亥俄州高等教育董事会有哪些沟通方式？

OR1：我们与州高等教育董事会主席沟通。我们也与所有的副主席沟通。我的意思是他现在拥有权力。我的意思是从法律角度来讲对所有的事情，董事会主席都拥有权力。州高等教育董事会的董事们对于董事会主席而言，更多地是充当咨询委员会的角色。所以他才是我们真正应该打交道的对象。

附　录

附录6. 密歇根州立大学校长理事会官员（MA）访谈录音资料

1. 请问校长理事会的身份是什么？其架构是怎样的？

MA：我们是美国州高等教育执行官协会（SHEEO）中的非执行官成员。我们参加他们的会议。我们是在美国州高等教育执行官协会会议上唯一一个没有"登机专权"的州。我们总是被邀请，并且积极参与，但是我们没有被列入其官方网站的成员名单。事实上，我们与他们开展实质合作以帮助高中毕业生进入社区学院和四年制公立大学，编制《共同核心课程州立标准》。威斯康星州和俄亥俄州作为45个州的成员参与其中。《共同核心课程州立标准》是高中三年级学生的数学与英语标准，而且他们打算做科学和社会课程的标准。州高等教育执行官协会刚给我们一笔钱，支持我们搜集资料和实施共同核心课程标准。对于大学而言，我们需要为下一代的教师做好准备，也为他们的继续教育做好准备，为他们执行共同核心课程标准和开展大一的课程教学做好准备。有些学生已经上了中学。他们应该具备一定的数学技能，使他们能够与大学数学接轨。保罗·E.林根费尔特是州高等教育执行官协会主席，和我们关系很好。他会与我们交谈，我们也会与他交谈，所以其实我们并不是孤军奋战。

15所州立大学为我们提供资金。那是以每所大学的情况为基础算出来的。例如，安娜堡的密歇根大学，其费用的50%是按人头计算出来的，另外50%是固定的，每所大学都一样。所以安娜堡的密歇根大学比密歇根州立大学付的费用要少，因为它们有4万6千或4万7千名学生。但是它们都有一个固定的费用。我们对大学校长们组成的董事会负责，不对任何联邦的或州的政府机构负责，只是对15所大学负责。所以我们属于非营利机构。我们是501（C）3组织，那就意味着我们是非营利组织。但是我们可以游说，所以我的领导可以出去，为15所大学游说。大部分大学也是501（C）3组织，所以我们必须得合作。我们不对政府负责，我们与州政府紧密合作。我们会解释说明，为大学游说。我们做很多解释工作。我的领导做很多解释工作，因为我们不是协调委员会或者系统，因为每所大学都是自治的，董事会具有控制权，我们与他们合作，来决定他们对某些问题的立场。有时我们作为校长理事会不持立场，因为不是所有的大学都同意我们对某个问题持有立场。我们只能后撤。几乎每所大学都有自己的说客。有几所小型的大学没有自己的说客。如果出现任何问题，他们的校长必须去游说。所以我们就某些特定问题做一些特别准备，我们去游说，争取拿到更多的资金，但是如何划分资金取决于大学。它们去争取。它们明显想得到更多的资金。但是我们努力团结在一起。还有一些其他的事情，我们需要解决。每年我们会得到建议书。在建议书之下，有固定的模版。据说我们需要准备某些标准。比如，今年它们必须与三个社区学院一起，参与签署转学协议。这些协议可以帮助学生在获得副学位的同时，修读他们的学士学位。我们会提供帮助，确保他们达成协议。另一个案例就是我们有 P20 项目，从幼儿园之前到劳动力资源的发展项目。那是个学生的纵向数据系统。密歇根州加入了 P20 项目。联邦政府为此项目拨款。大学不想参加这个项目，但是政府说如果你们需要资金，你们就必须参加。所以为了获得更多拨款，他们同意了。有了全州的 P20 项目，系统内的每个学生都有一个独一无二的身份编码，他们的数据可以一直被追踪，因此现在他们可以看到学生学习的情况。我们是他们的代表，但是我们也可以是第三方。角色有点糅合在一起。如果州长、州议员有些特定的问题，他们会通过我们来解决。如果有补课的事情，或者帮助学生从社区学院转学，或者招生，或者专业的事情，他们会找我们。我在与州长办公室合作开展有关退伍军人的一个大项目。我们想确保退役军人得到教育，利用教育获得健康。密歇根州退役军人的失业率很高。我努力地与大学、社区学院和州长办公室合作。我们在努力执行那样的计划。在我们理事会只有三位职员，这不仅是因为政府变化的特性，而且还因为资源短缺。慈善领域也真正地参与了进来，像鲁米娜基金会、盖茨基金会、克雷奇基金会，他们开始说我们要确保实现，因为奥巴马总统说我们在颁发证书和学位的数量上要再做第一。我们现在好像是排名第五。他说我们现在需要提高百分比，所以奥巴马提出了这个。突然，国会拨出一些资金给助学金项目。校友基金会、循绿基金会（Giga Foundation）和克雷奇基金会都在密歇根州。他们正在关注《完成学业议程》，以确保没有上大学的学生也能完成大学学业。有了这些助推的力量，许多计划应运而生。四年前，我有点不喜欢我的工作，但是现在不同了，出现了这么多的计划。随着我们州长辛德上任，出现了退伍军人计划。原来人们也知道退役军人，但是谁帮助他们呢？我们没有付出巨大的努力。现在我们有28个社区学院和15个州立大学与州政府合作，商议如何帮助这些退役军人。所以不同的人带来许多不同的影响，但是我们州长要确信我们是否需要人力资本，我们是否需要知识经济。我们在从事制造业，过去的工人不需要学位，但是现在你需要一个学位来操作计算机等设备。州长确保对大学和社区学院施加更多的压力，确保高三学生了解信息并成为受过良好教育的公民。对于密歇根大学而言，他们就在密歇根州。三四年之前出现经济衰退时，科尔曼校长和她的员工站出来说我们要帮助密歇根州。大学没有负债，也不会破产。我们在这里是教育密歇根州的公民帮助全州，促进经济发展。她和密歇根州其他的大学校长们说我们要帮忙，在这方面我们可以起领导作用。我们知道如何处理类似事情。我们理事会的架构是灵活的。我们必须了解美国方方面面的事情。我们没有分设部门，分别处理学术、学生资助等事务。我们有14个委员会，其中不包括15所大学组成的委员会。14个委员会都是在校长理事会之下设的。比方说，首席信息官们会在一月开会。昨天，我们有院校研究人员会议。我们办公室那些处理密歇根数据矩阵的数据人员和大学数据人员开会。我们建议他们一年开两次会。我与他们合作开展项目。主管学生事务的副校长一年开三次会。财务人员除了参加他们两个主要的大型会议外，每年还开两次会。所以我们与他们都有合作。幸运的是，我们不用做大量的工作。我们来的时候，发现他们已提出一系列议程，我们只是给予更新。其他情况下，像与教务长和院校研究者在一起时，也有一些委员会，那时我得做很多工作，因为我们需要他们的数据，我们需要他们的帮助和建议。有时参加会议，我只是到会场，给他们我们跟进的信息就可以了。那可能是20分钟或者半个小时。

我只是参加会议四个小时就够了。像学生事务，我不需要他们的帮助。我就是坐在会场倾听，全部吸收并力所能及地提供帮助。有些人做会议纪要，而我们没有正式的记录，因为我们没有人手做这个工作。

2. 请问校长理事会的主要利益相关方是谁？

MA：我们的主要利益相关方是 15 所州立大学，包括大学的方方面面，而不仅仅是校长。其他的利益相关方包括州政府、州议会，甚至还有市民，因为我们需要向他们提供数据。我可以在 1 月份与你分享我们与密歇根州商界领袖合作的情况，他们在帮助促进全州的经济发展。密歇根州有一个商界领袖组织的网站。它包括密歇根州差不多 70% 到 75% 的最好的公司和机构，其中包括密歇根州立大学、密歇根大学、韦恩州立大学，因为他们也促进经济发展并聘用了很多人工作。我们与他们形成团队，争取更多的州政府拨款，帮助宣传大学对于密歇根州的未来，对于知识经济，对于人力资本都是何等重要，并教育市民和商界领袖们。所以 1 月份在网站上将会推出一个议案，讨论我们的透明度，这样就可以把数据展示出来，并对密歇根州的大学与其他大学进行比较。现在我们花很多精力在基础教育上，所以会与密歇根州教育厅开展合作，获得其资助。所以我们现在与他们合作开展很多工作，确保学生回到学校。还有教育委员会（Board of Education）。他们是由公民选举产生的，其中也有人是州长任命的。同样，他们也需要密歇根州教育厅协助。迈克尔·弗拉纳根主席负责其运营管理。我们与他们密切合作开展评估、P20 项目和共同核心课程（数学、英语和科学）标准的开发。但是现在如果你不知道基础教育系统，你就不可能融入高等教育。原来我们是独拉独唱，大学和社区学院各自运作。它们之间没有交流。所以碰到基础教育后，它们需要培养学生毕业，学生们需要在大学取得成功。原来它们没有沟通，没有告诉学区需要为学生做好准备。现在有了信息的流动，它们开始沟通了。现在如果你在高等教育界从事管理工作，如果你不懂基础教育，就不会取得大成就。所以我们主要的利益相关方是 15 所州立大学、州政府、州议会、商界领袖们、市民和基础教育界。

3. 请问大学校长理事会对州政府和州立大学各自发挥怎样的作用？

MA：我们确实在1月底提交一份协作报告《协作促进成功：通过协作提升公立高等教育》（Collaborating for Success：Advancing Public Higher Education through Cooperation）。这份协作报告部分是我们营销的成果。同样，他们认为我们是各自为政，不与他人合作。我们没有跨院校间的合作。他们认为密歇根大学安娜堡分校自己独立运作。我们虽然现在不是一个系统，但我们通过这些委员会的会议一起做了很多工作。比如，我们有医疗系统。我们与许多大学合作，但是安娜堡没有加入其中。其他大学希望加入这个医疗系统。我们共同努力帮助他们获得更好的费率。他们意识到他们把人们聚拢到一起，就可以得到更好的费率。密歇根州立大学独立运作，他们或许得到了更好的费率。协作报告会展现出我们是如何协作的。该报告过去是必须提交的，现在不用了，但是我们还在编制该报告。在密歇根州，我们有固定任期的州议会，所以议员们只能服务这么多年。每4~6年就有一次更换。所以我们需要培训新议员。协作报告就是我们对他们进行培训的一种方式。

我们对州立大学的作用就是游说和协调。我们主要是协调15所州立大学，使他们能够讨论和得出结论。比方说，他们今天召开一个会议，讨论与社区学院的协作关系。他们只是想强调他们与州议员的合作关系。此外，我们还为他们呼吁，像做营销一样。我们向州议员和市民做推介。我们通过报纸和媒体开展大量的宣传工作，设法把信息传递出去。有时我们听到高等教育界在市民中口碑不好。这有点像俄亥俄州。俄亥俄人过去通常中学毕业后就去汽车制造公司找一份高薪的工作。密歇根州也是这样，一般人子承父业，也会到制造厂里去工作，但是现在情况不同了。我们在努力改变这种状况，州长辛德说现在我们还是需要人力资本的。你们必须上大学，尽管这比较复杂。所以我们努力提供帮助。在俄亥俄的系统中，你必须得改变市民的思维方式。

4. 请问校长理事会如何与州立大学和州政府沟通？理事会如何协调州政府与州立大学的关系？

MA：我们是通过委员会会议沟通。我发送很多邮件给专门委员会或特定的一组人。我们每月都发电子通讯。该通讯叫做公报，每月发送。但是实实在在地说，公报中没有我们开展活动的足够的信息，只是发生事情的更新。此外，我还会打很多电话，参加会议。我希望有更多的时间到大学走走。

我们与州政府沟通的方式大体相同。我们与他们的关系相当融洽，所以如果州长办公室有任何问题，他们会打电话给我们，我们做出回答。需要的话，我们召开会议。去年我们联欢过一次。三月份，开了一天的会议之后，我们举办了一次论坛。由于大学实行自治，大学校长们感觉与州议员们沟通有失身份。春季，州议员们在预算听证会上对高等教育进行听证时，大学校长们会出席并与他们进行沟通。他们整个一年也会与议员们会面。此外，他们还有州政府关系官员和说客负责沟通。

当州立大学与州政府出现矛盾时，我们充当桥梁的角色。很多情况下，我们是协调者，正像我们开展的 P20 项目一样。所以我与州政府合作，要求他们成立咨询委员会，然后他们就成立了这个工作组。我会与他们会面，讨论他们需要什么样的人。他们告诉我们他们需要的人。我回来之后，从大学里挑选适合他们需要的人选。所以没有大学的参与，我们是不会做决策的。根据资历，我选择了这些人。我过去，告诉他们这些是合适的人选。他们说可以，然后一个三人委员会就成立了。我不在委员会中，但是我也会参加他们的会议。我会向 15 所大学通报进展情况，也会要求他们提供帮助。他们会提供有关他们学生的数据。

5. 请问大学校长理事会是否真有责任制定州级高等教育发展议程或者总规划？理事会是否为州立大学制定过政策或者协议？

MA：我们没有责任制定州级高等教育发展议程或总规划。有时我们也希望有份这样的文件。如果真有的话，那很有可能是出自州长办公室。州长可能会说我们需要合作，我们期望实现奥巴马总统提出的目标，但是什么也没制定出来。从我的角度看，我希望我们能把大家召集到一起来讨论总规划。所以我们是少数没有高等教育发展总规划的州之一。有时我认为那应该是反应式的，而不是引领式的，因为我们没有规划。密歇根州的商界领袖们会帮忙做些规划。我认为我们需要一个全州的规划。

我们与州议会合作制定拨款的分配模板，还有像P20的研究，但是每所大学还需要签字参与并提供资金。有时候对他们而言，这没有任何利害关系。州议员说不行，我们要做这些。所以我们设法帮助达成协议。比如，今年夏天，我们与社区学院开展合作。大约1个月之前，我们从校友克里斯普基金会得到一笔补助金，帮助开展转学工作。那就是帮助学生在大学和社区学院之间转学，确保学生可以获得副学士学位。许多学生转入大学，却没有得到他们的副学士学位。所以社区学院的毕业率看起来很差，因为许多学生都转学了，看起来好像没有完成学业似的。我们为所有的学生申请了基金。所有15所大学都签字认可。我把教务长们召集起来开会，与他们讨论。我领导说我做不到的这些事情，我做成了。落实过程中，因为我们必须搜集数据，我怀疑是否15所大学都会提供，最终做不成了。我把想法告诉他们，说如果你们参与我们给7000美元。所以我们想运用策略搜集信息。我们想得到所有15所大学的信息，但最终只得到了6所大学的，所以没法分析。这不是抽样。我希望所有的大学都能参与，不是做不到。我们没有州级学生转学协议，只有特定社区学院和大学之间的协议。我认为威斯康星州有协议，所以有些州确实有协议。如果你完成通识课程，如英语、数学等基础课程，你可以很容易转入另一所大学。我们在想方设法做此事情，但需要大家都同意。这其中的一个大问题就是平均分绩点（GPA）。比如在密歇根州，你修了所有的课程，但是不能转入密歇根大学安娜堡分校。不能保证你会得到认可。若是在其他州的话，如果你完成课程，那么安娜堡会接受你。这里他们不会确保你有资格得到密歇根大学的认可。在其他州，他们有共同的课程或者有明确的路径，但是这里没有。我们在设法启动此事，组织16人组成了委员会。他们在开展工作。我们想看看能走多远。

6. 请问校长理事会的研究主要关注哪些方面？你们的研究报告主要是

面向谁的？

MA：因为我们做了大量的协调和协作工作，我们没有多少时间做研究。如果州议会有政策问题出来，我会快速简单地做完。我会很快地浏览美国教育委员会（ECS）的网站，打电话给专家咨询该问题的最新进展。幸运的是，我们在首都华盛顿和科罗拉多州有很多熟人。所以如果我需要知道其他州的拨款是多少和他们花出去的经费是多少，我可以到伊利诺伊州立大学求助。他们有个葡萄藤（Grapevine）网页，我可以到那里找到各州的数据。美国州高等教育执行官协会也编制很好的报告。该协会中还有很多的大学委员会。他们有所有的学费和财务数据。能认识许多的国家级学会、国家级智库和委员会，我感到非常庆幸。我们编制了一些报告。许多情况下，报告的读者是州议员，有时也有市民。这些报告多半是写给州政府和州议员的。对于大部分的市民来讲，他们仅知道不同的大学。如果知道了我们这个机构，他们会很吃惊的。这就是我们给议员们提供很多教育培训的原因。

附录7. 密歇根大学董事会官员（MB）访谈录音资料

1. 请问密歇根大学董事会的身份是什么？州政府机构、宪法授权机构还是大学的内设机构？

MB：密歇根大学的董事是很特别的。他们是全州选民公开选举产生的。他们是公共选举产生的官员。全州的任何选民都可以为他们投票。在奥巴马总统第二次选举时，我们有两位董事会成员的名字在选票上，人们在大选中为他们投票。每两年，每个双数年，有两位董事被选举或重选。所以在奥巴马总统竞选时，就是刚过去的选举中，有两位董事参选。再过两年，密歇根州长竞选。竞选的董事也将列入选票中，所以总统选举两年之后和州长选举两年之后选举董事。每隔两年，不管是谁选举，都有董事重选。理论上来讲，为奥巴马或罗姆尼投票的人都会为董事候选人投票。实际上，现在给总统投票的有些人不投其他人的票。获胜的董事得到了100万张选票。这是一个非常不同寻常的系统。在州内大部分的公立大学中，大学董事会是由州长任命的。事实上，密歇根州有15所公立大学，其中只有三所大学的董事会是选举产生的，即密歇根大学、密歇根州立大学和怀恩州立大学。这是非常独特的。我认为仅有另外两个州是选举的。我认为它们是内华达州或科罗拉多州的大学。我甚至对此不持乐观态度。这是非常独特的选拔过程，仅有三所州立大学的董事会是选举产生的。这要回到我们密歇根的宪法。这种组织架构可以追溯到1850年。所以这个系统追溯起来已经有150年的历史了。我真的相信这个观念最早要早于1850年。它们是由州长筹划的。当时，在州府兰辛的政客们对大学的运行有很多干预和干扰。根据当时人们的智慧，他们说我们不想让政客们干预大学的运行。他们想要最成功的、高质量的大学。他们说就让我们自主管理学校，让政客去管理州政府的办公室。所以，我确实认为这个理念的初衷，就是希望办出很好很好的公立大学。我不知道密歇根州立大学的存在时间，事实上，它们伴随着领导们的思想变化而生，在1850年还没存在。密歇根大学是一所很老的大学。我们打算在2017年庆祝密歇根大学成立200周年，而密歇根州立大学要晚一些，好像是19世纪

60年代。我不知道成立大学的确切日期。

密歇根大学是很特别的，因为我们有宪法赋予的自治权。其基本的意思是，根据宪法，我们的董事会对大学拥有监督和控制权力。州议员不能控制它，州长不能控制它。法院的法官也不能。我们的董事组成的治理委员会控制着大学。我们不是政府的第四分支部门，但是我们很像。政府有法院、行政和议院。我们几乎与他们平行，或者说与立法院是平等的。在学术活动或学术话语中，他们不能告诉我们如何经营我们的业务。州长不能，州议会不能。我们有我们所说的宪法自治权，对此我们善加保护，避免外界干涉。我们做我们的规划和我们所有的预算。从某种程度上说，我们不会向州政府汇报。我们从州政府得到拨款。但在某些方面，我们会定期向州政府汇报。但是一般性的事务，所有的预算、决策，员工聘用与解雇，我们颁发的学位和开办的专业，所有这些事情都是在大学里决定的，而不是由兰辛（州政府所在地）决定。至于你所说的规划程序，那些我们应当有的模式，都是在校园中完成的，不是在兰辛。我们的大学董事会好像是公司的董事会，是独立运作的。我们是具有宪法授权的公司。我们的公司地位得到州宪法的认可。所以一定程度上，我们不同于大型的私有公司，像通用公司，或者其他一些具有董事会和公司官员的公司，甚至在整个架构上也是不同的。我是公司官员之一，秘书、财务主管、校长，这些都是公司官员。所以一定程度上，我们更像一家私有公司，而不是州政府机构。

2. 请问贵校大学董事会的职能和架构是怎样的？有没有下设委员会？它通常是如何运作的？

MB：我们的大学董事会只有8个人。如果你看一下其他州，像威斯康星州，他们的董事会通常较大。我们的董事会算小的了，所以只有8个人，下设三个委员会。董事们组成了三个委员会。你可以在我们的网站上找到他们。如果你到密歇根大学的网站（Umich），找到行政管理，然后到董事页，你会发现很多信息，还有我们的治理架构。我可以把链接给你。总之，我们是有三个委员会。一个叫FAI，即财务、审计和投资委员会（Finance, Audit and Investment)。他们关注资金方面的事情，如我们的融资、审计等事情。这个委员会存在大约10到15年了。另外一个委员会叫做PCG，即人事薪资与治理委员会。这个委员会有点无所不包，其业务包括工资、津贴、规章变更、人事事务，还有人事类的政策等。两年前，他们成立了第三个委员会，叫做卫生事务委员会（Health Affairs）。这个委员会的功能是不言自明的，主要关注卫生医疗系统所有活动的运作方式。我们有一个大型医院。那在大学预算中占有很大比例。董事会决策让他们关注卫生医疗问题，所以他们成立了第三个委员会。因为我们的董事会规模较小，委员会与董事会同时召开会议。委员会的开会时间是从早上8点到10点。委员会的会议都是非公开会议，不向公众开放。所以每个委员会同时在这栋楼里开会。他们同时开会两小时。他们的会议涵盖各种主题。委员会开会时，董事会所有成员全员参加。所以董事会分成3、3和2个人共三组。3个人参加一个委员会，3个参加另一个委员会，还有2个人参加另一个委员会会议，加起来一共是8个人。在委员会会议之后，他们作为一个小组集中起来开会，讨论在各自委员会上的事情。这样他们都会获取丰富的信息。8位董事被划分到3个委员会中作为委员会成员。校内不同身份的人受邀之后来到董事们组成的委员会上做出说明。比如，医学院的院长可能会出席卫生事务委员会的会议并发言。委员会成员只由董事们组成。委员会会议之后，他们8个人作为一个小组再开会。在召开公开会议之前，他们会利用当天剩余的时间讨论各种议题。到你看到他们的公开会议时，他们从早上8点到下午3或4点一直在开会。他们已经开了一天的非公开会议。他们不允许在非公开会议上做出决策，但是他们可以听取介绍，可以讨论，可以谈论有关问题。在这些非公开的、非正式的会议上不能做出任何决策。决策是在你参加的公开会议上做出的。这就是他们的运作模式。他们一个月开一次会，从早上8点到下午6点，整整开一天会。有时候，如果有额外的事情要处理，他们也召开专题会议。他们会讨论特定专题。他们可以两周后召开一次会议或者他们需要召开时就开会。大学校长或者董事会会说我们召开一个专题会，讨论某件事情吧。他们可以那样做。除了每月的例会，他们会召开专题会议讨论问题或议题。

　　董事会只有8个人。根据我们的大学章程，每年董事会任命一位新主席。董事会的董事们按资历轮流担任主席。大部分老资格的董事都做过主席，然后下一位是资历浅一些的，以此类推。排完之后再从头开始。他们每年轮换一次。他们会选举产生，但只是一个形式而已，因为他们在董事会内部轮流，然后从头再开始。只是我们的校长不能做董事会主席。我们校长叫做当然理事，意思是她在董事会，但她不是选举产生的董事。董事会主席是根据他们任职的时间长短轮流坐庄的。尽管校长不是每月会议的主席，但是她是很重要的角色。从一定程度上说，她在主持会议。那是我们这里的文化。如果你看一下另外的董事会，在威斯康星大学或者其他的大学，是由董事会主席主持会议。但是这里的文化和人们期待校长主持。至于董事会主席超越一般董事的权力，那就是与校长和我商定会议议程。他们没有任何真正的领导权。那是一个非常扁平化的机构。除了有一年轮流做董事会主席之外，大家权力平等。做主席需要与大学校长密切合作，制定会议议程，为校长和我提供非正式的建议，对相关事情进行反馈。所以做董事会主席需要很多智慧和指导，但是他们也只有一票的投票权，与其他董事是一样的。他们必须做出奉献。他们并不比其他人有更多的权力。有很多个来来回回。情况是这样的，大学校长和其行政机构向董事会提出事项，供其考虑，并得到董事会支持与否的反馈。如果感觉到董事会不支持某事项，她会撤回并重新修改。所以一般来讲，大部分的事情，就像你在会上看到的，当董事会投票时，他们会同意所有的事情。有些事情他们会提前与校长和其他人讨论。校长如果认为董事会不会支持的事情，她就不会提出来。她不会提出会上被否决的事情。我们一年中最大型和最重要的会议是在6月份召开。那时，他们会对预算进行投票，即下一年整个大学的预算，其中包括像学生学费和上大学的费用等。在六月之前的每个月都有一些非公开的、非正式的讨论。只有6月份的投票是向公众公开的。在此之前的所有讨论都是非公开的、非正式的。投票场景的背后有很多直率的讨论、对话和谈判，这些会左右投票结果。其实不用悲观，他们投票的很多事项是没有争议的。上次你参加的会议差不多是有关常规事情的。但是预算是大事，去年的投票是 5∶3。这个投票结果很接近。

我们董事会没有组织架构图。董事会包括 8 个人，大家是平等的。每个人拥有完全一样的权力。他们是选举产生的。每位董事都是任期 8 年。对于他们可以任职多少个 8 年任期，是没有限制的。至少有一半的董事都是在他们的第三个 8 年任期了，所以他们在董事会的任职时间很长，或许有人已经是第四届任期了。给他们设定 8 年的任期，其中充满了智慧，也是一件很好的事情。密歇根州其他的选举产生的官员都没有这么长的任期，即使美国的参议员也只有 6 年的任期。就是这个观念确立了建立长期大学的目标，因此无需担忧今年和明年的变故。这里的文化确定了我们的校长往往有五年的任期。校长可以被续聘。但这不是白与黑的关系。我认为平均任期大约是 7 或 8 年，之后董事会就会另选新人或者校长想另谋他就。我们校长有过五年的任期，然后第二个五年的任期，然后又有两年的续聘。到任期满的时候将是 2014 年 8 月。她一共任职 12 年。对于密歇根来讲，那是很长的任期了。但是校长任期长有个好处，因为她做了很多向捐赠者筹款的事宜，做了许多长期的工程。如果轮换太频繁，很难把这些事情完成，你就会失去动能，没有足够的时间启动事情。

3. 请问从全州和全国的高度看，你们对密歇根大学有什么期待和目标？你们是否为密歇根大学制定了战略规划？

MB：这是一所公立大学。从公众角度看，我们的理念是让密歇根州的公民不仅能入学接受教育，而且作为大的雇主我们向民众提供就业机会。我们还有大量的研究资金，所以我们的目标是保持大学的优秀品质，永葆卓越、持续向前。尽管政府对我们的拨款被削减，但是我们的追求不变。每位在董事会当选的董事知道并相信密歇根大学在密歇根州就是皇冠上的明珠。这是一个特殊的地方，非常受人尊重，在公立大学中也是深受尊重。他们知道他们来到的是世界上最好的大学。没有人想止步不前，没有人想倒退。大家都想追求卓越，持续向前。所以每位董事的目标都是向学生提供高质量的教育，继续充当全国杰出大学的典范，以创造知识、开展研究，从事大学最擅长做的教育和研究等工作，发展成为世界上最佳大学，保证办学质量，创造就业机会，越来越多地将研究转化为产品，或者促进经济发展，激发创建新公司等。我们有很多责任，但是最重要的还是教育和研究。

  董事会帮助我们确定发展规划。我要说我不能给你指出一份文件，比方说，这是大学的战略规划。事情不是这样操作的。我认为这项工作更多地是与校长合作完成的。好的，这些是我们要完成的主要的计划和项目。我们一起努力来促成事情。那是一项很大、很复杂的事情，但是没有一个对整个大学的战略规划。我们的大学很大，而且权力很分散。很多权力已经授予学院。因此，没有整个大学的总体战略规划。

  我们准备了很多报告。有一份年度财务报告，是我们首席财务官员编制的。那是一份很好的报告。那份漂亮的报告中也有我们所做的主要业绩，正如你所说的，有专利数量、研究项目、剥离的独立公司数量、雇员数量、毕业生数量以及所有详细的事项。但是我们还有其他报告。有一位副校长负责政府关系。她应该编制了很多其他的报告给州议员们。我们每年一次向州政府提交预算申请。这是我们 11 月的议程，在董事会的网页上。我们期望州政府说明削减经费的措施，说明促进学生入学和提升学费承担能力的行动，说明如何削减经费以及颁发学位的种类，所以我们也向州政府提交报告。我们努力做到公开和透明。报告是大学行政管理团队代表大学董事会编制的。大学董事会不写报告，但是所有内容都出自董事们。如果我们签署合同购买复印机，那是以董事们的名义与公司签合同。如果我们遇到法院的法律诉讼，也是以密歇根大学董事们的名义诉讼。如果购买房地产，那是以董事们的名义，即使是研究补助金，一切的事项也都是以董事的名义办理的。

4. 请问你们大学董事会如何与州长、州议会、密歇根州教育厅和公众进行沟通？

  MB：对于一般大众，我们召开公开会议。我们允许公众参会并与董事会谈论任何事项。我们有时遇到疯狂的事情，但是我们不这样认为。我们允许任何人登记并来参会发言，所以这也是董事会得到反馈的方式。此外，在网站上有所有董事的电子邮件。人们可以给董事写信。我们是面向公众非常开放的机构。有时，州长会来大学参加某些仪式，或者一些项目。我们在新的妇幼医院（Children and Women's Hospital）开业时，州长会亲自来剪彩和祝贺。剪彩带，这里是这样叫的。在大学董事会、州长和州议会之间没有正式的会议。任何与兰辛（州府）、州长和州议会的互动实际上都是通过主管政府事务的副校长进行的。她去处理这些事情。与他们还没有过正式的会议，因为我们不对州长负责，在很多方面我们也不对州议会负责，因为这是宪法授予的自治权。我们只希望他们提供资金，剩下的就是别打扰我们。我们可以把事情做得既正确又完善。我们从私人捐赠渠道筹到的资金要高于州政府的拨款。在一定程度上我们越来越像一所私立大学，因为州政府给的资金不足时，我们需要筹集所有其他的资金。我们在许多方面都表现出私立大学特点。你看，我们一共有19个学院。对于法学院来讲，他们预算的2%或3%来自州政府拨款，那简直是杯水车薪，很少一点钱。我认为我们从州政府得到所有的资金仅占我们全部预算的8%。

大学董事会不会直接去游说。同样，还是辛西娅·威尔班克斯去。她是职员，她是聘请来做游说的。她会呼吁他们并要求给我们提供资金。我们的董事们不去那里游说。他们不做这些事。我知道这挺滑稽的，但是这里的文化就是这样。他们想让辛西娅去游说。校长有时也去。有听证会的时候，在小的委员会或其他会议听证时，校长将去作证。校长会过去并作证，而董事们不去。

5. 请问你们如何协调密歇根州政府和密歇根大学之间的关系？

MB：我认为大学董事会在州政府和密歇根大学之间不是发挥缓冲器的功能。我们有很多自由。我们的董事会是老板。他们希望尽可能少地与州政府发生关系。他们不想让州政府告诉他们如何治理大学。所以我不认为有什么缓冲器。我认为他们就代表了大学。如果你看一下组织架构图，他们是在最顶端，其余的都在他们之下。在某种意义上，那是政府的一个不同部门，像第四部门一样。他们认为自己与州议会不是同级或对等的关系。

从理论上来讲，州议员不能告诉我们做什么和如何治理大学，因为有宪法授予的独立办学权，我们有治理大学的自由。然而，最近几年，州议会努力施压。他们说如果你们同意把学费增长控制在3%以下，我们在拨款方案中会给你们这笔钱。如果你们不服从，他们会把钱拿走。他们把这个叫做钱袋绳权力。他们有点小权，是因为某种意义上他们给我们提供资金，所以他们会说出这样的话。现在我们说我们可以把学费降低，因为我们想保持低学费，这不是因为他们要求我们降低的原因。所以这里有点紧张关系，因为如果我们完全忽略他们的作为，他们可能会把所有的拨款都收回。从另一方面讲，我们的大学董事会有自主决策的权力，不是州议会。那里是有些紧张关系。在其他事情上也出现过紧张情况。另一个例子是枪支控制，这是当下美国的重要话题。我们有董事会制定的条例，就和法律一样，说明如何利用学校的资产和在大学校园必须遵守的规则。条例差不多像交通规则一样，要求在哪里停车，如果不那样做会招来什么麻烦。所以条例规定人们不能带枪支和武器到我们校园，除了几个特例之外。有关枪支的州法律允许人们到处带枪，所以就出现矛盾了。但是我们认为我们的法律在这里说了算，不是州法律。对于这样的事情，我们还未在法庭上受到挑战，但是我们认为我们的自主权允许我们制定更严格的法律。所以即使你在密歇根州，在底特律或者其他地方，甚至在安娜堡携带枪支是合法的，但是当你来到我们校园时，根据我们的董事会条例，你不应该携带枪支。确实存在矛盾，这是一个他们制定法律时遇到的范例。他们对我们的做法提出异议。我们努力不让他们干预。我们主管政府关系的副校长努力游说，不让他们插手我们的事情。我们认为我们有权这样做。基于1850年的州宪法，我们对大学有总的监督和控制权。所以以他们认为合适的方式管理大学，那是董事们的权力、职责和义务。那是他们的工作。他们不拿薪水。但是那是他们的职责。这是一个很好的类比，就像某些州告诉奥巴马总统他们不喜欢医疗改革方案。他们不想服从联邦政府制定的某些法律。他们会忽视那些法律。是的，那是类似的情形。在那种情况下，我不会为各州辩护，但在这里我要为董事们辩护。所有的决策，有关密歇根大学的决策100%都是由董事们、我们校长和受其雇用工作的人们在这里的校园制定的。没有从兰辛和从华盛顿来的人参与决策。事情也不是那么简单，但是那是通常的信念。这是非常不同的。

6. 请问你们是否与学术机构或社会组织合作，促进密歇根大学的发展，实现其对公共服务的社会责任？如何合作？

WB：我们这里的董事会拥有自主治理权，所以对于一般性事务，他们不与任何其他的董事会会商。此外，他们也不会咨询任何其他的董事会。他们只是在这里做自己的事情。据说密歇根大学是其他一些机构的成员，这些机构旨在提升大学事业的发展。比如，我们是美国大学协会（AAU）的会员。事实上，我们大学校长刚从美国大学协会主席的位置上退下来。那只是在圈子内部的邀请。他们一共只有65个会员。他们非常关注获取研究资金的资格、学术成就等。并不是每个大学都可以加入的。只有达到一定层次才能进去。现在我们还有一个州级机构，叫做校长理事会（Presidents Council），包括密歇根州15所公立大学所有的校长们。他们一个月开一次或多次会议。所以我们也加入了这个理事会。我们董事会曾经是十大高校联盟的会员。该联盟既是体育会议组织，也是学术会议组织。实际上，十大联盟中不只十所大学，还包括威斯康星大学、俄亥俄州立大学。他们会定期集中开会。我们的治理委员会不会与其他的治理委员会会谈，只是行政管理层会与其他大学的行政管理层会开会沟通。我会与其他大学对等的官员会谈，我会参加会议与其他人会谈，但是我们的董事会不做此事。我们的董事会也不会与认证机构会谈。他们不参与认证活动。认证报告会交到我们的大学董事会。他们不参与认证过程。我们的大学董事会是在一个很高的层次上运作的。他们不参与具体事务。那是非常不同的。他们不向任何人汇报。他们有很多的自由和权力。

在组织架构图中有一条虚线。教师有他们自己的治理架构。他们选举产生一个机构代表他们出席行政委员会。这个机构叫做SACUA，即评议会大学事务咨询委员会（Senate Advisory Committee on University Affairs）。今年，评议会主席是金伯莉·克佛特，她不在组织架构图中。评议会大学事务咨询委员会是教师的治理机构。他们选择这个机构，但是却没有什么权力，对校长和行政管理机构具有咨询作用。咨询就意味着他们没有权力，不是决策者。事实是，坦率地讲他们在我们校园没有发挥有效的作用。我的意思是理论上他们给校长提供信息，向教务长建议大学应该如何治理。但是截至目前，最终的决策是由校长、教务长和大学董事会做出的。所以评议会大学事务咨询委员会是纯粹顾问性质的。他们代表了教师，因此具有重要性。他们没有预算，他们对预算也不做决策。他们没有任何权威。我们的教师团队是很松散的。他们没有很多权力。这里与其他大学是不同的。有时他们让老师们感到沮丧。坦率地讲，老师们和行政管理层之间的关系有些紧张，因为老师们知道行政人员掌握着所有的权力。

密歇根大学之下有三个校区。弗林特和迪尔伯恩两个校区的两位校长向密歇根大学校长负责。这是内阁。然而他们确实有些不同。他们上面只有一个大学董事会。他们都对大学董事会负责。然而，在很大程度上，他们确实有所区别。弗林特和迪尔伯恩校区与安娜堡校区是分开的。他们可以做自己的事情。他们去州议会争取自己的资金，所以我们从州政府拿到我们自己的部分。弗林特这样做，迪尔伯恩也这样做。他们有自己的说客和政府关系官员。美国有句谚语"自己的屋顶自己管"（类似于中国的"各人自扫门前雪"）。他们必须去筹资。他们必须平衡自己的预算。他们的预算也是各自分开的。他们有自己的教师团队，等等。坦率地讲，另外两个校区的标准和资格不如安娜堡校区严格。正如威斯康星大学一样，他们有些小的校区，但是他们与麦迪逊分校是不一样的。三个校区共享一个品牌，但是他们是独立经营的。我们没有形成一个系统。安娜堡是一个校区，我们还有另外两个校区。除了大学董事会和校长之外，上层没有统一的治理机构了。加利福尼亚大学有个系统，但我们没有。

附录 8. 密歇根大学政府关系官员（MR）访谈录音资料

1. 请问你们大学的使命、愿景和价值观是什么？

MR：在我们校长的网页和《2010年认证报告》中可以找到我们的使命和愿景描述。现在的版本是很重要的参考资料。我们花了很多时间研究愿景，其中嵌入了价值观。这两者分得不是很清楚。一定程度上，价值观帮助传播愿景。但是我们确实花了一些时间考虑大学使命如何表述，反映出很多人的投入。大学的执行官员口吻是一致的。我作为执行官员参与了使命的研究工作，思考过价值观怎么表述，在使命中如何体现价值观。还有其他一些人员投入。院长们是另外一个领导群体，也提出自己对使命和价值观表述的看法。我认为情况通常是这样的，有时上一年的经历会给使命描述带来新意。这是最近的工作成果。价值观不是以书面形式表达的。实际上，其呈现有很多方式。大学通过领导层的声音表达价值观。我们大学校长经常引用大学的价值观，但是我不知道是否可以找到那个文件来表述它。这是我们大学的五个价值观。如果你看到2010年的《认证报告》，你肯定可以在大学使命和大学目标宣传时看到价值观的组织表达方式。一直有一些参考资料在表达价值观。2010年的认证报告表达为"国际化"，所以国际化是我们未来愿景的一部分。我们如何组织，如何提升环境，使我们的学生和老师能够取得国际经验，帮助他们准备好适应日益全球化的经济社会，以便我们的师生能够在全球化经济的舞台上发挥作用。全球化是我们未来要实现的一部分。当然现在它是存在的，但是我们期望将来做得更多。近年来，全球化这个术语已经取代了国际化。按我的观点，全球化更具包容性。国际化感觉有点到某个其他地方，但是全球化让人感觉我是其中的一部分。国际化似乎暗示世界是与我们这部分是分开的。但是对于全球化而言，我成其为其中的一部分。这是我理解的这个术语的新意，具体体现在大学考虑学生和老师以及专业建设，可以赋予全球化新的生命力。全球化是我们的价值观之一。多样性在我们大学也是很典型的价值观。公民参与是很典型的价值观。这是一个大概念，有许多方式可以界定。我们期望学生受到良好教育。我们教育经历的一部分应该包括某些社会参与，无论是当地的、全州的、全国的还是国际的。这些是参与的层次。我们也相信参与的层次有助于培养一位积极主动的公民。一旦他们毕业，一旦他们开始职业生涯，他们通过公民参与所吸取的教训和经验会帮助他们成为世界公民。成为社区公民、州公民、国家公民乃至世界公民是很强的价值观。所以我会强调大学增加机会使学生直接参与社会，这种方式不仅使学生在教育方面受益，也为他们未来在社区、机构或其他地方承担领导角色提供帮助。这个价值观是发展的。所以当我在 20 世纪 60、70 年代在这里上大学时，没有什么社会参与的机会。当今参与的范围扩展了，包括学生要做的事情和他们学习的方式。我们许多学生会去华盛顿一个学期，去底特律一个学期，用六周的时间深入需要帮助的企业。他们每周用一天的时间在教室里为那些努力学习阅读的人上课。社会参与有各种不同的方式。我认为几乎每个学生都可以设计自己有意义的社会参与方式。但是还有一些具体的要求，那就是希望所有密歇根州的学生积累能力，为毕业之后继续为社区做出贡献打下扎实的基础。此外，我们还有全球化教育经历计划。那是一项很有实力的项目，很多学生踊跃参加。有学生去非洲的加纳，有些学生去南美国家旅行，得到全球化的经验。你知道吗，在过去，我是说 30 年前，这种机会是很少的。学生们可以在英国学习，可以在法国学习。我们在意大利还有一个校园项目。我们也到了上海。我们在印度有全球化商业教育项目。现在的机会比以往多多了。那与公民社会参与有些不同，反映出了教育的目的，也反映出我们的学生毕业后要承担的领导角色，当然这些都是在教育的影响氛围之下取得的。我们希望这些成为教育中必不可少的部分。我想说，全球化、多样性和社会参与是最重要的。多样性就意味着不同的学生，意味着学生来自不同的社会和经济背景。学生们在地域来源上也表现出多样性。所以显而易见，并不是所有我们的学生都来自于密歇根州，我们希望看到的是我们确实招收了美国每个州的学生来密歇根大学求学。对于来自明尼苏达州北部和怀俄明西部的学生，他们的经历是非常不同的。当他们来到密歇根州的安娜堡的时候，他们会与来自不同背景的学生交流。我们密歇根州的学生,许多来自密歇根州南部,来自底特律周边,或许从未到过密歇根半岛地区。而来自半岛地区的学生常常从未离开过老半岛地区,所以多样性即使在州内也是存在的。这是一个值得研究的重要特点,对于我们来讲很重要。所以多样性呈现出各种方式,有种族的、族群的、社会经济的、地域的等。它也包括教师的多样性。教师来自非常不同的背景,或许是他们的视角不同,研究重点有很大不同,你知道的,所以经验证明是可信。我举个生物学的例子。你或许非常乐意招聘一位给本科生上生物实验的老师,这是与我们原来的做法不一样的。所以你认为你在寻找那些具有丰富经历和背景的人,以满足学生出于好奇心学习的需要。

2:请问你们大学最新的战略规划是什么?当你们编制战略规划时,你们会考虑政府和公众的哪些要求?

MR:我们的网站上没有战略规划。这个事情一直充满争议。很多年来,密歇根大学是否有必要制定一个战略规划呢?我们没有一个总体战略规划的原因是你可能会发现各个学院的分权化很严重。工学院、教育学院、文理学院、音乐学院、商学院、牙科学院、医学院、公共健康学院等每个学院都制定了自己的规划。但是这些并不能汇总起来成为密歇根大学的一个总规划。所以每个单位制定战略规划,指导自己的决策,指导资源分配是很重要的。这所大学看起来像联邦系统,不同的大学有不同的权威。他们必须去寻求对于他们学院适当的预算支持。他们从招收的学生上交的学费中得到支持。对于资金如何分配,这是个复杂的系统,但是整个大学没有宏观的战略规划。每个单位、学院,甚至各个系部可能都有战略规划类的文件,用于指导未来决策。作为战略规划的一部分,应该去宣传现在的状况和未来的走向。未来发展中的许多决策点都是与优先发展战略相关的。对于重要的发展机遇,你肯定想确定与你想提供的资源有关的是你们如何使用手中的资源提供支持。所以你可以看到这里的许多学院的战略规划呼吁私人资助在各学院发展的方面,如开办不同专业、丰富教师类型、开展研究等活动中发挥作用。

各个学院制定战略规划时,未必会考虑州政府的政策。州政府拨款占整个大学资金的 17%，所以 83%的资金来自于其他渠道。很长一段时间以来，预算的状况一直如此。州政府是整个大学的小股东。即便如此，他们也会建议取消、停止或者指导费用支出，但是大学是自治型的。对于财政资源的分配，大学被赋予特定的责任。对于大学而言，大学董事会有义务承担财务责任，指导大学资金的使用。这不是州政府的事情。联邦政府的资金进入两个口袋：一个是学生资助，另一个是研究资金。第二块资金对个别系部的研究计划有一定的影响。

州教育厅没有制定州级高等教育的战略规划。密歇根商界领袖提出了对高等教育的支持计划，作为密歇根经济转型发展需要的支持因素之一。他们提出在未来十年中对高等教育的支持增加 10 亿美元的目标。这部分是与特定的智力产品相关的。密歇根的商业、公司、制造中心、银行业和其他组织，凡是你想得到的机构，都帮助和支持教育。全州的经济驱动将依赖于我们人才库的补充。要补充人才库，首要考虑的机构就是大学。如果展望密歇根州未来 5 到 10 年的发展，密歇根的人口在进一步老龄化。其实在许多州都可以看到这种现象。中学的毕业率很高，但是中学毕业生的数量持续下滑，因为十六七年前婴儿的出生率降低了。所以毕业生的数量降低了。拿到高中毕业证的学生数量保持相对稳定。但是如果没有同样多的高中毕业生，真正展望未来的话，就会看到老年人在 68、69 或者 70 岁时才能退休。他们需要受过教育的劳动力来取代他们。所以商界领袖们已经预见到高等教育的人才库与密歇根州商业成功及其可持续发展的紧密关系。因此这就是密歇根州的商界领袖们在他们的转型规划中积极呼吁支持高等教育的部分原因。他们也知道高等教育是经济发展的驱动器。他们不直接提供资金，但是把主要精力放在宣传上。他们或许走入州议员的办公室，游说州议员考虑对高等教育的投资，以助推密歇根州的经济发展。那是转型规划关注的焦点，是密歇根州经济的转型。大学总费用的 17%还是一笔很大的资金，共计 2.73 亿美元，所以很难忽视那么大一笔钱所带来的价值。十年之前，州政府对大学的拨款是 3.63 亿美元。政府的支持一直在走下坡路，因此商界领袖们建议在十年的时间内而不是马上增加新的投资，以提高州政府对高等教育机构的资助。虽然不会马上返回到3.63亿美元，但是必须向着这个目标努力。全州的经济基础建设有赖于大学培养的人才库，这是肯定无疑的。经济基础依赖于某些研究型大学对企业家活动的激励，而大学本身实际开展的活动也是经济的一部分，这是不能小视的。我们花了大量的钱。所以商界领袖们提出的转型计划是有些影响的。我们期待来年转型计划会带来更大的希望。

《2011中西部高等教育总规划》是密歇根大学里的个别人编制的，不是大学官方发布的。前任校长詹姆斯·杜德史达特在很多论文中以多种方式表明投资高等教育是非常重要的。该规划不是中西部高等教育发展的政府规划，只是另外一个想法而已，并没有法律的地位。

大学校长理事会是最接近于代表其成员（15所公立大学）的组织机构。大学校长理事会寻求大学具有共同利益的领域，并宣传基于大学共同利益的立场。由于大学具有自治性，他们可以决定他们的发展路径，因此也有一些领域内大学之间出现了利益上的分歧。密歇根大学作为州内顶级的研究型大学所面临的许多问题与小型的和地方性的大学的问题有差别，甚至千差万别。位于底特律北部的奥克兰大学就是一家地区性大学，拥有大约15000名学生。对于15000人规模的大学而言，那是一所很好的大学。但是与密歇根大学43000人的学生规模、专业学院的数量、所开展的研究工作相比，其数量级不可同日而语。因此大学校长理事会不能特别强调研发的重要性，因为不是所有的大学都有类似的研发规模。但是遇到州议会强加到大学的政策造成影响时，或者当议会努力推行政策时，大学校长理事会就会发出一个声音。他们会从不同的大学搜集数据，宣传大学正在开展的不同活动。帕蒂可能会与你分享现在推行的一个很大的活动，对退役军人的支持。他们从伊拉克、阿富汗服役后回国，特别想得到高等教育的学习机会，但是联邦政府对他们的教育资助不足，因此需要支持。15所大学没有单独行动，我们组织资源，准备资料，说明我们可以为退役军人做的事情。在去州议会说明大学的行动之前，有必要先组织起来。有时候，未必所有的15所州立大学都会去告诉人们他们的行动。大学校长理事会联系大家，搜集信息并做出说明。所以这种组织功能很有用。它提供了一个中心点，借此可以对州议会的计划做出反应或者向州政府提议支持高等教育的新方式。州教育厅对大学没有影响，但是他们在基础教育上大有可为。他们负责幼儿园之前到高中阶段的教育。在协调基础教育和高等教育之间的衔接时，州教育厅发挥顾问的职能。他们没有权力开展协调。比如，我们教育学院院长去年被州长任命担任"教师效能委员会"的主席。该机构是由州政府成立的。所以这不是州教育厅开展的活动，但是我们教育学院的院长主政委员会，帮助对基础教育教师的评价行为进行改革。那些建议将提供给州议会。但是这次不是州教育厅提出建议，而是一个独立委员会开展工作。这样的例子，我们还有很多，或者州教育厅决定对英语、数学或者社会课程实施一种新的能力任务，他们就会经常到密歇根大学、密歇根州立大学和东密歇根大学的教育学院寻求专家的咨询意见。我们当然需要做这样的事情，这还是义务的。这大都是为了公共利益。在某些情况下，他们也许提供补助金，以便于完成某项工作后得到一定的奖励。但是在考虑一项政策或者政策变更时，他们通常会组织一群具有专业知识的人士。但是他们做这些工作是没有酬劳的。所以大学是公共机构，提供了很多公共服务。作为公立机构，这是我们工作的一部分。

3. 请问贵校有专门的机构或部门负责与州政府、州议会和高等教育委员会沟通吗？如是，他们的管理架构和职能分工是怎样的？

MR：从组织架构图看，联邦政府关系业务可以非常容易找到。州政府关系业务由我负责。我来处理主要的州政府关系业务。在这里我所获得的直接支持来自我的政府关系副主任。她提供与州议会的政策分析有关的支持。我也会安排她到大学不同的地方调研大家对州议会计划的反馈意见。她负责对州和联邦的议员做出回复，以帮助解决他们提出的各种问题。她会提供大学专业的信息。一般来讲，这些信息对于州议会来讲是很重要的。那是我的团队。现在，我的职位是开放性的，但是我还是很喜欢州政府关系经理这个角色。现在我主要负责与州长的联络。在承担这个职位的时候,我想保留直接处理州政府关系的责任。我会直接参与州政府关系的活动。我不太喜欢当官,有个华丽的头衔,却只做一点点工作。在我们组织架构之下开展对16位全职雇员的管理,需要一定量的管理,但是我有特别的专业知识和特殊的兴趣从事州政府关系工作。我不想每天在办公桌前坐8个小时,对人发号施令。所以我每一天都在参与游说。对我来讲,这不是一个被动的活动。至于社区服务和学习中心(Center for Community Service and Learning)主任,实际上她已经不在这里了,其职能是与社区服务/州政府关系相关的,与州立法没什么关系,只是在社区服务上有一定关系。社区服务和学习中心(主任)以虚线表示,只是因为它对于我们联系社区建设、社区服务之类的机构很重要。这会给我们的州外联办公室提供直接信息。外联办的同事们一年到头都在路上。他们出现在密歇根州的每个角落。现在他们的业务不只是特定的政府关系活动。他们也许在底特律待一天,也许在本州西部的大急流城待一天。他们或许出现在本州的东北角区域。戴娜尔(音译)从事州内外联工作,特别对大学资源与州内美国部落的联系感兴趣。很奇特吧!我们还在与美国印第安人合作,他们是本州的土著居民。你知道的,我们努力工作,保障大学能与州内所有的社区联系起来。当然,我们与安娜堡有联系。类似地,我们与底特律的很多地方有联系。州内很多其他的地方也有大学的很多活动。他们会到当地政府、当地学校、当地商业机构、非营利机构联络。这些机构可能会受益于某个领域的一位或多位专家,比如健康、教育、工业领域等。他们可能会寻求联系教师,以帮助他们对生产设备进行现代化改造,帮助他们解决研究问题。他们在努力地解决问题,我们尽力促成联系合作。我们这里做的很多工作是分析州议会的计划。所以我们在分析州议员们提出的议案。那就是我们前两周为什么如此之忙的原因,因为现在是州议会两年循环的结束。在很短的时间内,许多立法事项在辩论和思考。我们追踪许多立法事项已经几个月了,甚至两年了,我们要跟进事情的进展。而我的办公室特别关注这些工作,确保相关人员及时了解事情进展。兰辛(州政府）服务中心负责支持州外联的部分活动，但是他们所做的一项额外的工作是创建一个平台，使大学能够呈现新研究、新项目，重点关注与兰辛片区校友们合作的新机会。除了与政策制定者联络之外，气候变化是一个热门话题，它对全州发展的含义是什么。全州的农村地区都被大湖所包围，所以人们有兴趣了解更多的研究内容。这些活动在支持与气候变化相关的观点、政策和选择。兰辛服务中心开设了一个论坛，每个月都举办活动。一年有七大项目，我们大学的教师和其他人员会受邀来州府参加活动。我们举办活动，是为了让校友们来参观和了解大学在研究的项目，从州政府、州议会来的政策制定者、其他的政策制定者、感兴趣的团体都可以来了解情况。所以，这是我们兰辛中心一直在开展的工作。该中心的主任也参与很多的州内外联活动。现在情况有所变化，因为我们的州内外联把我们兰辛的主任也包含了进来。兰辛中心不开展游说工作，他们提供服务和联系方式。她也参与密歇根州中部的招生工作，因此我们从密歇根中部招收了很多学生。她的办公室就在那里，参与了很多招生工作。所有办公室的工作人员都开展招生工作。

4. 请问贵校的认证是哪家机构组织评估的？有哪些评估标准？对贵校办学有何影响？

MR：HLC 高等教育委员会（Higher Learning Commission）负责弗林特和迪尔伯恩校区的认证。中北部大学协会是整个大学的主要认证机构。比如，弗林特校区刚刚通过高等教育委员会的认证程序，安娜堡校区刚刚通过中北部大学协会的认证程序。我不是认证方面的专家，但是对于认证过程，要看一所大学的综合认证。我认为你也有此方面的理解。每个部门也许有他们自己的认证合作机构。比如，全国的商学院都是由专注商学院及其授予学位认证的机构开展认证的。医学院的认证是通过专注医学院的认证机构进行的。所以每10年有一次综合认证过程，我们刚刚通过综合认证，各个单位都要满足认证的要求，以达到专业认证标准。当你教授工程或工民建的课程时，你要达到工民建的认证标准，因为你的毕业生需要在相关领域和环境中发展，这些领域颁发的执照和实践都是基于你通过的认证标准。因此，每所学院都有自己特定的认证标准。这个指的是专业水准或者单位层次的认证。中北大学协会和高等教育委员会可能有些相似之处。还有，我并没有参与到教务长办公室开展的认证工作中。实际上，认证在向公众提供问责信息和透明度上是很有意义的。审查评估已经完成了，我们想强调认证的过程。只有认证机构确定方为有效。一旦认证机构来完成了认证，在两次认证之间这些术语和文件很少用到。联邦和州政府在决定预算时不会考虑认证报告。联邦政府要求作为获得联邦政府资助的条件，一个专业需要通过某种形式的认证。他们很有可能会打钩，只是看你是否获得认证或者最近的认证是在何时，具体到哪一年，但是并不会真的去看认证报告。州议会也不会参考认证报告的。认证报告的目的是出于公共利益，增进公众的理解，而不是用于政府关系。认证不会卷入大学与政府的对话之中。在密歇根州，没有大学，没有公立大学，没有四年制的公立大学是通不过认证的。所有的大学都得到了认证。这是一个传统。他们都要经历认证的周期。关于他们的认证有个问题。如果我是一个想上有教育学院的大学的学生家长，我想知道教育学院是否获得认证。我想知道教育学院学生参加教师资格测试的通过率有多高。如果我想送学生到密歇根大学护理学院的话，同样也想知道护理的认证情况。多大百分比的学生通过了护理测试？他们必须通过一个认证课程，通过测试。所以父母们可能会利用认证测试来评估大学是否是学生可能取得成功的地方。也许没有通过认证测试的好的经历，像律师资格考试、护士执照和社会工作证等，他们是可以选择的。如果另一个学校做得更好，那可能是你要考虑的地方，但是州议员不会选择。

5. 请问贵校是否已加入学术协会、区域性协会？它们对你们有什么帮助或支持？它们在协调你们与州政府以及与州高等教育治理机构的关系上有哪些作用？

MR：大学研究走廊（University Research Corridor）是我们的作品。我们创造了大学研究走廊。这个走廊是由三所大学组建的——密歇根大学、密歇根州立大学和韦恩州立大学。它并没有州政府的职能。我们的决定就是以三所研究型大学代表密歇根州，以特定的方式去影响经济发展。我们以不同的方式利用这种附属关系，比如，我们开展经济发展预算项目，以支持研究议程或者经济发展议程。大学研究走廊不会去游说州议员。我们的游说会反映其意见，我们确实会利用三所大学准备的资料向州议员们宣传我们的发展议程，但是大学研究走廊的执行主任不是一位全职的说客。我们向他们提供资料，他们汇总成一个总报告或者特定的资料。一般来讲，其中必有我们的参与。但是大学校长理事会就是注册的游说机构。他们代表所有的大学去游说。他们不会为哪一所大学去游说。所以如果出现了影响大部分大学的事情，他们经常会为该事情去游说。校长理事会也会在州立大学和社区学院之间，以及大学与中学之间做一些协调工作。但是那不是正式的协调，不是依法的强制协调。这个功能有赖于中学了解上大学意味着什么，还要帮助他们理解 15 所大学推荐学生在中学修的课程。这种协调是非正式的。那不是必须的，也不是强制的。在某些年份，校长理事会也许没有与中学相关的特定活动。在其他一些年份，也许有很多相关活动。但是这都不是大学校长理事会的常规议程。我们是美国大学协会（AAU）的会员，但不是美国州立学院和大学协会（AASCU）的会员。我们在其中表现最为活跃的两个协会是美国大学协会和公立及赠地大学协会（APLU）。我们与美国大学协会有很多互动，因为它是非常具有选拔性的大学，而且还是研究型大学的协会，其会员都是精英中的精英。APLU 就是公立及赠地大学协会。密歇根州立大学是一所赠地大学。他们在公立及赠地大学协会比我们更活跃，因为他们肩负着赠地大学的使命，我们却没有。我们更多地依附于美国大学协会，但是我们在公立及赠地大学也很活跃。虽然我们属于两个协会，但是我们希望能够参与开发和宣传某些类似的政策议程。对于公立及赠地大学协会的一些议程，我们不太热衷。所以我只会去参加他们的一些会议。全国性的组织所做的大部分工作集中在全国性的政策上。他们肯定会不可避免地与州政策形成联系。比如，他们不喜欢说政策目标。但是一般来讲，美国大学协会和公立

附　录

及赠地大学协会主要关注与研究资助和学生资助相关的、与税收政策相关的、与移民政策相关的联邦政策。对所有的大学而言，这些都是重大的、宏观的问题，所以他们会更加关注联邦议程。美国大学协会和公立及赠地大学协会两者都有公立高等教育议程。由于双方会员特点的差异，他们的议程也呈现不同的形式。所以美国大学协会更加集中关注少量的问题。公立及赠地大学协会关注问题的范围更加宽泛一些。我确信有些问题是一样的。学生资助在任何组织中都是一条共同的主线。我们任何人也绝不会忽视与学生资助相关的问题。美国州立学院和大学协会不会专注联邦政府的研究发展预算。这些协会的功能有点像顾问专家。他们可以向联邦和州政府提供一些研究报告，但是他们不会直接支持大学的办学。

参 考 文 献

一、中文类
(一)期刊
[1] 陈家刚.全球化时代的新制度主义[J].马克思主义与现实,2003(6):15-21.
[2] 楚红丽.公立高校与政府、个人委托代理关系及其问题分析[J].高等教育研究,2004(1):43-46.
[3] 郭毅,徐莹,陈欣.新制度主义:理论评述及其对组织研究的贡献[J].社会,2007,27(1):14-40.
[4] 马陆亭.美国州政府对高等学校统筹管理的几种模式[J].江苏高教,1998(3):87.
[5] 彭湃.大学、政府与市场:高等教育三角关系模式探析[J].高等教育研究,2006(9):103.
[6] 秦绪娜,郑曙村.新制度主义政治学在中国:一个研究综述[J].江南大学学报,2010.09(6):25-28.
[7] 盛冰.高等教育的治理:重构政府、高校、社会之间的关系[J].高等教育研究,2003(2):48-51.
[8] 石凯,胡伟.新制度主义"新"在哪里[J].教学与研究,2006(5):65-69.
[9] 史文婷.从高等教育的社会治理看第三部门的发展[J].江苏高教,2004(3):52-55.
[10] 史静寰.构建解释高等教育变迁的整体框架[J].清华大学教育研究,2006(3):19-25.
[11] 矢野真和.大学的治权:理念和资金的关系[J].徐国兴,译.教育与经济,2004(1).
[12] 眭依凡.关于大学组织特性的理性思考[J].高等教育研究,2000(4):49-52.
[13] 万方.大学治理结构变迁中的权力配置、运行与监督[J].高校教育管理,2100(6):16.
[14] 王珍珠.浅析新制度主义的产生背景及流派[J].商业文化(学术版),2008(9):252.
[15] 熊耕.美国高等教育认证制度的功能分析[J].比较教育研究,2005(2):75-79.
[16] 许杰.论政府对大学进行宏观调控的新向度——以治理理论为视角[J].复旦教育论坛,2003(6):10-13.
[17] 宣葵葵.美国高等教育评估中介机构发展新趋势及启示[J].中国高教研究,2012(3):29-32.

[18] 易红郡. 美国州立大学的产生及发展[J]. 湘潭师范学院学报(社会科学版), 1999(5): 126.

[19] 詹姆斯·马奇, 约翰·奥尔森著. 新制度主义详述[J]. 允和, 译. 国外理论动态, 2010(7): 43-51.

[20] 湛中乐. 现代大学治理与大学章程[J]. 中国高等教育, 2011(9): 18.

[21] 张楚廷. 不同的大学治理方式[J]. 大学教育科学, 2010(1): 109.

[22] 张建新, 董云川. 高等教育经典管理模式述评[J]. 教育管理研究, 2005(4).

[23] 赵成, 陈通. 现代大学治理结构解析[J]. 天津大学学报(社会科学版), 2005(6): 471.

[24] 浙江大学高教研究所课题组. 市场经济国家政府与大学关系的比较研究[J]. 河北师范大学学报(教育科学版), 2000(4): 1-11.

(二) 学位论文

[1] 付志荣. 论20世纪下半叶美国州政府与大学关系的变革[D]. 广州: 华南师范大学, 2005

[2] 余承海. 美国州立大学治理结构研究[D]. 南京: 南京师范大学, 2011.5

(三) 著作

[1] 阿尔巴赫, 伯巴尔, 冈普奥特. 21世纪美国高等教育: 社会、政治、经济的挑战[M]. 北京: 北京师范大学出版社, 2005.

[2] B. 盖伊·彼得斯. 政治科学中的制度理论: "新制度主义"[M]. 王向民, 段红伟, 译. 上海: 上海世纪出版集团, 2011.

[3] 伯顿·R. 克拉克. 高等教育系统: 学术组织的跨国研究[M]. 王承绪, 译. 杭州: 杭州大学出版社, 1994.

[4] 陈向明. 质的研究方法与社会科学研究[M]. 北京: 教育科学出版社, 2000.

[5] 菲利普·G. 阿特巴赫. 为美国高等教育辩护[M]. 别敦荣, 陈艺波, 译. 青岛: 中国海洋大学出版社, 2007.

[6] 符华兴, 王建武. 世界主要国家高等教育发展研究[M]. 长沙: 湖南人民出版社, 2010.

[7] 李秉德. 教育科学研究方法[M]. 北京: 人民教育出版社, 1986.

[8] 李福华. 大学治理的理论基础与组织架构[M]. 北京: 教育科学出版社, 2008.

[9] 欧阳光华. 董事、校长与教授: 美国大学治理结构研究[M]. 北京: 高等教育出版社, 2011.

[10] 罗伯特 K.Y. 案例研究: 设计与方法(第三版)[M]. 周海涛, 译. 重庆: 重庆大学出版社, 2004.

[11] 乔耀章. 政府理论[M]. 苏州: 苏州大学出版社, 2003.

[12] 乔玉全. 21世纪美国高等教育[M]. 北京: 高等教育出版社, 2000.

［13］W. 理查德·斯科特. 制度与组织——思想观念与物质利益［M］. 北京：中国人民大学出版社，2010.
［14］王廷芳. 美国高等教育史［M］. 福州：福建教育出版社，1995.
［15］沃纳丁·赛弗林. 传播学的起源、研究与应用［M］. 福州：福建人民出版社，1985.
［16］杨晓波. 美国公立高等教育机制研究［M］. 太原：山西教育出版社，2008.
［17］俞可平. 权利政治与公益政治［M］. 北京：社会科学文献出版社，2000.
［18］张维迎. 大学的逻辑［M］. 北京：北京大学出版社，2006.
［19］中国社会科学院语言研究所词典编辑室. 现代汉语词典［M］. 北京：商务印书馆，2005.

二、英文类

（一）期刊

［1］B. R. Clark. The Many Pathways of Academic Coordination［J］. Higher Education. 1979 No (3)：51-67.
［2］H. Etzkowitz, L. Leydesdorff. The Dynamics of Innovation：from National Systems and "Mode 2" to a Triple Helix of University-Industry-Government Relations［J］. Research Policy, 2000(29)：109 - 123.
［3］NCPPHE. State Capacity for Higher Education Policy［J］. National Crosstalk(Special Supplement), July 2005：1A-4A.
［4］Suchman, Mark C. The Contract as Social Artifact［J］. Law & Society Review, 2003(37)：91-142.
［5］Zuker, Lynne G. The Role of Institutionalization in Cultural Persistence［J］. American Sociological Review, 1997(42)：726-743.

（二）著作

［1］Aims C. McGuinness Jr.. State Postsecondary Education Structures［M］. Education Commission of the States, 1988.
［2］Aims C. McGuiness. State Postsecondary Education Structures Handbook［M］. Denver：Education Commission of the States, 1994.
［3］Board of Regents. Sixth Report On the Condition of Higher Education in Ohio［M］. Columbus：Board of Regents, University System of Ohio, 2013.
［4］Bogdan, R. C., & Biklen, S. K. Qualitative Research for Education：An Introduction to Theories and Methods (4th edition)［M］. Boston, Massachusetts：Allyn and Bacon, 2003.
［5］Bureau of State and Authority Finance, State of Michigan. Michigan Postsecondary Education Handbook［M］. Lasing：State of Michigan, 2012.
［6］C. Fincher. The Historical Development of the University System of Georgia：1932-1990［M］. Athens, Georgia：Institute of Higher Education, 1991.

参 考 文 献

[7] ClarkKerr. The Great Transformation in Higher Education 1960-1980[M]. Albany: SUNY Press, 1991.

[8] D. Osborne and T. Gaebler. Reinventing Government: How the Entrepreneurial Spirit is Transforming the Public Sector [M]. Reading: Addison-Wesley, 1992.

[9] E. Lee and F. Rowen. The Multicampus University[M]. San Francisco: Josscy-Rass, 1971.

[10] Education Commission of the States. State Postsecondary Education Structures Sourcebook [M]. Denver: Education Commission of the States, 1997.

[11] Eric Ashby. Adapting Universities to a Technological Society[M]. London: Jossey-Bass Publishers, 1974.

[12] Giddens, Anthony. The Constitution of Society[M]. Berkeley: University of California Press, 1984.

[13] Glenny, T. F.. Autonomy of Public Colleges: The Challenge of Coordination[M]. New York: McGraw-Hill Press, 1959.

[14] Guba, E. G., & Lincoln, Y. S. Fourth Generation Evaluation [M]. Newbury Park, California: Sage, 1989.

[15] James G. March, Johan P. Olsen. Rediscovering Institutions: The Organizational Basis of Politics[M]. New York: The Free Press, 1989.

[16] James JF Forest & Kevin Kinser, Higher Education in the United States[M]. Santa Barbara, Colifornia: ABC-CLIO, 2002.

[17] Jepperson, Ronald L. Institutions, Institutional Effects and Institutionization[M] //Walter W. Powel and Paul J. DiMaggio. The New Institutionalism in Organizational Analysis. Chicago: University of Chicago Press, 1991.

[18] J. Millett. Conflict in Higher Education: State Government versus Institutional Independence[M]. San Francisco: Jossey-Bass, 1984.

[19] John R. Kasich. Reforms Book[M]. Columbus: Office of Budget and Management, Ohio, February 8, 2013.

[20] John R. Kasich. Budget Highlights[M]. Columbus: Office of Budget and Management, Ohio, February 8, 2013.

[21] Kaplinwa, Lee B A. The Law of Higher Education: A Comprehensive Guide to Legal Implications of Administrative Decision Making (4th Ed.)[M]. San Francisco : Jossey-Bass, 2006.

[22] Marcus, L. R. . Restructuring State Higher Education Governance Patterns[J]. Review of Higher Education, 1997, 20(4), 399-418.

[23] Philip G. Altbach, Patricia J. Gumport, and Robert O. Berdahl. American Higher Education in the Twenty-First Century [M]. Baltimore: The Johns Hopkins University Press, 2011.

[24] Rhonda Martin Epper, Alene Bycer Russell. Trends in State Coordination and Governance: Historical and Current Perspectives[M]. Denver: SHEEO, 1996.

[25] Richard C. Richardson, Jr. Kathy Reeves Bracco, Patrick M. Callan, Joni E. Finney. Designing State Higher Education Systems for a New Century[M]. Phoenix: American Council on Education Oryx Press, Series on Higher Education, 1999.

[26] Rick Synder. Executive Budget Fiscal Years 2013 and 2014[M]. Lasing: State of Michigan, 2012.

[27] Ronald G. Ehrenberg. Governing Academia[M]. New York: Cornell University Press, 2004.

[28] Ronald G. Ehrenberg. What's Happening to Public Higher Education?[M]. Portsmouth: Praeger, 2006.

[29] Sabloff, P. A.. Toward Better Theories of the Policy Process[J]. Political Science and Politics, 1991: 147-156.

[30] Scott Walker. Executive Budget, State of Wisconsin[M]. Madison: Division of Executive Budget and Finance Department of Administration, 2013.

[31] Stake, R. E. Case Studies[M] // Denzin, N. K., & Lincoln, Y. S (Eds.). Strategies of Qualitative Inquiry. Thousand Oaks, Calif.: Sage Publications, 2003.

[32] Stake, R. E. The Art of Case Studies[M]. Thousand Oaks, Calif.: Sage Publications, 1995.

[33] The Legislative Service Bureau. Michigan Manual 2011-2012[M]. Lasing: The Legislative Service Bureau, 2012.

[34] University of Wisconsin-Madison. Self Study for Reaccreditation[M]. Madison: University of Wisconson-Madison, February, 2009.

[35] University of Wisconsin System. Fact Book 11-12[M]. Madison: University of Wisconsin System, 2012.

[36] UW System Board of Regents. Regent Policy Documents[M]. Madison: University of Wisconsin System, February 2013.

[37] W. Richard Scott. Institutions and Organizations: Ideas, Interests, and Identities[M]. London: SAGE Publications, Inc., 2013.

（三）报告

[1] Aims C. McGuinness Jr. State Higher Education Policy for the 21st Century: A Framework for Evaluating the Adequacy of Current Policies and Structures for Supporting Long-Term Systemic Change[R]. Denver: ECS, 1994.

[2] Aims C. McGuinness. Models of Postsecondary Education Coordination and Governance in the States[R]. Education Commission of the States, 2003.

[3] Alene Bycer Russel. Faculty Workload: State and System Perspectives[R]. Denver:

参 考 文 献

SHEEO and ECS, 1992.

[4] American Council of Trustees and Alumni. Governance in the Public Interest: A Case Study of the University of North Carolina System[R]. Washington, D. C. : ACTA, 2005.

[5] Board of Regents. Complete College Ohio [R]. Columbus: University System of Ohio, 2012.

[6] Board of Regents. Strategic Plan for Higher Education 2008-2017 [R]. Columbus: University System of Ohio, 2008.

[7] Bracco, K. R. . State Structures for the Governance of Higher Education: Michigan Case Study Summary[R]. The California Higher Education Policy Center, 1997.

[8] Business Leaders for Michigan. Michigan Turnaround Plan 2012 [R]. Lasing: Business Leaders for Michigan, 2012.

[9] Carolyn Waller, Ran Coble, Joanne Scharer, and Susan Giamportone. Governance and Coordination of Public Higher Education in All 50 States [R]. Raleigh: the North Carolina Center for Public Policy Research, Inc., 2000.

[10] ECS and SHEEO. New Issues - New Roles: A Conversation with State Higher Education Executive Officers [R]. Denver: ECS and SHEEO, January 1989.

[11] Emily Pope. University of Wisconsin System Overview[R]. Wisconsin Legislative Fiscal Bureau, January 2011.

[12] Frank M. Bowen, et al. State Structures for the Governance of Higher Education: A Comparative Study[R]. The California Higher Education Policy Center, 1997.

[13] Gordon K. Davies. Setting a Public Agenda for Higher Education in the States: Lessons Learned from the National Collaborative for Higher Education [R]. San Jose: National Center for Public Policy and Higher Education, 2006.

[14] James R. Mingle , Charles S. Lenth. A New Approach to Accountability and Productivity in Higher Education [R]. Denver: SHEEO, November 1989.

[15] Jay Kiskel. Governance Model Defined[R]. Teaneck : Cognizant, 2011.

[16] Joseph A. Alutto. A Strategic Plan for the Ohio State University[R]. Columbus: Ohio State University, 2012.

[17] Ohio Board of Regents. Strategic Plan for Higher Education 2008-2017[R]. Columbus: Ohio Board of Regents, 2008.

[18] Ohio Board of Regents. Total Headcount Enrollment by Institution and by Campus[R]. Columbus: Ohio Board of Regents, 2012.

[19] Ohio Board of Regents. 2013 Sixth Report on the Condition of Higher Education in Ohio [R]. Columbus: Ohio Board of Regents, 2013.

[20] Ohio Board of Regents. Undergraduate Tuition and Fees 2003-2012[R]. Columbus: Ohio Board of Regents, 2012.

[21] Ohio Higher Education Funding Commission. Recommandation of Ohio Higher Education Funding Commission[R]. Columbus: Ohio Higher Education Funding Commission, 2012.

[22] Patricia L. Farrel. Michigan: The History & Current Status of Higher Education[R]. Lasing: Presidents Council, 2012.

[23] Peter T. Ewel. Developing Statewide Performance Indicators for Higher Education: Policy Themes and Variation [R]. Denver: ECS, 1994.

[24] Presidents Council. Collaborating for Success: Advancing Public Higher Education through Cooperation[R]. Lasing: Presidents Council, 2012.

[25] Presidents Council. Enrollment Report 2012 Fall[R]. Lasing: Presidents Council, 2012.

[26] Presidents Council. Report on Tuition and Fees 2012-2013[R]. Lasing: Presidents Council, 2012.

[27] Public Sector Consultants Inc. Michigan's Higher Education System[R]. Lasing: Public Sector Consultants Inc., 2003.

[28] Senate Fiscal Agency. FY 2013-14 Higher Education Budget[R]. Lasing: State Senate Fiscal Agency, 2013.

[29] State University of New York. Rethinking SUNY[R]. Albany: SUNY, 1996.

[30] The National Commission on Accountability in Higher Education. Accountability for Better Results: A National Imperative for Higher Education [R]. Boulder: State Higher Education Executive Officers, 2005.

[31] The National Conference of State Legislatures. Transforming Higher Education: National Imperative — State Responsibility[R]. Denver: The National Conference of State Legislatures, 2006.

[32] The Regents of the University of Michigan. Report to the Higher Learning Commission of the North Central Association of Colleges and Schools[R]. Ann Arbor: The University of Michigan, 2010.

[33] University of Wisconsin System. A Growth Agenda of Wisconsin[R]. Madison: University of Wisconsin System, 2010.

（四）其他

[1] About Ohio State[EB/OL]. [2013-08-01]. http://www.osu.edu/visitors/aboutohiostate.php.

[2] About the Ohio Board of Regents[EB/OL]. [2013-07-25]. https://www.ohiohighered.org/board.

[3] About UM System[EB/OL]. [2013-08-20]. http://www.wisconsin.edu/about/

[4] Aims C. McGuinness Jr. Intergovernmental Relations in Postsecondary Education: The Case of the 1202 Commissions[D]. Syracuse University, 1979.

[5] Aims C. McGuinness. State Government and Higher Education [A]. In P. Altbach, R. Berdahl, & P. Gumport. American Higher Education in the Twenty-first Century: Social,

参考文献

Political, and Economic Challenges [M]. Baltimore: Johns Hopkins University, 1999: 183-215.
[6] Aims C. McGuinness, Jr. The Changing Structure of State Higher Education Leadership [A]. Public Policy and Higher Education. American Society for Higher Education, 1997: 19.
[7] Board of Regents Standing Committees and Other Committees [EB/OL]. (2013-06-21) [2013-07-10]. http://www.uwsa.edu/bor/committees/
[8] Business Leaders for Michigan. Turnaround Plan [EB/OL]. [2013-01-20] http://www.businessleadersformichigan.com/home/tag/michigan-turnaround-plan/
[9] Campus Strategic Framework, 2009 - 2014 [EB/OL]. [2013-07-15]. http://www.chancellor.wisc.edu/strategicplan/
[10] Chapter 36 University of Wisconsin System [EB/OL]. (2013-07-02)/[2013-07-10] http://docs.legis.wisconsin.gov/statutes/statutes/36.
[11] Chapter 3333: Ohio Board of Regents [EB/OL]. (2007-05-15) [2013-07-15]. http://codes.ohio.gov/orc/3333.
[12] Chapter 3335: Ohio State University [EB/OL]. [2013-07-18]. http://codes.ohio.gov/orc/3335.
[13] Committee Lists. Inter-uniersity Council of Ohio [EB/OL]. [2013-08-03]. http://www.iuc-ohio.org/commities-list/
[14] Economic Research Service, USDA, Washington, DC. State Fact Sheets: Michigan [EB/OL]. (2013-03-28) [2013-08-17]. http://www.ers.usda.gov/data-products/state-fact-sheets/state-data.aspx? StateFIPS = 39&StateName = Michigan.
[15] Economic Research Service, USDA, Washington, DC. State Fact Sheets: Ohio [EB/OL]. (2013-03-28)/[2013-08-02]. http://www.ers.usda.gov/data-products/state-fact-sheets/state-data.aspx? StateFIPS = 39&StateName = Ohio.
[16] Ewell, P. Developing Statewide Performance Indicators for Higher Education [A]. S. S. Ruppert (Ed.). Charting Higher Education Accountability: A Sourcebook on State-level Performance Indicators [M]. Denver, CO: Education Commission of the States, 1994: 147-165.
[17] Frank M. Bowen et al, State Structures for the Governance of Higher Education: A Comparative Study, The California Higher Education Policy Center [EB/OL]. [2011-05-06]. http://www.capolicycenter.org/comparative/comparative5.html.
[18] G. L. Williams. The "Marketization" of Higher Education: Reforms and Potential Reforms in Higher Education Finance [A]. D D Dill, B Sporn. Emerging Patterns of Social Demand and University Reform: Through a Glass Darkly [C]. Oxford: Pergamon Press, 1995: 172-174.

[19] Higher Learning Commission. Criteria for Accreditation[EB/OL]. (2012-02)[2013-07-16]. http://policy.ncahlc.org/Policies/criteria-for-accreditation.html.

[20] Independent colleges and universities[EB/OL]. [2013-08-02]. https://www.ohiohighered.org/board-of-regents/university-system-of-ohio/independent-colleges-and-universities.

[21] IUC Position Statement[EB/OL]. [2013-05-15]. http://www.iuc-ohio.org/public-policy/iuc-policy-priorities-and-positions/

[22] James J. Duderstadt. A Study in Contrasts: Postsecondary Education in Michigan and Ontario[C]. Summit on the Future of Ontario Universities. Toronto, Ontario: November 19, 1997.

[23] Key Contacts, Ohio Board of Regents[EB/OL]. [2013-08-01]. https://www.ohiohighered.org/contact-us.

[24] Lowndes, Vivien, "Institutionalism"[C] // David Marsh, Gerry Stoker, eds.,. Theory and Methods in Political Science[M]. New York: Palgrave Macmillan, 2002, chap. 4.

[25] Mission Statement. IUC[EB/OL]. [2013-07-26]. http://www.iuc-ohio.org/about/mission-statement/

[26] Mission Statement. President's Council[EB/OL]. [2013-02-10]. http://pcsum.org/aboutthecouncil/ourmission/

[27] Mission Statement. University of Michigan[EB/OL]. [2013-02-05]. http://www.president.umich.edu/mission.php.

[28] Office Directory: UW System Administration[EB/OL]. [2013-03-06]. http://www.uwsa.edu/azdir.htm.

[29] Office of the Chancellor and Related Units[EB/OL]. [2013-07-10]. http://www.chancellor.wisc.edu/units.php.

[30] Office of the Registrar. Tuition & Fees[EB/OL]. [2013-08-20]. http://registrar.wisc.edu/tuition_&_fees.htm.

[31] Ohio Governor Kasich Emphasizes Higher Education in State Address[EB/OL]. (2013-02-20)[2013-08-01]. http://www.wsaz.com/home/headlines/Ohio-Gov-Kasich-Emphasizes-Higher-Education-in-State-Address-191939151.html.

[32] Ohio State Board of Education. FY 2012 - 2013 Operating Budget Details[EB/OL] (2011-10-31)[2013-08-15]. https://www.ohiohighered.org/node/685.

[33] Ohio State Vision, Mission, Values, and Goals[EB/OL]. [2013-08-01]. http://oaa.osu.edu/vision-mission-values-goals.html.

[34] Operating Standards. Ohio Board of Regents[EB/OL]. [2013-07-25]. https://www.ohiohighered.org/board-of-regents/about/operating-standards.

[35] Our Governors on Higher Education[EB/OL]. (2011-10-13)[2013-08-10]. http://www.

参 考 文 献

michiganfuture. org/10/2011/our-governors-on-higher-education/
[36] Peterson, M. W. and McLendon, M. K. . "Achieving Independence through Conflict and Compromise: Michigan, " [M] // MacTaggart, T. J. and Associations. Seeking Excellence through Independence: Liberating Colleges and Universities from Excessive Regulation. San Francisco, California: Jossey-Bass, 1998.
[37] Presidents Council, About the Council: [2012-10-15]. http://www. pcsum. org/about-thecouncil/councilcommitteedirectories/
[38] Snyder Appoints Members to Midwestern Higher Education Compact[EB/OL] (2011-06-01)[2013-02-10]. http://michigan. gov/snyder/0, 1607, 7-277-257100-, 00. html.
[39] Staff. More coherence for higher education. The Cincinnati Enquirer[EB/OL]. (2007-08-03) [2013-08-03]. http://news. cincinnati. com/apps/pbcs. dll/article? AID =/20070804/EDIT01/708040332/1090.
[40] Staff Directory[EB/OL]. [2013-05-16]. https://www. ohiohighered. org/staff.
[41] State of Michigan. Constitution of the State of Michigan of 1963. Lasing: 1963, Article 8.
[42] Statistical Summary. The Ohio State University[EB/OL]. (2012-autumn)[2013-08-03]. http://www. osu. edu/osutoday/stuinfo. php#enroll.
[43] Table 275. Degree-granting institutions, by control and type of institution: Selected years, 1949-50 through 2009-10[ED/OL]. Digest of Education Statistics, 2011[2012-02-16]. http://nces. ed. gov/programs/digest/d10/tables/dt10_ 275. asp.
[44] 10 Universities with the Most Undergraduate Students. U. S. News & World Report[EB/OL]. (2011-11-11)/[2013-08-03]. http://www. usnews. com/education/best-colleges/the-short-list-college/articles/2012/11/06/10-universities-with-most-undergrad-students.
[45] The Best States for Business and Careers[EB/OL]. [2013-03-18]. http://www. forbes. com/best-states-for-business/list/
[46] The Chronicle of Higher Education. Almanac Issue, 2011-2012 from IPEDS Data Center, 2011.
[47] 3333. 03 Governor to appoint chancellor of board[EB/OL]. (2007-05-15)[2013-07-22]. http://codes. ohio. gov/orc/3333.
[48] 3333. 04 Chancellor-powers and duties[EB/OL]. (2008-06-24)[2013-07-25]. http://codes. ohio. gov/orc/3333.
[49] Todd Ziebarth. State Educational Governance Models[EB/OL]. Education Commission of the States, 2004(04)[2012-02-06]. http://dev. ecs. org/clearinghouse/50/73/5073. htm.
[50] US News and World Report. Top public schools [EB/OL]. [2013-08-05]. http://colleges. usnews. rankingsandreviews. com/best-colleges/rankings/national-universities/top-public.
[51] UW System Administration Offices[EB/OL]. [2013-07-14]. http://www. uwsa. edu/of-

fices. htm.
[52] UW System Administration Staff Directory[EB/OL]. [2013-03-06]. http://www.wisconsin. edu/contact/phonelist. php? viewall = true.
[53] Wisconsin[EB/OL]. [2013-07-05]. http://www. infoplease. com/us-states/wisconsin. html.
[54] Valdez, Linn. Public Ivy List. Ivy League Online[EB/OL]. [2013-08-03]. http://www. ivy-league-online. com/public-ivy-league/public-ivy-list/

后　　记

"政府与大学的关系"是我国高等教育发展的一个核心问题，也是比较教育关注的一个重要领域。美国作为世界上高等教育最发达的国家之一，其高等教育实行联邦政府宏观引导，州政府协调指导、统筹管理，高等院校自主办学，学术界和社会团体广泛参与的治理体制。美国州政府对州立大学的治理模式和制度安排具有多样性和先进性，为世界各国发展高等教育治理提供了鲜活的样本和案例，值得研究和借鉴。新制度主义认为治理本质上是制度安排，它为教育制度的研究提供了分析框架。以新制度主义的视角和框架深入分析美国州政府对州立大学治理的规范性制度，可以深化对美国州政府对州立大学治理的分析，拓展对高等教育治理理论的研究。

本专著的研究与撰写得到华南师范大学强海燕教授的悉心指导与审查，得到美国密歇根大学爱德华·约翰（Edward St. John）教授的倾力指导与支持，得到美国湘尼州立大学黄晓丹教授和校长莫里斯（Rita Rice Morris）教授的积极支持，得到华南师范大学国际与比较教育研究所柯森教授等老师的指导与支持，得到南方科技大学李旭博士的指导与帮助，得到广州城市职业学院韩娟博士的审查与指导，在此一并表示诚挚的谢意！此外，美国密歇根州、俄亥俄州、威斯康星州州级高等教育治理/协调委员会和旗舰州立大学的十几位访谈对象百忙之中安排时间接受我的访谈，为本研究提供了大量鲜活的第一手资料，在此致上真诚的谢意！

本专著出版得到深圳职业技术学院学术著作出版基金资助，对深职院领导和同仁们的关心与支持表示由衷的感谢！

杨文明

2014 年 12 月于深圳